国家古籍保护中心 编

古籍保护研究

第三辑

中原出版传媒集团
中原传媒股份公司
大象出版社
·郑州·

图书在版编目（CIP）数据

古籍保护研究. 第 3 辑／国家古籍保护中心编.— 郑州：大象出版社，2018.12
ISBN 978-7-5347-9999-0

Ⅰ. ①古… Ⅱ. ①国… Ⅲ. ①古籍—图书保护—中国—文集 Ⅳ. ①G253.6-53

中国版本图书馆 CIP 数据核字（2018）第 267753 号

古籍保护研究（第三辑）
国家古籍保护中心　编

出 版 人	王刘纯
责任编辑	吴韶明
责任校对	裴红燕　牛志远　马　宁
装帧设计	付锬锬

出版发行　**大象出版社**（郑州市开元路 16 号　邮政编码 450044）
　　　　　　发行科 0371-63863551　总编室 0371-65597936
网　　址　www.daxiang.cn
印　　刷　郑州新海岸电脑彩色制印有限公司
经　　销　各地新华书店经销
开　　本　787mm×1092mm　1/16
印　　张　20.75
字　　数　337 千字
版　　次　2018 年 12 月第 1 版　2018 年 12 月第 1 次印刷
定　　价　75.00 元
若发现印、装质量问题，影响阅读，请与承印厂联系调换。
印厂地址　郑州市鼎尚街 15 号
邮政编码　450002　　　　电话　0371-67358093

编辑委员会

顾　问：李致忠　史金波　王刘纯
主　编：韩永进　李　培
副主编：张志清　李国庆
编　委：艾俊川　陈红彦　马辛民
　　　　孙　彦　王红蕾　王雁行
　　　　张廷银　胡艳杰

目　录

古籍保护综述

"十三五"时期全国古籍保护工作规划 ……………………………………… 001
湖南图书馆古籍保护工作的回顾与思考 ……………… 雷树德　李　娇　011
优秀传统文化传承发展工程的区域性探索实践
　　——以《上海市古籍保护十年》为例 ……………… 向　辉　李　涛　021

古籍普查与编目

再谈《八史经籍志》版印 ……………………………… 石光明　鲍国强　031
简述《西班牙藏中国古籍书录》的校对和编制工作 ……………… 王永华　038
故宫藏《北极真武感应灵签》雕版小考 …………………………… 王秋菊　045
《经义考》"未见"书传本调查 ……………………………………… 王　欣　051
内蒙古图书馆藏珍本古籍《六壬兵占七百二十课》觅源 ………… 冯丽丽　067
天津博物馆古籍普查工作概述 ……………………………………… 宋文娟　076
傅增湘研究文献目录 ………………………………… 陈东辉　余荣蓉　083

古籍定级与《名录》

清抄本《国朝名臣事略》递藏源流考⋯⋯⋯⋯⋯⋯⋯⋯⋯⋯⋯⋯⋯⋯ 康冬梅 109

古籍人才培养

古籍保护专业硕士一级学科建设的基本路径⋯⋯⋯⋯⋯⋯⋯⋯⋯ 顾　钢 116
强化古籍保护学科建设　提升专业人才培养水平
　　——第二届古籍保护学科建设研讨会会议综述⋯⋯⋯⋯⋯ 李　峰 124
对古籍保护学学科建设的再思考⋯⋯⋯⋯⋯⋯⋯⋯⋯⋯⋯⋯⋯⋯ 陈红彦 133
关于古籍保护学科的认识与实践⋯⋯⋯⋯⋯⋯⋯⋯⋯⋯⋯⋯⋯⋯ 孔庆茂 139
现阶段古籍数字化人才的培养⋯⋯⋯⋯⋯⋯⋯⋯⋯⋯⋯⋯⋯⋯⋯ 葛怀东 143
复旦大学中华古籍保护研究院研究生人才培养
　　⋯⋯⋯⋯⋯⋯⋯⋯⋯⋯⋯⋯ 金　超　杨玉良　高明明　杨光辉 150

古籍存藏环境

评某些材质对古籍长期保存的影响：水、纸板与木材⋯⋯⋯⋯⋯ 刘家真 156
国内图书馆、档案馆和博物馆微生物种类研究进展⋯⋯⋯⋯⋯⋯ 任珊珊 172
微生物在古籍保护中的"用"与"防"⋯⋯⋯⋯⋯⋯⋯⋯ 黄艳燕　周言君 179

古籍修复

在校学生参与高校图书馆古籍修复工作方案初探
　　——以北京师范大学图书馆为例⋯⋯⋯⋯⋯⋯⋯ 葛瑞华　刘　璐 186
"整旧如旧"原则在古籍修复工作中的应用
　　——以《克复堂记》的修复工作为例⋯⋯⋯⋯⋯⋯⋯⋯⋯ 施文岚 193

古籍再生性保护

论"开化纸"的工艺恢复 ················· 杨光辉　孙红旗　陈　刚　黄宏健　199

古籍数字化建设

"高校古文献资源库"的建设与发展 ················ 姚伯岳　206
"互联网+"古籍数字化 ················ 谢　昱　216
浅谈高校纸质档案数字化过程中的原件保护
——以南京艺术学院综合档案室为例 ················ 李　燕　223

古籍标准规范化建设

《中华古籍总目》五部分类表及类分释例 ················ 李致忠　李国庆　229

海外中华古籍保护

略探马来西亚华裔纸质文献保护 ············ 余　辉　[马来西亚]郑美玉　313

"十三五"时期全国古籍保护工作规划

为贯彻落实中央关于传承和弘扬中华优秀传统文化的重要决策部署,深入做好"十三五"时期中华古籍保护工作,根据《中华人民共和国公共文化服务保障法》《中华人民共和国文物保护法》《中共中央办公厅 国务院办公厅关于实施中华优秀传统文化传承发展工程的意见》《国家"十三五"时期文化发展改革规划纲要》和《文化部"十三五"时期文化发展改革规划》有关精神,特制定本规划。

一、总体要求

(一)指导思想

全面贯彻党的十八大和十八届三中、四中、五中、六中全会精神,深入贯彻落实习近平总书记系列重要讲话精神和治国理政新理念新思想新战略,围绕中央关于传承和弘扬中华优秀传统文化的部署要求,坚持以社会主义核心价值观为引领,坚持"保护为主、抢救第一、合理利用、加强管理"的工作方针,以普查登记为基础,以分级保护和揭示利用为重点,不断提升古籍保护水平,切实发挥古籍传承中华优秀传统文化的重要作用,真正让"书写在古籍里的文字活起来"。

(二)基本原则

1.坚持保护为主。始终把古籍保护作为工作重心,遵循古籍保护工作规律,坚持依法保护和科学保护,把古籍的抢救性保护与预防性保护有机结合,加大对珍贵古籍的保护力度,建立科学有效的古籍保护长效机制。

---

* 中华人民共和国文化部 2017 年 8 月 7 日印发。

2.坚持抢救第一。把握古籍具有易损性、不可再生性等特点,重点加强对濒危珍贵古籍的抢救,加大古籍保护技术的研发和应用,培育古籍修复人才,改善古籍存藏条件,提升古籍修复能力。

3.坚持合理利用。推动中华优秀传统文化的创造性转化和创新性发展,通过展览展示、数字化服务、影印出版和文化创意产品开发等多种方式,加强对中华古籍的揭示和利用,发挥古籍的文化价值和社会服务功能。

4.坚持加强管理。加强古籍保护相关职能部门之间的沟通与协调,进一步完善古籍保护工作制度,加强古籍保护单位管理,建立古籍标准化体系,实施严格的古籍保护责任制度和责任追究制度,促进古籍保护工作科学化规范化。

(三)发展目标

到2020年,全国古籍资源和保存状况基本摸清,国家级、省级珍贵古籍保护状况明显改善,实施一批珍贵古籍修复项目,完成一批在全国有重大影响的古籍影印出版工作,珍贵古籍缩微复制和数字化成果显著,古籍公共文化服务功能和社会教育的作用更加彰显,古籍保护人才队伍结构不断优化、专业水平明显提升,制度建设、立法工作和标准规范有较大进展,社会参与的广度和深度不断拓展,古籍传承文明、服务社会的能力进一步提升。

"十三五"时期全国古籍保护工作主要指标

类别	指标	单位	2016年	2020年
普查登记	完成古籍普查登记的古籍收藏机构的数量	家	1218	2000
	出版《普查登记目录》的古籍收藏机构的数量	家	122	200
	古籍普查数据的发布量	万条	40.6	72.6
保护修复	珍贵古籍修复数量	万页	250	350
资源利用	完成古籍数字资源	万部	4.6	7
	发布数字化古籍资源	万部	2.7	7
	影印出版古籍数量	万部	1.34	1.5
队伍建设	培训古籍收藏单位从业人员数量	人次	8396	10000
标准规范	制定出台古籍定级、存藏、修复、数字化等专业技术标准数量	部	5	15

二、重点任务

(一)基本完成全国古籍普查登记工作

1.完善古籍普查登记管理制度。进一步提高古籍普查登记质量,明确各级人民政府及文化、教育、民族、宗教、文物等部门对本地、本系统古籍普查登记的职责。健全各级古籍普查登记机构,实现古籍登记管理常态化。设立年度古籍普查进度通报制度,依托古籍保护数字服务平台,对各地、各有关单位古籍普查情况进行统计。

2.加大全国古籍普查登记力度。各相关部门加强对本系统古籍收藏机构普查登记工作的督促指导,全面摸清本系统内古籍资源,将宗教活动场所藏书、雕版等纳入普查范围。统一普查数据格式,依托全国古籍普查登记平台,对各地各单位报送的数据进行汇总和核校,完善鉴定著录,确保普查准确规范。鼓励民间古籍收藏机构按照规定登记所藏古籍。同时,继续做好海外中华古籍的调查摸底工作,重点对美国、加拿大、德国、法国和英国等国家存藏的中华古籍进行调查。

3.加强古籍普查登记目录建设。依托全国古籍普查登记平台,建立古籍普查登记编号及信息库,形成全国收藏单位古籍普查登记目录档案。在各省级古籍保护中心、古籍收藏单位对本地本单位普查登记信息的审校和编纂工作的基础上,由国家古籍保护中心汇总形成《全国古籍普查登记目录》并陆续出版。继续推进《中华古籍总目》编纂工作,完成一批省级分卷出版项目。加快推进《中国少数民族古籍总目提要》的整理、研究和出版工作。

4.促进古籍普查数据开放共享。古籍保护机构要加强与文物系统的协调合作,共同做好古籍普查与全国可移动文物普查的数据对接工作,及时进行数据交换。建立中华古籍综合信息数据库,及时将各古籍保护机构的普查数据输入数据库,并完善导入和导出功能,加快建设全国古籍联合书目通用检索系统,及时公布普查成果,实现古籍普查数据在全国范围的开放共享。

专栏1　中华古籍普查登记项目

《全国古籍普查登记目录》项目。加快古籍普查进度，各古籍收藏单位在完成普查登记的基础上，汇总整理形成古籍普查登记目录并正式出版。"十三五"期间，力争完成不少于200家收藏单位的古籍普查登记目录。

《中华古籍总目》编纂项目。在《全国古籍普查登记目录》基础上，由国家古籍保护中心牵头组织，主要采取省级分卷的形式，编纂出版《中华古籍总目》。在分省（区、市）编纂的同时，《中华古籍总目》还将依机构、类型、文种等分卷编纂。收藏古籍在100万册以上的单位，可独立成卷；简帛古籍、敦煌遗书、碑帖拓片等按类型编纂。

《中国少数民族古籍总目提要》编纂出版项目。编纂项目由国家民委组织实施。收录我国55个少数民族及古代民族文献典籍、碑刻铭文、口头传承等现存古籍目录和内容提要，全套书目按民族分卷，计划收录书目30余万条，约60卷，100余册，系统真实地反映我国各少数民族古籍现存情况。

（二）切实加大古籍保护力度

1.完善古籍分级保护制度。研究制定珍贵古籍评级标准，馆藏古籍日常养护技术标准和管理规范。研究制定中国少数民族文字古籍定级标准。完善省级珍贵古籍名录和古籍重点保护单位向国家古籍保护中心的报备制度。研究制定国家级、省级珍贵古籍名录和重点保护单位的管理办法。

2.加强珍贵古籍保护。继续开展国家和省级珍贵古籍名录及古籍重点保护单位的申报评审，重点做好少数民族文字珍贵古籍申报评审工作。根据《图书馆古籍书库基本要求》，做好各级古籍收藏机构的库房新建和改扩建工作。对国家珍贵古籍实施专库或专架管理，确保珍贵古籍实体安全。各地古籍保护机构根据实际做好珍贵古籍装具配置工作。推进国家图书馆国家文献战略储备库建设。推动建设一批符合国家标准的古籍寄存书库，为不具备存藏条件的单位提供寄存服务。建立国家古籍数字资源异地镜像保存体系。鼓励有条件的地方推进古籍异地异质灾备工作。继续实施新疆、西藏及四省藏区的古籍保护工作专项，加大对新疆、西藏及四省藏区宗教活动场所古籍保护经费投入。

3.促进海外中华古籍回归。建立海外中华古籍回归工作机制，依托各级古籍保护中心和有关高校、科研院所、出版机构等，发挥各自优势，明确责任分工，有计划、分步骤开展海外中华古籍回归工作。以海外中华古籍主要存藏机构的古籍调查摸底为基础,积极开展海外古籍资源数字化、影印出版及其他形式的回归,编纂出版一批具有学术影响力和重要历史文化意义的海外珍贵中华古籍。加大与古籍保护国际组织和民间机构的交流合作力度,积极参与古籍保护国际行动,举办高质量国际古籍保护学术会议,推进国际间古籍保护项目合作和科技攻关。深化与港澳台地区古籍收藏机构的交流协作。

专栏2　珍贵古籍保护项目

国家和省级珍贵古籍名录、古籍重点保护单位申报评审。建立健全申报、核查、评审、公布和支持制度。适时开展第六批国家珍贵古籍名录和全国古籍重点保护单位的申报评审工作。推动未开展省级申报评审工作的省份尽快建立本省份评审制度并开展相关工作,力争"十三五"末实现全覆盖。

西藏古籍保护工作专项。协助西藏自治区以宗教、文物系统为重点开展古籍普查,推进普查登记目录的编纂出版。支持西藏藏文古籍修复中心开展修复工作以及相关标准、技术研究,提升古籍修复能力。结合国家珍贵古籍数字化项目,完成西藏地区入选《国家珍贵古籍名录》古籍的数字化工作。加强西藏自治区古籍保护人才培养,提高古籍保护队伍业务能力。支持采取多种形式宣传古籍保护成果。

新疆古籍保护工作专项。协助新疆维吾尔自治区开展古籍普查登记,编纂出版《新疆维吾尔自治区珍贵古籍图录》。推进新疆维吾尔自治区古籍修复中心建设,积极开展古籍修复工作。结合"国家珍贵古籍数字化"项目,完成新疆地区入选《国家珍贵古籍名录》古籍的数字化工作。

(三)全面提升古籍修复能力

1.加强珍贵古籍修复。重点抓好列入《国家珍贵古籍名录》和濒危古籍的修复工作。完善国家级古籍修复中心申报制度、评审标准和退出机制,适时开展第二批国家级古籍修复中心的申报评审工作。制定古籍修复档案标准规范。继续实施"天禄琳琅"等古籍专项修复项目,谋划实施一批新的修复项目。鼓励图书馆、博物馆、档案馆等古籍收藏机构合作开展古籍修复工作。加强少数民族文字古籍修复工作,推进少数民族文字古籍修复中心(修复室)建设。

2.促进古籍修复技艺传承发展。发挥古籍修复专家的传帮带作用,采取古籍修复基础研究与古籍修复项目相结合的方式,传承古籍修复技艺,提高古籍修复水平。鼓励和支持省级古籍保护中心在本地区建立古籍修复技艺传习单位。加大对古籍修复等非物质文化遗产代表性传承人的扶持力度,支持开展收徒、教学等传承活动。推广国家古籍保护中心在古籍用纸定制生产等方面的做法和经验，扶持古籍修复用纸传统工艺传承与发展。

3.加强古籍保护技术研究。推进古籍保护机构和存藏单位与其他公共文化单位、高等院校、科研院所、中等职业学校、高科技企业等领域的深度合作，开展古籍修复的理论和技术研究。借鉴国外先进修复技术，创新我国古籍修复的工艺和方法。在具备条件的图书馆设立高水平文献保护重点实验室，开展古籍保护技术的研究和实验。

专栏3　国家级古籍修复中心和古籍保护实验室建设项目

依托国家级古籍修复中心，开展古籍修复工作和科学研究，推进国家级古籍修复中心可移动文物修复资质的申报工作。加强国家级古籍保护实验室建设，完善管理制度，推动硬件升级，深入开展修复用材安全性研究、中国古籍纸张老化程度检测方法研究等古籍保护科研工作。

(四)加强古籍整理出版和数字化建设

1.做好古籍整理出版工作。推动《中华再造善本(三编)》《中国古籍珍本丛刊》《中国古籍书志书目丛刊》《儒藏》《中华续道藏》《大藏经》《中华医藏》《海外中华古籍珍本丛刊》《海外中华古籍书目书志丛刊》和《国外所藏汉籍善本丛刊》等一批国家级重点古籍影印和整理出版项目实施。完善古籍影印出版管理制度，对重点出版项目进行绩效评估，提高古籍影印和整理出版项目专项资金的监管水平和使用效益。

2.推进珍贵古籍缩微复制保存。继续开展珍贵古籍缩微化工作，依据全国古籍普查登记情况，对尚未拍摄的珍贵古籍文献，有计划地开展缩微工作。充分发挥缩微技术有利于长期保存的优势，依托数转模技术，以珍贵古籍数字化项目成果为基础，开展珍贵古籍数字资源转换缩微胶片，逐步实现全部珍贵古籍缩微化长期保存。

3.加强古籍数字化工作。鼓励和支持各古籍收藏单位加快古籍数字化步伐，借助互联网、大数据、云服务等高新技术，率先对馆藏特色文献和珍贵古籍进行数字化，加快建立中华古籍数字资源库和中华古籍综合信息数据管理平台，扩大古籍数字资源开放，促进资源共享，提高利用效率。

专栏4　古籍整理出版及数字化建设项目

《中华再造善本(三编)》和《中国古籍珍本丛刊》编纂出版项目。《中华再造善本(三编)》收录标准为版本稀少、文献及学术价值较高的珍贵古籍,其中大部分属国家一、二级古籍。《中国古籍珍本丛刊》计划出版海内外图书馆、博物馆等藏书机构珍藏善本文献,收录标准为中华再造善本之外、现存传本数量在3部以内(含3部)且具重要历史文献价值的古籍善本,计划收录海内外70余家藏书机构5000种古籍善本。

《儒藏》(精华编)编纂出版项目。由教育部指导,北京大学具体组织实施,依托现有工作机制和队伍进行编纂,在充分利用古籍整理出版及数字化成果的基础上,对我国两千多年来儒家思想方面的典籍进行系统整理,计划精选历史上有较大影响和价值的儒学著作339册进行编纂出版。

《中华医藏》编纂出版项目。由国家中医药管理局会同文化部、新闻出版广电总局共同组织推进,分为经典著作、基础理论、临床各科和民族医药四编,重点从我国现存的医药古籍文献中,遴选出兼具学术价值和版本价值的医药古籍,分阶段影印出版,有效促进我国医药文化的传承发展和古籍的保护利用。

《中华续道藏》编纂出版项目。《中华续道藏》是《中华道藏》的续编,由国家宗教事务局组织实施,重点对《中华道藏》未收录的道教典籍及流传于民间的道教典籍,进行抢救、整理和点校。同时,建设《中华续道藏》数字资源库,全面推进道教古籍保护利用及道教文化建设。

汉文《大藏经》整理编纂项目。由国家宗教事务局指导中国佛教协会组织实施。重点是在现存汉文《大藏经》和《大藏经》研究成果基础上,依次对汉文《大藏经》律藏、论藏、经藏等进行整理编纂,建设佛教典籍数字化资源库,全面推进佛教古籍的保护利用,佛教教义的现代阐释。

"中华古籍数字资源库"建设项目。以国家和省级珍贵古籍数字化为带动,加强各古籍收藏单位之间的合作,通过利用现有资源以及向社会购买资源等方式,建立品种齐全、版本丰富的"中华古籍数字资源库"。按照边建设、边服务的原则,及时发布古籍影像信息资源,免费为专家学者和社会大众提供便捷优质的阅览服务。

"中华古籍综合信息数据管理平台"建设项目。建立集古籍普查登记、修复保护、宣传推广、人才培养等多功能于一体的综合信息管理平台,通过大数据收集、整理和统计,对全国古籍保护相关信息进行分析研判和动态监测。同时,依托管理平台,建立综合信息数据年报制度,全面掌握古籍保护年度工作情况,便于进行数据对比和信息查询。

（五）利用古籍传承和弘扬中华优秀传统文化

1.深入挖掘古籍的深厚文化内涵。推进国家传统文化典籍整理工程实施，组织开展《中华传统文化百部经典》《中华珍贵典籍史话》等国家重点古籍编纂出版项目，依托哲学、历史、文学、宗教等多个领域的专家学者，根据典籍的学术代表性和社会影响力，兼顾学科分类和年代分布，对中华优秀典籍进行诠释和解读，深入阐发中华优秀传统文化精髓，研究中华文化的历史渊源、发展脉络和基本走向，进一步激发中华优秀传统文化的生机与活力。

2.组织开展古籍宣传推广活动。建立中华优秀古籍的宣传推广机制，运用数字化、信息化、网络化等现代技术手段，采取线上线下相结合的方式，加强对中华优秀古籍多媒体、多渠道、多终端传播。开展"册府千华"系列展览、"我与中华古籍"系列宣传推广活动，形成品牌示范带动效应。以中国古籍保护网为平台，及时发布古籍资源和保护工作成果。依托中华优秀传统文化实践基地，组织经常性的讲座、展览、互动体验、技能竞赛等活动，开展礼敬中华优秀传统文化系列活动，实施中华经典诵读工程，推动优秀传统文化的传承和发展。

3.加强古籍文化创意产品开发。坚持社会效益第一，鼓励符合条件的古籍收藏机构发挥古籍资源丰富的优势，依托全国公共图书馆文化创意产品开发联盟等平台，依法通过委托、与文化企事业单位合作等多种方式，开发一批弘扬中华优秀传统文化、反映时代精神、符合群众实际需求的古籍类文化创意产品。把古籍文化创意产品开发与读书活动相结合，举办中华古籍创客大赛、古籍文化创意产品推介会等活动。提高古籍文化创意产品开发的整体品质，加强过程监管。借助国内外图书馆行业会议或学术会议，广泛推介中华古籍类文化创意产品。

专栏5　中华优秀文化典籍推广工程

《中华传统文化百部经典》编纂项目。由中宣部牵头，文化部协调国家图书馆具体组织实施，着眼于对中华优秀传统文化的创造性转化、创新性发展，从传统文化典籍中精选100部具有代表性的经典书目，涵盖政治、经济、文化、社会、历史、生态等内容，采取大众化、品读导读的方式，推动传统经典普及传播。

"我与中华古籍"系列宣传推广项目。推动古籍保护与全民阅读相融合，利用广播电视、报纸杂志等传统媒体和新闻网站、微博、微信等新兴媒体，传播古籍保护知识，宣传古籍保护工作取得的新进展新成效。继续举办文津讲坛、珍贵古籍特展等宣传推广活动，配合古籍修复、雕版印刷、碑帖传拓等互动体验服务，以群众喜闻乐见的形式，向公众普及古籍保护知识，提高全社会的古籍保护意识。

(六)加强古籍保护制度、法规和标准建设

1.完善古籍保护工作机制。充分发挥全国古籍保护工作部际联席会议、全国古籍整理出版规划领导小组和全国高等院校古籍整理研究工作委员会的平台作用,进一步完善统筹规划、分类指导、部门协同、权责明确的古籍保护工作制度。由文化行政部门牵头,各相关部门发挥职能和资源优势,在规划编制、政策衔接、标准制定和项目实施等方面加强沟通协作,形成工作合力。

2.加快古籍保护立法。积极推进国家古籍保护立法工作,做好与《中华人民共和国文物保护法》等相关法律的区分和衔接,开展专题调研,起草法律文本,争取尽早纳入国家立法计划。鼓励和支持古籍资源较为丰富的地方探索制定古籍保护法律法规,从法律层面规范古籍管理、保护与利用等工作,解决古籍保护工作中存在的突出问题,使古籍保护有法可依。

3.加强古籍保护标准化建设。依托全国图书馆标准化技术委员会、各系统各层级古籍保护机构、高等院校、科研院所等,充分运用各学科研究成果,围绕古籍装具、古籍修复用品、古籍传拓技艺、古籍数字化等方面,开展古籍保护科学研究,编制一批古籍保护技术标准、管理标准、评价标准,重点推进各类型古籍文献除虫、防霉、防酸脱酸等技术标准发展,加强新制定标准的应用推广和效果评价,逐步建立起比较完备的古籍保护标准体系。

4.加强古籍保护专家委员会建设。依据工作需要,适时调整全国古籍保护工作专家委员会,补充公共文化领域专家和古籍保护相关管理部门人员,建立起跨地区、跨专业、跨单位的专家队伍。创新和完善专家委员会工作机制,促进成员在加强理论研究、提供决策咨询、指导地方实践和参与人才培养等方面发挥积极作用。各省(区、市)可参照建立省级古籍保护工作专家委员会。

三、保障措施

(一)加强组织领导。各级文化行政部门要发挥牵头作用,会同古籍保护工作相关部门,加强对古籍保护工作的组织领导,推动古籍保护工作纳入本地经济社会发展总体规划,纳入公共文化服务体系建设整体安排,结合实际制定具体的工作计划和落实方案,明确责任,统筹实施。各级古籍收藏机构也要根据规划,细化目标任务,采取有力措施,抓好工作落实。

(二)推进队伍建设。将古籍保护人才队伍建设纳入全国基层文化队伍培训计划,统筹开展分类分层培训。发挥古籍保护人才培训基地作用,持续开展在职培训,多层次、多渠道培养古籍人才队伍。发挥高校古籍教学科研人才较多的优势,利用高等院校古籍人才培养及整理研究专项基金,加强对古籍保护研究型人才培养。依托国家民委少数民族古籍文献人才培养与科学研究基地,加强少数民族古籍保护人才培养。完善全国古籍保护工作专家委员会,建立起结构合理、业务过硬、工作高效的专家队伍。

(三)开展监督评价。各级文化行政部门要会同古籍保护工作相关部门加强过程管理和动态监测,建立健全面向各类古籍保护主体、项目的绩效评价指标体系、评价制度、问责机制和信息公开制度,切实加强古籍保护工作的日常监管、定期督查和年度考评,并将考核结果与相关单位收入分配和人员奖惩等挂钩,推动古籍保护工作持续高效开展。

湖南图书馆古籍保护工作的回顾与思考

雷树德　李　娇

　　湖南图书馆是中国最早以"图书馆"命名的省级公共图书馆,自1904年诞生以来,筚路蓝缕,风雨兼程,至今已走过一个多世纪。百余年来,数代湘图人一心一德,同舟共济,无论是古籍收藏,还是古籍整理,都付出了辛勤的汗水,取得了可喜的成绩。

一、开馆到中华人民共和国成立前:输入文明与保存国粹

　　20世纪初,清政府积贫积弱,西方列强虎视眈眈,一些有识之士提出教育兴邦、科学救国的主张,直接促成了各省图书馆相继成立,其中以湖南一省奋勇当先。

　　1904年3月15日(光绪三十年正月二十九日),《湖南官报》刊登了梁焕奎、龙绂瑞等十二位绅士共同署名的《创设湖南图书馆兼教育博物馆募捐启》,附注"馆设城东古定王台,拟二月初间开办"。募捐启云:"图书馆者何也?所以输入文明、实验教育、坚其信心、富其能力者也。"同年11月6日《湖南官报》又载《湖南图书馆兼教育博物馆规则》,首言"本馆以输入文明,开通智识,使藏书不多者得资博览,创办学校者得所考证为第一主义"。以"输入文明"为己任,这一宗旨在馆藏建设上表现为重视西学图书的采购和入藏,此外馆藏还包括"人体、动植模范,光化等学仪器",具有浓厚的改良派色彩。1905年5月,图书馆收发委员黄嗣艾受湖南巡抚端方委派,东渡日本考察图书馆,并从日本购入一批图书。馆藏中,新学尤其是日文图书比重渐大。1906年6月,定王台馆舍扩建完工,图书馆

监督陈庆年"参观之余,见森森插架尽属和文,谓湖湘奥区,绸缪此举,事固不细,何以蔑视邦典,不为裒集?群相窃议,间以怪笑。庆年亦以此故,虑无以张我国粹,扬诩盛德,乃亲检高等学堂藏书,别出重分,提挈渡湘,举而归之于馆,自是馆中乃有华籍至二万册"。这一举动改变了馆藏结构,也是调整办馆宗旨的先声。

1907年初,《学部官报》第11期载《湘抚咨送奏设图书馆暂定章程》9章44条,图书馆名称定为"湖南图书馆",宗旨亦有微妙变化:"本馆以保存国粹,输入文明,开通智识,使藏书不多及旅居未曾携带书籍者得资博览,学校教员、学生得所考证为主义。"1909年10月,谘议员刘善渥向湖南省谘议局提交"整顿扩充图书馆案",附有章程,宗旨云:"本馆以保存国粹,输入文明,补助教育,供人阅览为主义。"与初办时的宗旨相比,均添"保存国粹"一条,与"输入文明"同列,兼收并蓄,较前更为重视古旧文献的入藏。

民国时期,时局动荡,湖南图书馆数易其名,几度停办,屡经迁徙,但在有限的条件下依然加强书刊收藏及整理工作。

1913年,仇道南主持编纂《湖南图书馆图书目表》,分丛书部、汇书部、经学部等17大部,收书42672册,湖南省教育司铅印出版。

1921年,雷飞鹏奉令整顿清点图书、版片,采用最新分类法重新编纂馆藏书目,惜今已散佚。

1925年,唐瑝主持编纂《湖南省立图书馆目录》,分经、史、子、集、丛书、新学、小说等7大部,铅印出版,并分赠海内外图书馆。

1929年,鉴于省立湖南图书馆和原湖南省教育会图书馆合并后藏书杂乱无序,读者无从查考,傅熊湘专门编制分类法,并组织全馆人员进行清理,编成《湖南省立中山图书馆图书分类目录》,分总丛、经典、史地、哲学宗教、文学、语学、社会科学、自然科学、应用科学、艺术等10部,收书95724册,铅印出版。傅熊湘任职期间,还呈请教育厅出资选购叶德辉部分古籍藏书。1931年7月27日,教育会坪馆舍惨遭兵燹,所有藏书毁于一旦,令人扼腕叹息。

1932年9月,馆舍修缮后重新开放,在省政当局的大力倡导下,图书馆是时已从社会各界获赠图书9000余种,藏书规模日渐可观。又成立购书委员会,1932年12月以4000元购置江西喻盘藏书436种;1935年7月省政府拨款4970元收购湘乡陈毅阙慎室藏书千余种,包括《(元贞)类编长安志》等稀见善本。

抗日战争爆发后，定王台馆舍及所藏版片毁于日机轰炸。为躲避战火，湖南省立中山图书馆携10余万册藏书辗转迁徙辰溪、沅陵等地，1946年奉令迁回长沙，重新开馆。

二、职业使命：文化浩劫和抱残守缺

1950年2月湖南图书馆新旧馆长移交时有藏书14万余册，其中线装书4932部，计71913册。而今湖南图书馆藏有线装书63万册，正是迅猛增长于20世纪五六十年代。

1950年10月，湖南省文物管理委员会（简称文管会）成立，通过各种途径收集和抢救出大批古旧文献，后多移交给湖南图书馆。文管会抢救途径包括：接收，如"土改"期间派员赴湘乡接收曾国藩富厚堂藏书；接受捐赠，如叶启勋拾经楼、叶启发华萼堂藏书由叶启勋之子叶运阊悉数捐赠，其中最令人瞩目者乃宋版《说文解字》；价购，如从郭嵩焘后人手中购得郭氏日记手稿61册，记咸丰五年（1855）至光绪十七年（1891）事，200多万字；针对造纸厂收购旧书以作纸浆原料的情况，文管会积极采取措施，派专人常驻长沙天伦造纸厂集中检选或自行收购，保存了一批珍贵古籍，如元延祐刻本《济生拔粹方》、曾国藩批校清乾隆八年（1743）高廷枢和衷堂刻本《仪礼郑注句读》等，均钤有长方印"此系湖南文物管理委员会在造纸厂收购的大批造纸原料旧书中抢救出来的"。

这一时期，图书馆人亦投入全力征集古旧文献，并在1957年4月文管会撤销后承担起抢救重任。其中最值得称道的是地方志收集工作，中华人民共和国成立前仅藏686部10202册，陆续上升至5000余部7万余册。自1963年开始，图书馆先后与北京中国书店、天津古籍书店、上海古籍书店、扬州古旧书店等交换古籍复本10万余册，以补配残缺馆藏，换回的善本中以9件敦煌写经最为抢眼。

古旧文献的整理工作也在同步进行，1956年10月，"湖南省整理积存图书资料工作委员会"成立，抽调湖南省中山图书馆、湖南省博物馆、湖南省考古研究所、湖南省文史馆、湖南省参事室等单位数十人，至1957年底清理图书10万余册。1958年元月改组为"湖南省清理积存图书资料工作委员会"，抽调省参事室和省文史馆47人为骨干，组织大中学校学生、机关干部、荣军学校学员以及部分临时工共300余人突击清理，10月前工作结束，藏书移交给图书馆。历时二载，共清理旧书刊925447册，其中线装书673778册。经过这次整理，馆藏数量及质量均得到大幅提升,所藏古旧文献划分为十三个部分:善本书甲编,简称善甲,1~2700号;善本书乙编,简称善乙,1~2600号;经部书;史部书;子部书;集部书;丛部书;文字号藏书,8万余册,系1957年文管会移交的;烈字号藏书,7.8万余册,系中华人民共和国成立前图书馆旧藏,寄存于烈士公园一停办学校内;旧平装书;旧报纸;旧期刊;复本书。后又取消善甲、善乙之分,经过剔除和增加,重新按经史子集丛五部排列,善本合计近5000部。普通古籍亦取消文、烈等编号,融入五部体系。

"文化大革命"时期,图书馆一度关闭,各项业务受到严重干扰。但在这风雨如晦、人心浮动的年代里,图书馆充当起传统典籍庇护者的角色。馆内一些干部职工走街串巷,从造纸厂和废品收购站抢救出部分古旧文献;在当时"破四旧"的环境下,也有人为避祸端主动将藏书送给图书馆,"红卫兵"和群众组织抄家所获图书亦辗转交给图书馆。据统计,"文革"中图书馆共收集图书2万余册,包括线装书3700余册,1973年后又陆续清退部分书籍、字画、碑帖给原主人。

实际上,图书馆所藏古旧文献在"文革"之初也曾遭遇过重大危机。1967年,"破四旧"之风正盛,"保存珍善本及重要历史文献的大书库,也被一个群众组织打开,几十个人在书库乱翻了一晚,劫走廿一麻袋"。为保护藏书,中国人民解放军第47军专门发布公告,后来还派出一个排的战士守卫书库,被劫走的古籍大部分被追回,实乃幸事。

这一时期,图书馆还编制了多种书目索引,如《湖南地方志目录》《湖南地方资料索引》《湖南著者及其著作目录》,在一定程度上起到了揭示馆藏的作用,促进读者充分利用馆藏。

三、20世纪晚期:抢救与整理

改革开放以来,沉寂已久的民间修谱活动逐渐复苏,90年代后一些旧修家谱也开始出现在古玩文物市场,湖南图书馆开始对民间所存湖南家谱进行抢救性保护。至1998年,湖南图书馆藏有家谱1316种、1457部、4215册。

1983年,徐特立同志生前藏书、手稿移交湖南图书馆,有新旧平装书5679册、古籍线装书5615册、报刊合订本1138册、外文原版图书3095册,又零散资料520余种。

1992年11月26日,张舜徽先生将78种手稿、著作及批注古籍捐赠给湖南图书馆。次日清晨,张先生溘然长逝。张先生去世后,其子女又将5000余册藏书捐赠给湖南图书馆。1994年,《张舜徽先生专室藏书目录》编印完毕。

拨乱反正后,图书馆百废待兴。1985年,《湖南省图书馆馆藏湖南地方志目录》出版,收录湖南图书馆藏中华人民共和国成立前后湖南地方志资料523种,附录未入藏的湖南地方志60种。馆藏古籍由于交换、调拨等原因发生变化,80年代时尚有10余万册古籍未分编,尤其是抄稿本无目可查,且前所编诸目存在着分类不统一、著录不规范等现象。为彻底摸清家底,完善内务管理及读者服务工作,湖南图书馆决定自1985年开始对馆藏古籍重新分类编目,并编制了专门的著录规则和分类表。著录规则基本采用《中文图书编目条例》,1987年后采用新颁布的国家标准《古籍著录规则》;分类表则根据《四库全书总目》《中国古籍善本总目》《中国丛书综录》等制定并进行了适度调整,如通过增设新类目或扩充注释等方式来容纳清末以来产生的新学科图书。历时十年,终于完成了全部古籍的分类编目工作,并排出了书名、著者、分类、排架四套卡片目录,之后又完成古籍书目数据库建设工作。

1995年古籍分编工作完成后,又集中力量整理碑帖拓片,对题名、撰文者、书写者、书体、刻石年代、传拓年代详加考校,四年后编就《湖南图书馆馆藏古旧碑帖拓片目录》,共收2840种,分为墓碑、墓志、经刻、庙宇、教育、题名题字、造像与画像、艺文、法帖、杂刻、丛编、附录等十二类。

1998年,以《中国古籍善本书目》湖南部分为基础的《湖南省古籍善本书目》由岳麓书社正式出版,收书6600余种,任继愈先生序云:"该书目具有收录较全,著录准确,编排合理,检索方便,有地方特色等五个特点。"

《中南、西南地区省、市图书馆馆藏古籍稿本提要》亦于1998年由华中理工大学出版社正式出版,录有湖南图书馆藏稿本提要近300种,多是湖湘名人手稿,如曾国藩、郭嵩焘、陶澍、杨树达等。

除了编纂书目,湖南图书馆加大了对馆藏资源的开发力度,主要方式有以下几种:

(一)影印出版。积极参与大型丛书的出版工作,如为《四库全书存目丛书》提供《山法全书》《改元考》《古名儒毛诗解》《了荩文集》《学典》《石比部集》《治河奏疏》《霞外麈谈》《历代君鉴》《金石遗文》等,为"中国公共图书馆古籍文献珍本汇刊"提供《蒙古通鉴长编》《稿本王船山先生南岳诗文事略》《吴大澂手批本弟子箴言》等。

（二）提供底本。为《船山全书》《曾国藩全集》《左宗棠全集》《郭嵩焘日记》《曾纪泽遗集》等古籍整理出版项目提供大批馆藏古籍、信札等，以供整理与校勘。钟叔河主编的"走向世界丛书"中有《郭嵩焘：伦敦与巴黎日记》一书，即据馆藏《养知书屋日记》中光绪二年至五年（1876—1879）郭嵩焘出使英法时所写日记整理而成，影响甚巨。湖南图书馆所藏稿本《湘雅摭残》收录诗人634家，诗歌近8000首，是继《沅湘耆旧集》后又一部湖湘诗歌总集，史料价值极高却鲜有人知，1988年经标点后由岳麓书社出版，化身万千，惠泽四海学子。

（三）汇编资料。湖南图书馆先后主持或参与了《湖南地方志中的太平天国史料》《湖南青运史资料选编》《湖南地方志少数民族史料》《湖南资料手册（1949—1989）》《历代辞赋总汇》等书的编纂工作，内容庞杂，实用性很强，既充分利用了馆藏，又为学者提供了便利。

四、21世纪初：全面整理汇集

新世纪以来，湖南图书馆继续全力以赴征集古旧文献，尤其侧重于地方文献。2001年"湖南省家谱收藏中心"成立，2016年更名为"湖南家谱收藏研究中心"，通过购买、受赠、缩微、交换等各种方式收集湖南家谱，至今已入藏近6000种，涵盖全省各地近300个姓氏，其规模与数量都令人瞩目。此项工作得到了政府支持，如2001年湖南省政府拨款20万元抢救家谱，2001年至2004年即购买家谱13854册。

湖南图书馆积极拓宽文献征集渠道，2015年伊始涉足拍卖领域，实现了地方文献征集模式新突破。两年来，竞得家谱衡湘地区《周氏五修族谱》、湘潭地区《中湘黄龙桥邹氏六修族谱》等，竞得古籍明嘉靖三十三年（1554）彭治中刻《龙湖先生文集》、清同治十二年（1873）长江水师军署刻《救急良方》、清光绪石印《新宁刘宫保七旬赐寿图》等，为丰富馆藏特色文献做出了有益尝试。

2005年，《湖南图书馆古旧文献目录丛编》办公室正式成立，馆领导亲自挂帅，组织全馆从事过古籍编目的同志以及就读文献专业的新进员工对原有卡片目录进行书卡校审，更正讹误，并制定各种编排规则，以期将数万张零散的卡片目录编纂成一部真正能"辨章学术、考镜源流"的书本式目录。历时年余，《湖南图书馆古籍线装书目录》先行编纂完毕，2007年由线装书局出版。除著录题名、责任者、版本、册次、存卷、索书号等基本项目外,善本还另行著录行款、批校题跋及藏印等。该书面世后社会反响甚好,南开大学图书馆系创办者、目录学家来新夏先生为之撰写书评《记人代之古今 标卷帙之多少——评〈湖南图书馆古籍线装书目录〉》,称:"全目煌煌五巨册,视之不禁叹为观止。从事诸君苦心孤诣之辛劳,亦令人钦敬!苟各省市能以此为契机,风起云涌,仿行此举,则不数年全国省市古籍典藏,将尽以书本式目录呈现于世,泽及学者,传之子孙,岂不猗欤盛哉!"并赞云:"收录丰富,分类详明,为当前古籍目录之佳作。""尽陈馆藏古籍,于是可见主事者之胸怀,不啻为当世密藏不宣者立典范;从事同仁历年辛劳,当受读书人一揖。"而后,《湖南图书馆民国图书期刊报纸目录》《湖南图书馆单幅文献目录》《湖南图书馆古旧文献目录附编》陆续出版,全馆80万册(件)古旧文献一览无遗,在一定程度上具有治学门径、读书指南的作用,有利于文献保护、开发与读者利用。

"湖湘文库"是由中共湖南省委、省政府领导并组织实施的重大文化工程,在这套以整理出版湖湘文献为目的的大型文化丛书中,湖南图书馆除参与项目选题及版本确定工作外,还主持了《湖南地理志》《曾国藩全集·批牍》《贺长龄集 贺熙龄集》《湖南家谱知见录》《湖南古旧地方文献书目》《湖南图书馆藏近现代名人手札》《湖南近现代藏书家题跋选》等的编纂工作。

2002年,《湖南名人家谱丛刊》44册出版完毕,影印湖南图书馆藏曾国藩、胡林翼、陶澍、李续宾、黎培敬、毛泽东、毛泽东之母文氏、刘少奇、彭德怀、何键等湖湘名人家谱10种。2014年,《湖南图书馆藏稀见方志丛刊》由国家图书馆出版社出版,全书68册,影印湖南图书馆藏珍贵方志31种,其中孤本、稿本13种。

2015年,针对关于湖湘文化的图书不计其数而关于湖南文献的图书寥寥可数的情况,湖南图书馆作为全省最大的湖南文献收藏及传播基地、湖南文献及湖湘文化的重要研究机构,决定编著一部《湖南文献撷珍》,以反映湖南文献、湖湘文化发展历程。该书共168个选题,以特定的文化现象或特定的文献为陈述支点,一文一图或一文多图,从人物、版本、收藏、流传等各个方面切入,内容涵盖作品简介、价值评述、逸闻趣事等,出版后受到好评。

湖南图书馆藏有古旧字画7000余件,其中,南宋佚名人物团扇、明祝枝山行书卷、明董其昌行书册页等经张珩、徐邦达等大师鉴定为一级品,湘籍名人如何绍基、左宗棠、魏源、黄自元、谭嗣同、黄兴、齐白石等人的精品之作亦是璀璨夺目,无论数量还是质量都居全国公共图书馆前列。为彰显馆藏特色,湖南图书馆先后出版了《湖南图书馆馆藏字画选》《清风画韵》《湖南明清以来书画选集》等,全方位呈现各种流派的书法及绘画作品。

为改善古籍阅览环境,更好地服务读者,2011年5月,湖南图书馆耗资百万打造的古籍阅览室全新亮相,并制定了新的保护性阅览制度。在阅览室内还特意开辟了一个古籍鉴赏室,用于举办大型展览及小型鉴赏会,不仅揭示馆藏珍品,让文献瑰宝重现光彩,而且搭建起普通大众近距离接触和了解中国传统典籍与文化的桥梁,在普及古籍保护知识、唤起公众古籍保护意识等方面收效显著。至今已成功举办"敦煌遗书 惊现湖南——湖南图书馆馆藏敦煌写经展览""寻根谒祖 谱牒释疑——湖南图书馆馆藏大型家谱展览""谁与斯人慷慨同——纪念辛亥革命100周年湘籍辛亥人物墨迹展"等30余场大型主题展览及40余场精品鉴赏会,吸引了大量参观者,社会效益良好。尤其值得一提的是2015年12月举办的"册府千华——湖南省藏国家珍贵古籍特展",这是湖南省历年来展出古籍珍本数量最多、价值最高、规模最大的一次。

五、几点思考

(一)传承古籍责无旁贷。古籍是中华民族在数千年历史发展过程中创造的重要文明成果,蕴含着丰富的民族文化,具有不可再生性。收藏并传承古籍是历史赋予我们的神圣使命,我们责无旁贷。古籍保护工作在任何时期都至关紧要,超越了一定的政治运动和社会风潮。即使在万马齐喑、风雨如晦的年代,仍有无数仁人志士前赴后继投入到古籍保护这项伟大的事业当中。湖南图书馆馆藏几经毁散,却一次次收拾劫余再成气候,看似有如神助,实则人为。可喜的是,"中华古籍保护计划"实施以来,党和政府对古籍保护工作空前重视,投入大量人力、物力、财力,古籍保护的黄金时期已经到来。书比人寿,面对宏富馆藏和绝好机遇,新一代古籍从业人员要秉承"不负先贤不负书"的信念,在具体而烦琐的工作中担当好"守护者"的角色。

(二)目录整理事不宜迟。古籍目录的重要性和实用性不言而喻,湖南图书馆的这一工作在全国古籍收藏单位中处于领先地位,是几辈同人长期付出和共同努力的结果。《湖南图书馆古旧文献目录丛编》办公室成立之初,有不少同志认为馆藏古旧文献已有卡片目录和书目数据库,对是否有必要编纂书本式目录心存疑虑。馆领导力排众议,编纂工作如期进行。事实证明,卡片目录体积庞大,检索费时,容易破损,不利于传播;书目数据库状态时有不稳,质量参差不齐,如录入员不够严谨以致讹误,或古籍题名、作者、版本中的生僻字无法显示等,且部分读者尤其是老年读者使用困难。二者虽可供读者查阅与利用个体馆藏,但皆无法一窥馆藏全貌,难以整体把握全馆概况。书本式目录具有全面、系统、永久、便利等优点,实该发扬光大。

(三)人才队伍至关重要。众所周知,人才是决胜关键,在古籍领域也不例外。古籍整理与研究方面,20世纪50年代的"湖南省整理积存图书资料工作委员会"无形中为图书馆培养出一支年轻的古籍整理队伍。80年代中期以来,以常书智、邹华享为首的前任馆领导班子,十分重视古籍整理,狠抓人才队伍建设,刘志盛、李龙如、刘雪莱、肖凤生同志发挥了重要作用;现任馆领导张勇、雷树德在80年代中期即从事过古籍整理编目工作,寻霖、姜彦稚等长期从事古籍整理编目工作;新世纪以来,以张勇为首的馆领导班子基于战略思考,先后招聘了古典文献学研究生十余名,充实人才储备。因此近三十年来,湖南图书馆古籍整理人员薪尽火传,古籍整理工作持续有序。湖南图书馆古籍修复工作起步较早,20世纪50年代初至70年代,曾在长沙古旧书店工作的周泽南一直作为临时工在图书馆从事古籍修复;1963年派谭国安参加文化部主办的古籍保护修复技术培训班,为期两年;1972年派师玉祥赴中国书店学习古籍修复,为期14个月;80年代派章曼纯、董淑萍、王彦彩、阎一灵参加在上海、浙江举办的古籍修复技术学习班。除了修复藏书,还为湖南、贵州、广东、湖北等省培养出一批古籍修复专业人员。近年来,图书馆还专门聘请沈银根修复装裱古旧字画。此外,从事古籍征集、典藏、阅览、展览、数字化的工作人员各司其职,成果有目共睹。

(四)合理利用迫在眉睫。如何处理古籍典藏与利用之间的关系,是每个古籍收藏单位都会面临的难题。以阅览为例,一律谢绝,显然有违图书馆宗旨,与图书公有公享观念背道而驰;一律允诺,对一些"病书"无异于雪上加霜,对一些文物价值极高的古籍如敦煌写经、宋元刻本也会带来毁灭性损害。与此类似的矛盾不一而足,故规则的制定至关重要。湖南图书馆适时调整古籍阅览制度,试图探索出一条既有利于阅览,也有利于管理的新途径。

(作者单位:湖南图书馆)

参考文献：

[1] 湖南图书馆.湖南图书馆建馆八十周年暨新馆落成纪念文集(1904—1984)[M].长沙:湖南图书馆,1984.

[2] 湖南图书馆.湖南图书馆建馆九十年暨新馆开馆十周年纪念文集(1904—1994)[M].长沙:湖南图书馆,1994.

[3] 湖南图书馆.湖南图书馆百年志略[M].北京:北京图书馆出版社,2004.

[4] 湖南图书馆.湖南图书馆百年纪念文集[M].北京:北京图书馆出版社,2004.

[5] 湖南图书馆.湖南省公共图书馆事业志[M].长沙:湖南人民出版社,2010.

[6] 沈小丁.湖南近代图书馆史[M].长沙:岳麓书社,2013.

优秀传统文化传承发展工程的区域性探索实践

——以《上海市古籍保护十年》为例

向　辉　李　涛

　　由国务院启动的全国古籍保护工作已开展十年。十年来,各省级古籍保护中心围绕着"保护古籍、传承文明、服务社会"的古籍保护宗旨,充分发挥地域优势,八仙过海各显神通,在优秀传统文化的传承和弘扬工作中取得了丰硕的成果。其中,上海市古籍保护工作独具特色,事实上已经初步形成了古籍保护的独特风格。在古籍保护的实际工作中,古籍修复已经形成了以国家图书馆、故宫博物院为主的北派和以浙江图书馆、上海图书馆为主的南派。南派、北派在古籍修复技艺上各具特点,有力地推动了古籍修复这一门非物质文化遗产的传承和弘扬。在上海市党委和政府的领导下,上海市古籍保护中心开拓进取,积极创新,该地区的古籍保护工作不仅在原有的古籍修复工作中延续了南派风范,更在其他各项工作中形成了以上海图书馆为龙头,以十余家古籍收藏机构和研究机构为主体的古籍保护网络。笔者认为,我们可以将上海市古籍保护工作所具有的特色称为沪上风格,它是中华优秀传统文化传承工程建设中的区域性的探索性实践,是上海市古籍保护工作者为全国古籍保护工作所做出的重大贡献之一。

　　古籍保护的沪上风格由其扎实的工作和丰硕的成果所构成。六年前,笔者曾以《古籍保护新成果,版本书志研究新高度——评〈上海图书馆藏宋本图录〉》[①]为题,对上海图书馆古籍保护成果《上海图书馆藏宋本图录》予以介绍。

---

① 向辉:《古籍保护新成果,版本书志研究新高度——评〈上海图书馆藏宋本图录〉》,《图书馆杂志》2012年第1期。

今次，笔者有幸获赠上海市古籍保护同人为"上海市古籍保护工作十年成果展"而精心制作的《上海市古籍保护十年》①（以下简称《十年》），愿再陈陋见以志谢。

一、古籍保护在图书馆事业中的定位

人们希望从图书馆获取知识，更希望通过图书馆认识作者，认识世界，认识历史。② 从图书馆发展史来看，在追求现代化的过程中，图书馆因其为人类知识的储集地而备受关注。清末光绪三十年（1904），徐树兰称："泰西各国讲求教育，辄以藏书楼与学堂相辅而行。都会之地，学校既多，又必建楼藏书，资人观览。"③ 宣统二年（1910），学部颁布京师图书馆及各省图书馆章程，明确表示图书馆收藏书籍分为保存和观览两类，其中"凡中国官私通行图书、海外各国图书，皆为观览之类"④。所谓保存，即是要尽量搜集历代图书以保存文化；而所谓观览，即是将包括古籍在内的藏书供读者进馆阅读和参观。1915年，教育部公布《图书馆规程》11条和《通俗图书馆章程》11条，其中规定图书馆"储集各种图书，供公众之阅览"。可见，近代以来有识之士对于图书馆作为社会教育机构的重视。

在现代图书馆事业中，古今中西最为交汇。古者即以古籍为主体的古代文献典籍，我们亦可以认为凡是以中国古典文明为主的各类文献和技艺以及记忆均属此列；今者即以新出图书刊物为主体的现代文献典籍，同时，以技术为特征的现代的各类技艺和记忆均属此列。如何古为今用，如何让优秀传统文化传承和弘扬，如何以当代中国的大众所喜闻乐见的方式来呈现，是现代图书馆公共文化服务的重要课题之一。

1931年，时任北平图书馆副馆长的袁同礼发表《国立北平图书馆之使命》一文，称："其志在成为中国文化之宝库，作中外学术之重镇，使受学之士观摩有所，以一洗往日艰阒之风。"⑤成为中国文化宝库和中外学术重镇，乃是我国图书馆人对其事业的期望，也是公众对图书馆工作的最高期望。教育界人士积极为图书馆撰言，陈友松、刘伍夫《图书馆》一书指出："从前图书馆只是藏书的地方，所以

---

① 上海市古籍保护中心：《上海市古籍保护十年》，上海古籍出版社，2017年。
② 向辉：《读者的群像：以嘉靖本题跋为中心的考察》，《古籍保护研究》第一辑，大象出版社，2015年，第143页。
③ 李希泌、张椒华：《中国古代藏书与近代图书馆史料》，中华书局，1982年，第112页。
④ 李致忠：《中国国家图书馆史资料长编（1909—2008）》，国家图书馆出版社，2009年，第21页。
⑤ 袁同礼：《袁同礼文集》，国家图书馆出版社，2010年，第3页。

只要有很多的书籍,有一定的场所,把他收藏起来,便是图书馆。可是近代图书馆的意义不同了,他要尽量发挥图书馆的共盟,完成图书馆真正的使命,而成为现代的教育机关。……图书馆专家谓图书馆是保存文化、宣传文化、调和文化、创造文化的机关;社会教育专家对图书馆的定义则侧重民众的阅读需要,图书馆不是一个被动的机关,他必须要成为一个深入民间的积极机关,换言之,他是活用普用图书馆为工具以推进全民众、全生活、全人生之教育的机关。"[1]毫无疑问,当代的图书馆,其存在的价值和意义就在于它是一个推进教育服务和文化服务的"积极机关",而"中国文化之宝库"和"中外学术之重镇"则是图书馆人的中国梦。

上海图书馆所坚持的以"积淀文化,致力于卓越的知识服务"为使命的图书馆宗旨,实际上仍不外乎图书馆前辈所谓的打造文化宝库和建设学术重镇的梦想,因为卓越的服务必须立足于宝库和重镇,离开了文化和学术,图书馆服务将很难成其为卓越。

何以卓越?就古籍保护而言,古籍承载着中华优秀传统文化,保护好、传承好古籍,使之为公众服务,为社会发展进步提供智力支持和精神滋养,是古籍收藏机构的职责和义务,古籍工作唯有立足于此方能卓越。从现实情况来看,国内大部分古籍收藏机构均为公藏,特别是各级各类图书馆,因此古籍保护工作必然成为图书馆工作的核心内容之一。以上海图书馆为例,该馆现藏5500余万册(件)古今中外文献,其中古籍170万册(件)。这些古籍从来源看,或者源自政府调拨,或者出自藏家捐赠,或者是馆方采购;从类型看,可以分为古籍图书、碑帖拓本、古代尺牍、近代档案等。这些古籍,不仅仅是上海图书馆的财富,更是人类精神的宝贵遗产,如何让这些遗产继续存续,如何让中国文化精神得以延续,则是图书馆古籍保护工作者的责任。十年来,上海图书馆一方面履行上海市古籍保护中心的职责,协调组织本地区古籍保护工作,同时也以上海图书馆本馆的出色保护行动带动本地区的古籍保护事业发展,举凡古籍普查、科学研究、古籍修复、人才培养、资源建设、整理出版、宣传推广等等,均有声有色,在全国古籍保护工作中走在了前列。

---

[1] 陈友松、刘伍夫:《图书馆》,商务印书馆,1937年,第2页。

二、古籍展览在古籍保护工作中的意义

古籍保护工作，不仅为图书馆事业增加了新的内容，也为图书馆的公共文化服务增添了新的视野，赢得了业界和公众的认可。在诸多工作中，古籍展览是联系公众和古籍的最佳窗口和平台，因此举办古籍展览成为图书馆承担社会教育职责的传统项目。在互联时代，展览作为一项目标指向较为明确的活动，其价值（value）的创造与传递，包含社会网络（social network）、教育（education）、体验（experience）、创意设计（design）和服务（service）五个要素和层面①，古籍展览更是如此。从现有的古籍展览来看，我们大多注重展示，即将古籍按照一定的分类和秩序加以排列组合，力图揭示书籍的发展历史和书籍艺术之美，在一定程度上是将古籍的价值转化为历史价值和艺术价值。袁同礼在《现代英国印刷展览目录序》中说："夫印刷术为吾国所发明。书籍之镂版，自唐以来，宝刻瑶函，号为极盛。校雠之谨严，行款之疏密，纸墨之精良，印工之慎重，至今展视宋元旧椠，每令人不忍释手，欣快之感，不觉朗诵终篇，非徒发怀古之幽情而已。"②举办古籍展览，一方面可以展示我国印刷技艺精湛历史，一方面也可以激发起国人对于传统文化的情怀，更加重要的是，以此来启迪国民审美之心灵，促进国民文化教育水平之提升，因此它被赋予了独特的社会教育功能。赵万里为《国立北平图书馆图书展览会目录（十九年双十节）》所作引言称："年来旧椠益稀，书价腾贵，以云探访，洵属匪易。又复限于经济，捉襟见肘。其间辛苦备尝，贪夜奔走，远穷海外，近出南中。本客观态度，求多方发展，不蔽于一见，不局于一隅。此同人所斤斤自励，应请社会人士鉴原者也。兹所选列，虽不及全数之半，然其精华，实萃于是。"③在时局艰难、经费紧张之时，古籍保护工作者仍多方筹备古籍展览，彰显了图书馆人的社会责任。

中华人民共和国成立以来，古籍收藏机构所举办的各类古籍展览不仅展示了业界的工作动态，也为专家学者和公众提供了直接感受优秀传统文化的平台。1952年，清华大学潘光旦教授参观北京图书馆举办的"印本书籍展览会"后，在《新观察》发表8000余字的长文《从印本书籍展览会看印刷事业的发展》以示珍

---

① 王春雷：《中国会展业发展：前沿问题与创新策略》，中国旅游出版社，2015年。
② 袁同礼：《袁同礼文集》，第254~255页。
③ 赵万里：《赵万里文集》第1卷，国家图书馆出版社，2011年，第403页。

重。潘先生说:"最近,北京图书馆举行中国印本书籍展览会。我去参观了一次,得到两点很深的体会:第一,祖国的文化遗产实在是丰富得惊人,在别的方面固然丰富,在文字事业上尤其是丰富;第二,我进一步体会到了劳动人民的卓越的智慧,特别是在印刷术的发明与发展方面,更明显地看到了这种智慧。"①可见,学者对于古籍展览的期许不仅仅在于向参展者展示古籍,其对于中华民族的智慧的揭示尤为重要。

古籍记载着人类的历史和文明,人们正是通过古籍了解历史,同时也了解中国的文化。雷蒙·阿隆说:"今天,物质上留存下来的,只有先被历史,然后是被历史学家收集和筛选过的古迹和文献。……就此而言,过去是实际存在的,因为它作为古迹仍然受到人们的参观和理解。"②保护古籍的最终目的并非只是让古籍成为博物馆中供人参观浏览的古老遗存,而是要通过我们的保护使之成为当下文化自信的源泉。这就需要古籍保护工作者从更加宽广的视野上做好展览,为公众提供优质的文化服务产品。

十年来,上海图书馆先后举办了"真影留踪——上海图书馆藏历史原照展""寻根稽谱——上海图书馆藏家谱精品展""琅函鸿宝——上海图书馆藏宋本展""琼林济美——上海图书馆藏翁氏藏书与文献精品展"等年度主题大展,同时也举办了多个古籍及古籍技艺的专题展览,这些展览对于公众了解馆藏有着莫大帮助,更激发了公众对于传统文化的敬仰、热爱和关心。优秀传统文化的传承和弘扬从来不是图书馆人的专利,它需要社会的参与,需要公众的力量。作为古代典籍的守护者和传承者,古籍保护从业人员有责任也有义务让这些优秀的人类文明更好地呈现在公众面前,也只有通过这样的努力才能使图书馆的古籍保护工作不限于一般意义上的看管古物。

此番上海地区古籍保护同人协力,以"上海市古籍保护工作十年成果展"为题,全面展示了上海地区的古籍保护成果,将本地区 70 余种(《十年》中著录了 120 种)古籍珍品荟萃一堂,制作展板 50 余块,系统地展示了沪上文化的积淀,全面地揭示了近年来上海古籍保护工作的成就。上海市古籍保护中心同人又精心编纂了《十年》图录,该书既有上海市十余家古籍保护机构的工作总结,也包括上

---

① 潘光旦:《从印本书籍展览会看印刷事业的发展》,《斯文悬一发:潘光旦书评序跋集》,群言出版社,2015 年,第 465 页。

② [法]雷蒙·阿隆:《历史意识的维度》,董子云译,华东师范大学出版社,2016 年,第 100~101 页。

海地区所收藏的古籍珍品展示。其中珍贵古籍部分分为"旧藏撷华""新弄掇英"两个单元,前者收录《中国古籍善本书目》已有著录的品种,但对其中的版本鉴定则多有订正;后者著录2007年中华古籍保护计划开展以来该地区各古籍收藏机构新整理发现的品种。特别是后者,占全书一半以上的篇幅。对于学者藏家而言,前者有参考价值,后者更为学术研究提供了新的信息。窃以为这是本书不同于当前各家出版精品图录的特色之一,为公众更好地了解上海市的古籍文化积淀和古籍保护成就提供了最佳的资料。就此而言,展览和图录就不仅仅是古籍保护工作者的业务,更是一项关系到整个图书馆事业、整个行业荣耀的工作。精品展览和高水平的图录,也就成了检验古籍保护工作者的工作能力、创新能力和研究能力的综合标识。

三、沪上古籍保护工作的整体风格

古籍保护是围绕古籍的各种价值开展的长期性活动。古籍的价值一般分为历史文物价值、艺术价值和科学研究价值,因此古籍保护也有不同的方向。我们认为,针对其历史文物价值的保护行动,是原生性保护;针对其艺术价值的保护行动,是再生性保护;针对其科学研究价值的保护行动,是研究性保护。原生性、再生性和研究性的古籍保护行动,其最终的目的是传播和弘扬优秀传统文化,增强中华优秀传统文化的凝聚力、影响力、创造力,因此古籍保护成果的汇集,就不仅仅是某一馆的馆务,而是整个传统文化传承发展的公务。十年来,全国古籍保护工作者付出了艰辛,为古籍价值的传承和弘扬做出了可以载入史册的贡献。

根据《十年》一书所列总结,上海市的古籍藏量相当大,但各收藏机构之间的数量差距却非常大,如何根据各自收藏古籍的特点开展有效的保护工作,则是各古籍收藏机构的现实课题。如何推进以古籍普查、古籍修复和古籍数字化为基础的保护工作,更是突出的课题。

仅从《十年》一书所收录的12家古籍收藏机构所藏古籍来看,古籍藏量高达543.3万余册(件),古籍数字化3794.7万拍,古籍修复2.2万余册。另据《十年》的统计数据,上海市共有16家公私古籍收藏机构或个人所藏的913种古籍入选《国家珍贵古籍名录》,14家公私古籍收藏机构或个人所藏的1473种古籍入选《上海市珍贵古籍名录》;7家单位被命名为"全国古籍重点保护单位",9家单位被命名为"上海市重点古籍保护单位"。上海市古籍保护中心为《十年》一书撰写的前言从十个方面总结了沪上学派（海派）的成果，归纳起来即是建立了古籍保护的市级联动机制，搭建了古籍保护的交流合作平台，健全了古籍保护与研究基地，形成了古籍保护的成果体系，提升了古籍保护的社会效益。笔者认为，沪上古籍保护的风格除上海古籍保护同人所归纳的之外，另外具有以下几个明显的特点：

一是精耕细作，实现了古籍保护工作的长效发展。在中华优秀传统文化传承发展工程中，古籍保护是一项长期性的基础性工作，需要经常性和长期性投入，任何急功近利的模式均无益于古籍保护工作的长效发展。如上海图书馆十年来专注古籍修复，累计总量已达 19733 册共 1095543 页，而古籍数字化中仅家谱业已完成 1100 万拍。这些工作成绩，均需要投入大量人力物力和时间方能取得。

二是尊重人才，建立了古籍保护工作的人才梯队。李致忠先生认为，古籍保护要得法，关键在于人。所谓人，就是建立一支古籍保护的人才队伍。离开了人才队伍的建设，任何保护的行动均将无法延续。上海地区注重人才队伍，既发挥老专家们的智慧，也不断培育新的专家，使得上海市的古籍保护工作得以良性发展。同时，沪上各古籍收藏机构也特别注重通过各种研究项目锻炼和培养人才。沪上古籍保护人才队伍，从《十年》编纂委员会名单即可略窥一二。

三是注重细节，促进了古籍保护工作的科学发展。古籍保护的发展必须在前人工作的基础上不断推进。这种推进，往往来自细节的捕捉。比如《十年》所著录的古籍中，将上海图书馆藏邓邦述跋《通典》由"宋刻本"修订为"南宋中期修补印本"，将复旦大学图书馆藏《晦庵先生朱文公文集》由原来著录的"宋咸淳元年建安书院刻元明递修本"修订为"元刻明修本"，将复旦大学图书馆藏《资治通鉴》由"元刻本"修订为"元刻中印本和元刻明递修本的补配本"等，都是古籍保护同人在展览的前期筹备中的创见，推进了古籍版本鉴定的发展。

四、通过保护让古籍中的文字活起来

古籍保护成果是让古籍中的文字活起来的重要体现。像《十年》之类的图录，除给观众一种视觉感受之外，还为学界提供了大量的研究资料。对于学术研究来说，这是极为可贵的。特别是古籍方面的研究，若无相关收藏机构的揭示，何谈研究的深入？例如，《十年》中收录了多种《诗经》刻本，其中"旧藏撷英"著录复旦大学图书馆所藏《毛诗传笺》七卷、《诗经》八卷、《韩诗外传》十卷等虽似旧藏，然似并不为《诗经》学史研究者所周知，可补学术史的缺憾。其中，明嘉靖十八年(1539)薛来芙蓉泉书屋刻本《韩诗外传》十卷，有龚自珍长子龚橙跋。龚氏于此薛来刻本跋文中说："苏本多用毛改《韩诗》异字，此多仍旧，可以参定。"又云："此本已不恒见。此书殆无善本，粗校一过，以俟异日。丁卯岁龚橙。"笔者曾览《上海图书馆善本题跋真迹》，其中第二册著录邓邦述(1868—1939)跋嘉靖十四年(1535)苏献可通津草堂刻本《诗外传》十卷①。邓氏特别表彰了龚橙对《韩诗》所做的校勘学贡献，称龚橙所校嘉靖苏献可本"取程荣、薛来刊本眉列上端"云云及龚氏所谓"丁卯(1867)岁得此本(即苏本)，……又得嘉靖乙亥薛来刻本"云云，可知邓邦述似仅见龚氏所校之通津堂本，而未及见其校薛来芙蓉泉书屋本，或因此龚氏所校勘之本已藏于独山莫氏书斋？今览莫氏跋文则可窥其一端。莫棠跋称："此先君所遗书也。出自仁和龚孝拱手校。光绪庚子(1900)在苏州又得一本，即拟写补此本阙叶。因循人事，遂及十余年。岭表归来，避居海上。捡理山庐故书，两本幸获无恙。梅雨浃旬，陋巷萧索。乃与麟儿共写整齐之。昔金孝章乱世隐居，父子写书，怡然一室。孝章清概，诚非所堪，而目前景象或有一似耶。壬子(1912)四月二十六日棠书。"②可知民国初年此书仍为独山莫棠(1865—1929)及其子莫天麟珍藏，故而邓氏未能披览。今《十年》图录将龚氏、莫氏题跋书影附上，我们再参照上海图书馆所编前述题跋真迹，则可见古人藏书之不易，观书之难。古籍保护，首先需要对所藏古籍加以揭示，这种揭示则洵非易事。

又，明嘉靖刻本《毛诗传笺》七卷，卷端题马应龙、孙开校，为藏书家季振宜(1630—1673)故物③。据刘毓庆、贾培俊《历代诗经著述考(明代)》，明代关于《诗经》的著述有740余种，其中尚存者220余种，这些"明代诗经学著述记录着有明一代文化思潮及主流文化精神的变迁，也记录着诗经学由经学向文学转变的历史，同时在经学阐释中，也体现着明代文学思想的变化，因而对于经学史、文化史等皆有着不可忽略的意义"④。不过，《毛诗传笺》这部著作并不为学者所常

---

① 向辉：《读者的群像：以嘉靖本题跋为中心的考察》，《古籍保护研究》第一辑，第140页。
② 上海市古籍保护中心：《上海市古籍保护十年》，第137页。
③ 上海市古籍保护中心：《上海市古籍保护十年》，第75~76页。
④ 刘毓庆、贾培俊：《历代诗经著述考(明代)》，中华书局，2008年，第1~2页。

见,刘氏即著录为:"《毛诗解》七卷,马应龙撰。未见。见《山东通志·经籍志》。按:《山东通志》卷二十八:'马应龙字伯光,安丘人。万历壬辰(二十年,1592)进士,除杞县令,多异政。仕至精膳司郎中。'"①今《十年》中附有书影,此书版刻风貌可一目了然。不过据此记录,该《毛诗传笺》是否确为嘉靖刻本尚可做进一步的考察。

又,明嘉靖刻本《诗经》八卷,附有许承尧的跋文。许氏说:"咸同后,浙江藏书推二丁,谓丙及其兄申也。丙尤有名,字嘉鱼,号松生,晚号松存,钱唐诸生。生道光十二年,卒光绪二十五年。丙博涉群籍,于学无所不窥。尝辑刊《武林掌故丛编》《武林往哲遗著》《杭郡诗》,自著《善本书室藏书志》《庚辛泣杭录》《北隅缀录》《三塘渔唱》等书。其藏书处曰八千卷楼、小八千卷楼、善本书楼,盖达八万卷,可谓富矣。此其手校《诗经》,兼录《序传》于简端,殆家塾课本。名流遗迹,殊可贵也。"②许氏对于丁丙当年藏书之富的仰慕之情溢于言表,如今这些名家批校本在各大图书馆收藏者颇夥,《十年》将其书影刊出,使之广为人知,让这些殊为可贵的"名流遗迹"不再深藏在图书馆的库房,这实际上就是让古籍中的文字活起来的一个路径。

《十年》中著录了诸多旧藏善本,也收录了若干前人所未见之书,故称之为"新弄掇英"。如上海图书馆藏沈曾植手稿本《蛮书》十卷,是沈氏为《蛮书校注》而作的未写定之手稿。前贤向达先生曾提及此书,但曰未见,由此可见古籍保护工作不仅仅是图书馆工作的一个业务而已,它实际上关系到学术界的发展,其重要性不待多言。又如,《十年》著录上海社会科学院图书馆藏万历二十二年(1594)金陵唐氏世德堂刻本《南华真经旁注》五卷,为清初进士严虞惇(顺治七年至康熙五十二年,1650—1713)所收藏批阅。严氏在目录后有详细的阅读记录:"癸酉(康熙三十二年,1693)十一月望日起,十二月廿四日读完。钱湘灵先生有《庄子》阅本,从甸扬处借得之,校阅一过。钱本旁行批注多采前人旧说,今余所批注用其说什之五六,间亦博采他说,或附以己意云。"③严氏读书速度不慢,又多做批注。严氏说:"灯下南华卷,祛愁当酒杯。此贾岛句也。仆本恨人每百忧

---

① 刘毓庆、贾培俊:《历代诗经著述考(明代)》,第 200 页。
② 上海市古籍保护中心:《上海市古籍保护十年》,第 72 页。
③ 上海市古籍保护中心:《上海市古籍保护十年》,第 253 页。

攻中,亟以南华一二篇读之,则嗒然翛然矣。"①三年后,即康熙三十六年(1697)严氏方成进士,授翰林院编修。这一则记录为清初读书人在参加科举考试而尚未成进士时的阅读情况提供了绝佳的注脚。

类似的材料很多,可以说,《十年》的出版,延续了上海地区古籍保护工作与研究相结合的一贯风格。《十年》的编纂本身就是图书馆古籍研究的一个成果,同时也为其他研究者提供了丰富的研究资料。

近年来,上海地区各古籍收藏单位充分利用馆藏,着力于古籍保护研究和整理出版,注重将古籍保护的具体业务工作与科研相结合,出版了《中国家谱总目》《上海图书馆善本题跋真迹》《上海图书馆珍稀家谱丛刊》等若干在业界、学界影响颇巨的大部头著作,同时也有像《明清稿钞校本鉴定》《中国家谱通论》《中国古籍原刻翻刻与初印后印研究》等诸多专家著作,极大地促进了古籍保护研究的进展。可以说,上海地区在优秀传统文化传承发展工程上进行的区域性探索实践,与全国古籍保护工作发展密切相关,它所体现出的沪上风格并未局限于上海地区,其影响早已辐射至全国,甚至是海外。作为古籍保护工作从业人员,我们无不对此表示钦敬。

《十年》的出版,延续了上海地区古籍保护工作与研究相结合的一贯风格。《十年》的编纂本身就是图书馆古籍研究的一个成果,同时也为其他研究者提供了丰富的研究资料。通过这部书,我们可以窥见古籍保护工作者在优秀传统文化传承发展工程中所做的区域性探索实践,这种探索已经取得了丰硕的成果。

(作者单位:向辉,国家图书馆国家古籍保护中心;李涛,北京师范大学《教育学报》编辑部)

---

① 上海市古籍保护中心:《上海市古籍保护十年》,第254页。

再谈《八史经籍志》版印

石光明　鲍国强

2016年《古籍保护研究》第二辑刊登的鲍国强所撰《眼见不一定为实——〈八史经籍志〉版本说略》[①]一文，提到国内诸古籍书目著录的"清光绪九年（1883）镇海张寿荣刻本"实为"日本文政八年（1825）刻清光绪九年（1883）镇海张寿荣印本"。实际上，笔者查阅国内外各图书馆所藏《八史经籍志》版本时，见到部分藏本的目次页还钤有"振新书社"的印章，但其著录亦归为"清光绪九年（1883）镇海张寿荣刻本"，或径称"清光绪九年（1883）苏州振新书社刻本"。为进一步厘清《八史经籍志》日本文政八年刻本的具体印次情况，笔者谨将已见的相关资料及分析意见叙述于下，敬请方家教正。

一、从文政八年官板印本、张寿荣印本到振新书社印本

《眼见不一定为实》一文提到国内所藏《八史经籍志》诸本不是张寿荣所刻，而是日本文政八年刻版，张寿荣据日本旧版增刻自序目次再重印本。现据进一步核查的书目数据，除日本文政八年印本可以细化落实外，所谓"张寿荣印本"实际上分属"张寿荣印本"和"张寿荣增刻序目振新书社印本"两个印次（后者还可细分）。

（一）日本"官板"印本

据《八史经籍志》所冠张寿荣撰《八史经籍志序》所云，除已知旧版为文政八

---

① 鲍国强：《眼见不一定为实——〈八史经籍志〉版本说略》，《古籍保护研究》第二辑，大象出版社，2016年，第70~78页。

年所刻外，日本辑者"其人莫详"，其出版者和出版地也是查无信息。而"文政八年"的信息则源自《八史经籍志》末页左下方镌有"文政八年刊"五字。

此日本文政八年刻本尚未见国内图书馆收藏。据已获信息，日本藏有文政八年刻本2部：

第1部为日本国立国会图书馆藏，17册（合订8册），外书衣左侧粘贴手写"八史经籍志"书名的书签，内书衣（贴有东京图书馆藏书签）所粘贴的书签上方均镌有"官板"两字[①]。

第2部为日本东京大学综合图书馆藏，17册。其书目数据经考订著录，出版地为江户（今东京），出版者为昌平坂学问所。各册书签上方亦有"官板"两字。行款格式：左右双边有界栏10行21字小字双行同，版框21.6厘米×14.3厘米，单鱼尾[②]。

据新浪博客博主"山木有紫"撰《昌平坂学问所》载，日本江户时期，幕府将教育看成维护现状的最有力工具，德川家康及其后人对教育持鼓励态度。1607年，林罗山（1583—1657）凭着藤原惺窝（1561—1619）推荐和自身儒学造诣得到幕府重用。1623年，林罗山担任第三代将军德川家光的"侍讲"。1630年在德川家光赐予的领地和赏金基础上，林罗山在忍冈创办了林家私塾。从第四代幕府将军德川家纲开始，林家私塾逐渐发展成为一所官办性质的学校。1663年德川家纲为林家私塾赐名"弘文馆"。从1663年到1690年近30年间，林家私塾的运转一直受到幕府财力支持。1691年，第五代将军德川纲吉将"弘文馆"搬迁到神田汤岛的昌平坂，由幕府出资建立以"圣堂"为名的学问所，由林罗山的后人林凤冈担任"大学头"和孔庙圣堂祭主。1797年将"圣堂"改为"昌平坂学问所"，并在1799年扩建校舍。至此，林家私塾完全发展成为幕府兴办、管理的官办教育机构（这也是"官板"两字的由来）。明治政府延续昌平坂学问所向近代学校转变的步伐，在1869年将其与开成学校、医学校合为"大学校"，后改称为"东京大学"，

---

① 日本国立国会图书馆藏日本文政八年（1825）刻本《八史经籍志》的书影网址：http://dl.ndl.go.jp/info:ndljp/pid/2568877?tocOpened=1（2018年2月6日检索）。

② 东京大学OPAC《八史经籍志》书目记录网址：https://opac.dl.itc.u-tokyo.ac.jp/opac/opac_details/?reqCode=fromlist&lang=0&amode=11&bibid=2002928536&opkey=B151792454532715&start=21&totalnum=21&listnum=20&place=&list_disp=20&list_sort=6&cmode=0&chk_st=20&check=0（2018年2月6日检索）。

成为日本第一所现代大学①。

查清沈德潜撰《唐宋八大家文读本》三十卷,日本文化十一年(清嘉庆十九年,1814)昌平坂学问所刻本②,16册,书签及卷末所题刊刻年与《八史经籍志》日本文政八年刻本十分相似(图1、图2)。

图1 《唐宋八大家文读本》(左)与《八史经籍志》(右)书签文字与风格十分相似

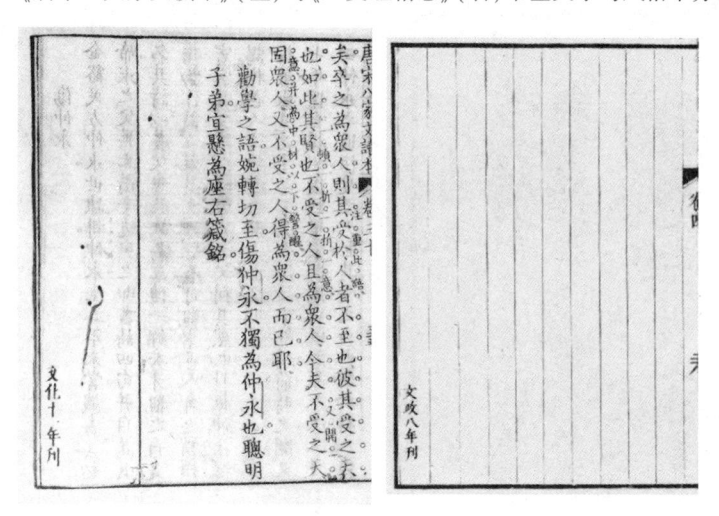

图2 《唐宋八大家文读本》(左)与《八史经籍志》(右)卷末所镌刊刻年格式也很相似

---

① 山木有紫:《昌平坂学问所》,http://blog.sina.com.cn/s/blog_a8c718d80102w4cx.html(2018年2月6日检索)。

② 孔夫子旧书网"嘉庆19年和刻本、清沈德潜《唐宋八大家文读本》30卷16册全、覆清精写刻本、全汉字无日文标注、昌平坂学问所刊本、即东京大学的前身"网址:http://book.kongfz.com/item_pic_236254_835565113/(2018年2月6日检索)。

由以上记载以及两书行款格式相似性可知,日本东京大学综合图书馆将《八史经籍志》考证著录为"日本文政八年(1825)江户昌平坂学问所刻本"是正确的。

(二)镇海张寿荣印本

所谓清光绪九年(1883)镇海张寿荣印本,是张寿荣在上海获得"前无序言""文政八年刊"的《八史经籍志》锓板,补刻了书名页、自序和目次后再次刷印的。

国内不少图书馆将张寿荣印本著录为"张寿荣刻本"的缘由即是这个补刻的书名页右上方镌有"光绪八年校刊"六字(见《眼见不一定为实》文第1幅插图)。

(三)苏州振新书社印本

所谓振新书社印本,其最明显的特征是目次页左下方(间或在书名页右下方)钤"苏州观西振新书社督造书籍"阳文朱印,张寿荣印本则无(图3、图4)。苏州振新书社印本还可细分为清末印本和民国印本两种。若将振新书社印本著录为"振新书社重刻本"等则是离正确著录更远了。

图3 张寿荣印本目次页　　图4 振新书社印本目次页

据已知信息,国内各图书馆所藏《八史经籍志》均为镇海张寿荣印本或苏州振新书社印本。日本各图书馆所藏《八史经籍志》则上述版次均有。

二、张寿荣印本与振新书社印本的差异

国家图书馆普通古籍大库藏《八史经籍志》7部,其中张寿荣印本4部,振新书社印本3部。通过仔细比对,张寿荣印本与振新书社印本的差异如下:

1.振新书社印本均在目次页左下方钤"苏州观西振新书社督造书籍"阳文朱印,张寿荣印本此处无钤印。

2.振新书社印本目次页左上角版框(横框线左侧)多缺失,张寿荣印本此处则无缺失。

3.振新书社印本目次页最后一种子目"明史薮文志"中的"文"字缺首笔点,张寿荣印本此处则无缺失。

4.振新书社印本书型平均高度超过张寿荣印本书型平均高度。前者书型平均高度为29厘米,后者书型平均高度为26.5厘米。

三、振新书社印本的"督造"年代

苏州振新书社印本的目次页左下方钤"苏州观西振新书社督造书籍"阳文朱印。督造,即监督制造。振新书社对书籍的督造,与"校刊""刊刻"等词义不同,是"刷印装订并有权发行出售"之义。

振新书社为清末至民国间苏州的一个集印刷、销售为一体的书店,位于苏州观前街。其系统研究资料较少。

《八史经籍志》的苏州振新书社印本没有记载"督造"年代。

国家图书馆普通古籍大库藏有清道光元年(1821)合河康氏家塾刻同治六年(1867)娄江徐氏补刻光绪三十四年(1908)苏州振新书社印本的《骈体文钞》[①]。其第1册末尾附有两页木刻蓝印的《苏州振新书社印书目录》(见图5)。第1页即载有"八史经籍志十六册　连史洋六元　竹纸洋四元",且在起首云"本社创设十余年",可知苏州振新书社出现于光绪二十年(1894)或略晚,则可判断国家图书馆所藏振新书社印本的《八史经籍志》约刷印于光绪二十年至三十四年之间。

由《苏州振新书社印书目录》所载《八史经籍志》情况可知振新书社印本也有连史纸和竹纸两种规格,售价也不同,均装订为16册。

---

① 《骈体文钞》,国家图书馆普通古籍索书号:FGPG 80680。

另据国家图书馆藏民国十九年（1930）苏州振新书社铅印本《苏州振新书社精刻木板书目》①第17页B面所载"八史经籍志　十六册连史纸十元赛连纸八元"，亦可知直至民国年间，苏州振新书社还在用连史纸和赛连纸刷印《八史经籍志》，则可推知，国内外所藏苏州振新书社印本中有部分已经是民国重印本了。而要判断是不是民国重印本，除需要查考相关文字记载外，只能依据版面是否更为漫漶等信息再作结论了。因为"苏州观西振新书社督造书籍"阳文朱印一直用至民国年间（如民国十二年[1923]苏州振新书社刻本《大鹤山人诗集》牌记页左下角即钤有此印），无法依据有无此印来判断其为清末抑或民国时期刷印。

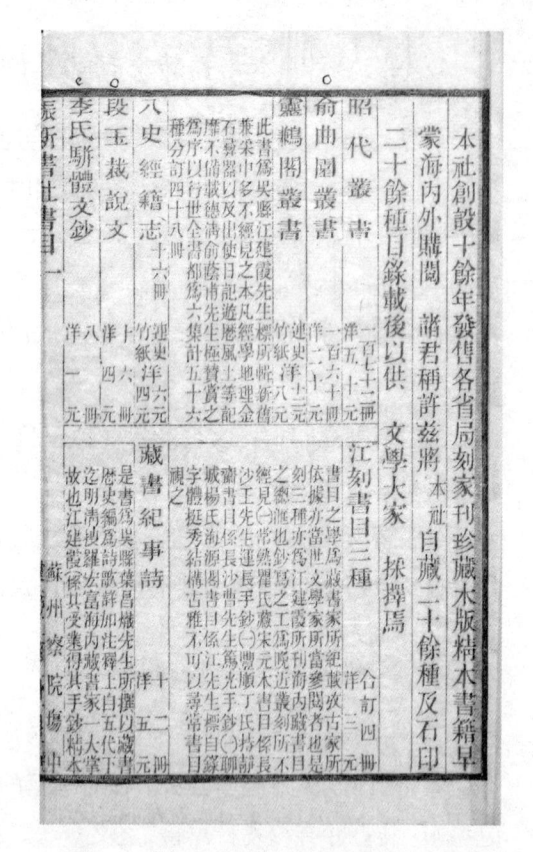

图5　《苏州振新书社印书目录》第1页

根据以上情况判断，《八史经籍志》的振新书社印本中较早者要比张寿荣印本晚了十几年，较晚者则是民国年间重印的。

四、结语

综上所述，国内外所藏的《八史经籍志》4种版印情况可表述如下：

1. 日本文政八年（1825）江户昌平坂学问所刻本；

2. 日本文政八年（1825）江户昌平坂学问所刻清光绪九年（1883）镇海张寿荣重修印本；

---

① 北京图书馆普通古籍组编：《北京图书馆普通古籍总目·目录门》，书目文献出版社，1990年，第135页。

3.日本文政八年(1825)江户昌平坂学问所刻清光绪九年(1883)镇海张寿荣重修清末苏州振新书社印本；

4.日本文政八年(1825)江户昌平坂学问所刻清光绪九年(1883)镇海张寿荣重修民国苏州振新书社印本。

第2~4种版印中"重修"是按照GB/T 3792.7—2008《古籍著录规则》①第3.22款"重修：保持原书正文，仅增补或改动原书附录"的规定著录的。

上述除第一个版印目前仅知有2部藏于日本外，其余三个版印传世甚多，国内外均有收藏。

从以上对《八史经籍志》各种版印情况的分析中也反映出营业书目在版印考察过程中的重要作用。

营业书目是专科书目的一种类型，相当于近代出版社编印的出版目录②。营业书目可分为单行本和书籍附页两种。北京图书馆普通古籍组编《北京图书馆普通古籍总目·目录门》专门辟有"营业书目"类，收录自清至民国中外单行本营业书目170种③。

我们在古籍版印考订中也应该充分发挥营业书目的作用。

(作者单位：国家图书馆古籍馆)

---

① GB/T 3792.7—2008《古籍著录规则》，中国标准出版社，2008年，第3页。
② 吴兴文：《从现存最早的营业书目谈起》，《新京报》2006年2月2日。
③ 北京图书馆普通古籍组编：《北京图书馆普通古籍总目·目录门》，第126~137页。

简述《西班牙藏中国古籍书录》的校对和编制工作

王永华

  明末清初,西方传教士陆续来华,客观上开启了中外文化交流的新篇章,而西班牙传教士又是他们中较早踏上中国土地的先行者。这些传教士在传教的同时,不仅把西方的宗教、文化和科学知识引入中国,也把中国的思想与文化介绍到了西方,特别是许多中国书籍通过各种渠道被带到了西方。到了清代末期,由于西强中弱格局的形成,中国逐渐沦为西方列强的半殖民地,国土沦丧的同时,许多中国珍贵古籍也不能幸免,被非法或看似合法的手段所劫掠,形成西方许多图书馆藏有中国古籍的现象。

  20世纪末,杜文彬先生到西班牙工作、生活,出于古典文献专业人士的敏感和执着,她利用业余时间走访了西班牙全国各地的图书馆,发现多家图书馆藏有中国古籍,而且这些中国古籍由东到西不知经历了怎样的辗转和周折,物质形态上或多或少都发生了变化,许多书与国内的古籍相比有了明显不同。为了将这些流传海外的中国古籍介绍给世人,杜文彬先生潜心研究,逐一翻阅,详细著录,经过十多年的搜集整理,编著完成《西班牙藏中国古籍书录》(以下简称《书录》)一书。

  2012年,就在《书录》基本完成之际,杜文彬先生请古籍文献专家李国庆先生审阅书稿,以期提升《书录》的专业水准。由于李先生公务繁忙,虽拨冗相助,提出很多有建设性的修改意见,却很难拿出更多的时间和精力将其全部付诸书稿之中。为了使《书录》早日与读者见面,李先生推荐笔者参与《书录》一书的校对和修改、版面的制作和目录索引的编制等工作,使笔者有幸为书稿的完成做了一些工作,同时也可以使两位先生的专业思想得以真正体现于书稿之中。

一、《书录》文字的处理

笔者在接手书稿前,大部分的文稿内容已经用简化字录入为电子文本形式,其著录格式完全遵照手稿的原始状态,条目的编排也是由杜文彬先生到各家图书馆访书时对藏书依次著录自然形成的。

(一)简化字的转换和文字的校对

《书录》著录的内容是为揭示中国古籍服务的,客观要求以繁体字来描述。但是,手稿和文字的录入都是以简化字的形式进行的。为了做好文字的校对工作,首先要将电子文本的简化字转换成繁体字。但是一些汉字,甚至是常用汉字具有一简对多繁和简(传承字)繁并存的现象,需要对书稿进行逐字逐句的鉴别,特别是有些摘录原书的内容,一些用字根据手稿很难断定是否正确。而这些古籍又远在海外,只能通过电子邮件和杜先生联系,进行核实,给书稿的文字校对带来很大困难。所以说,用简化字著录古籍书目,再转成繁体字会"后患无穷"[①]。再有,本书在繁简转换过程中发现,有的简化字甚至转成了其他字,如"巴塞罗那"转换后变成"巴賽隆納",四个字中竟然错了三个。

(二)著录项目的统一

根据书稿多数条目内容的特点,需将条目内容分为六大项。每一项的内容依次为:第一项,书名、著者、版本、册数、行款、书口、书品和版框;第二项,封面和版心等有关书名不同题写的附注和序跋情况的著录;第三项,对序跋重要内容的摘录;第四项,对钤章的描述;第五项,收藏单位的中西文名称、装订、函套等保存状况和特色的著录;第六项,书上不同位置题写的外文注解和译名(以西班牙文为主),及其中文的译文。具体的条目根据内容的不同,在此基础上酌情增减。

书稿在编写过程中,每一个条目的著录,是按照原书能够反映的所有信息进行客观描述的,当书稿基本完成后,才根据每个条目的基本内容,归纳成以上六大项。当然,书稿的原始著录是不可能按照我们后来归纳的项目顺序进行的,所以,在校对时需要对各个条目进行逐项调整统一。其结果是,书稿的电子文本和

---

① 王永华:《谈古籍书目索引编制过程中汉字繁简字体的转换工作》,《图书馆工作与研究》2013年增刊。

手稿的文字不是一一对应的,校对时需要跳跃式地进行,所以要更加仔细,尽量避免出现错漏的问题。

(三)文字描述和著录方式的统一

确定了每个条目的基本著录项目后,需要将原稿每个条目著录的内容按照著录项目进行逐项挑选,形成与著录项目顺序基本一致的描述方式。同时,文字描述和著录方式也尽量追求标准统一。如《易经大全》的行款著录格式为:一函十二册。半页八行二十一字,小字双行字同。上下单边,左右双边。白口,无鱼尾。除关于鱼尾的著录在没有鱼尾的情况保留了"无鱼尾"的内容外,"有格""无藏章""无译名""无函套"等著录文字都删掉了。因为原书如果无格,就会明确著录"无格",而没有著录"无格"的条目自然就是有格,也就无须再著录"有格"了。"无藏章""无译名""无函套"等内容的著录也是如此,如果原书有这些内容,自然会详细著录;如果没有这些内容,就不再著录了。

中国古籍在国外流传,会有很多外国文字标记在书上,成为古籍现有特征的重要组成部分。《书录》也著录了很多这样的西班牙文和其他的外国文字。对于这些外文和中文译文的著录,客观要求前后不同条目的格式也应基本统一。如《易解》收藏单位按照统一的格式著录为:收藏于"Real Biblioteca",即皇家图书馆。将收藏单位的西班牙文名称置于引号内,便于直接插入中文的行文中,用"即"引出该图书馆的中文名称。确定书稿各个著录项目文字的标准格式后,所有条目都按照这一格式重新著录,使书稿的文字描述统一规范。

(四)新增条目的处理

在《书录》校对整理过程中,杜先生在西班牙又陆陆续续有了一些新的发现,并著录成新的条目补充到书稿中。在书稿整理初期,这些新增条目经过录入和校对,比较容易排到书稿之中。而当书稿进行分类和重新排序之后,每个条目都有了新的位置和连续的序号,在这个阶段再补充新的条目,新的条目同样需要分类并排入相同类目原有的条目之中,相对来说就比较困难了。因为古籍分类目录中相同类目的各条目的排序本来就比较麻烦,特别是有的条目信息并不完整,没有办法采取统一的标准进行排序,而新增条目要想正确排入,需要辨别原有条目在排序时的处理方法。再有,新增条目一旦插入目录之中,其后面的条目都要依次更改序号,相应的每一幅书影图片的文件名序号也要一同更改。因此,越是在书稿成形的后期,加入新的条目,添加的过程就越复杂和困难。但是,为了能进一步反映西班牙藏中国古籍的全貌,我们没有害怕麻烦,更没有放弃每一条宝贵的图书信息。

二、《书录》图像的处理

《书录》的书影和访书照片,除了少部分是用光盘从西班牙邮寄过来的,大部分是通过电子信箱传送过来的。由于电子信箱传送文件的能力有限,一次仅能传过来十张以下数量不等的照片。有些照片压缩包的文件名注明了其出自哪个图书馆的书籍,而具体到每幅照片的文件名,则基本是相机在拍照过程中自动形成的,对于识别它是哪一部书的照片毫无帮助。有些照片也会出现重复传送的情况。所以,对于600多幅基本上处于无序状态下的照片,把它们一一辨认出来,更改文件名,使之与原书条目的序号一致,形成链接和可排序处理的状态,是非常困难的。笔者处理《书录》图像时采取了如下步骤:

第一步,从邮箱中下载一套完整的原始照片资料。由于照片文件是在一年多的时间内陆续从西班牙发送过来的,而且当时所用的邮箱收发的邮件量比较大,逐一查找这些照片邮件比较麻烦,笔者就利用邮箱发件人排序的方法,把发送用过的邮箱名通过排序集中,然后逐一打开下载。有些重复的文件夹经过比对,确认是重复的内容再删除。

第二步,将文件夹逐一打开,标记有图书馆名称的文件夹内的照片,分别归入不同图书馆的文件夹内;没有标记图书馆名称的文件夹内的照片集中于一个文件夹内,然后按照照片的文件名排序。

第三步,根据照片中能够反映的所有条目信息,将整理完成的书目文稿进行处理,截取其中的序号、书名、馆藏单位、馆藏号等字段,形成照片识别对照表,方便查找和标记。然后,根据照片和对照表的信息进行逐一比对和识别,将可以识别的照片在对照表上著录新的含有条目序号的文件名,并用这个文件名重新命名对应的每一幅照片。这样处理后,不仅照片可以按序号排序,对照表上也能反映哪些条目有照片,而哪些条目还没有照片,并可以及时反馈给杜先生,通过各种途径尽快将缺少的照片补齐。

第四步,将整理好准备收入书稿中的照片进行版面的修整。因为照片都是用相机手工拍摄的,会有书影之外边界过宽、图书摆放不正和画面不够饱满等问题,因此,需对图片逐一进行裁切、旋转和色彩、亮度、对比度的调整,使照片能更完美地反映书籍的原貌。

三、《书录》的分类与版面处理

(一) 格式的转换

书稿的预期形式为分类排序,而原始书稿的文本形式,即使对条目进行逐条分类,也没有办法依照分类或者类号进行下一步的排序。因此,笔者尝试对书稿的录入文本的特点进行分析和判断,找出每一条目之间可以区分的共性特征。如空行和条目标题的特殊字符格式,利用"Word"具有的格式替换功能加入相应的标记符号,用来分割条目,最后通过文本转换成表格的办法,将书稿文本转换成每条一行的表格。这样便于插入不同的列,如新增分类列的相关操作,实现书稿的分类和排序。

(二) 条目的分类与排序

《书录》条目的分类参照《四库全书总目》和《中华古籍总目编目规则》分类体系,最终形成的《书录》类表,取自《四库全书总目》的类名23种,取自《中华古籍总目编目规则》的类名22种,其中单独取自《四库全书总目》的类名6种,单独取自《中华古籍总目编目规则》的类名5种,两个体系共同获取的类名17种。新增"新学译著类"1种入"子部",解决"西学""新学"和"译著"等条目无法入类的问题。共形成5部29小类,其中经部62条,史部37条,子部106条,集部26条,丛部2种8条。

条目分类的同时,将类名著录于每个条目的分类列中。当全部条目都分类著录类名后,各条目仍不能按照分类列进行排序,需要再插入一个类号列,按照类名顺序,给所有的类名一个固定的编号;相同的类名还要考虑图书的出版时间、成书年代、著者的生卒年,以及同一类或同一主题图书总论与分论之间的关系等,在信息不完整的同类书间进行参照排序,并给出前后的序号,最终按照类号列完成全书的排序。

(三) 版面的转换和制作

如前所述,为了方便书稿的校对和排序,已经将文本转换为以一个条目为一行的表格形式。经过校对、分类和排序,接下来可以进行版面的转换和制作。首先,根据版面的要求,对书名、类名和正文等列进行字号和字体的更改,删除重复的类名。然后,根据不同字段在版面中的不同位置,加入相应的标记符。如书名,在版面中处于居中的位置,书名后面加入相同的标记符,等书稿转换为电子文本的时候,对标记符进行居中的操作,书名就会跟随标记符一同居中,然后删除标记符,就实现了书名的版面操作。最后,将表格转换为文本形式,再进行如书名居中等相关统一操作,就完成了书稿的版面制作。当然,有的出版社是不需要作者自己制版的,而作者如能自行完成制版,使书稿的形式更趋近于正式出版物,会方便出版社的编辑和制作。

(四)访书时间的录入和编排

杜先生在西班牙用了十多年的时间,遍访了十多家藏有中国古籍的图书馆,许多古籍都是经过查找、阅览、著录、拍照、修改、再著录的过程,有时,为了做好一部书的著录工作,在几年内多次到图书馆查阅该书。幸运的是,杜先生把她每一次访书和著录的过程都记录了下来,虽然这些记录都比较简短,但是却可以从一个侧面了解《书录》成书的整个脉络和杜先生对于本书所付出的很多努力和辛劳,具有很高的保留价值。因为访书时间在本书初稿中是没有录入的,最后加入,需要重新录入和编排,而且考虑到访书时间与条目各个正式著录项目之间有所不同,笔者采取了每一个访书时间独立成行,附于每个条目之后的编排方式。

四、目录索引的编制

为了方便读者全面了解和检索《书录》中著录的中国古籍,本书编制了《书名总目录》《书名分馆目录》和《书名著者综合索引》。《书名总目录》与书稿正文一致,以四部分类(外加丛部)的形式编排。《书名分馆目录》按照图书馆译名汉语拼音顺序编排,各馆藏书按照所在《书录》的页码顺序编排。《书名著者综合索引》将书名和著者混编在一起,按条目的四角号码编排。

《书录》著录图书239条,制作目录和索引本来是一件相对容易的工作,但是,由于笔者工作地点的变更,新配置的电脑与自己编制四角号码索引习惯使用的软件"FoxPro"不兼容,以前编制好的相关操作程序都无法使用,只能运用"Excel"进行半手工的编制,操作难度较大,也不容易保证质量。好在条目不多,最终圆满完成了编制工作,而且没有因为书目索引的编制推延交稿的时间。

五、结语

《书录》是因为杜文彬先生的拳拳爱国心和对中华文化的热爱,经过十多年的努力才得以问世的,并由国家图书馆出版社于 2015 年 11 月正式出版。为此,杜先生于 2013 年参加了中央电视台举办的"CCTV 全球侨胞中国梦"大型征文活动,把她在西班牙寻书访书的经历撰写成文与全球华人分享,她的文章还成为获奖作品。笔者能参与《书录》的校对和编制工作,有幸为海外中华古籍的揭示和中华文化的传承尽绵薄之力,感到非常光荣。同时,在工作中也开阔了眼界,增长了知识,收获了古籍整理的经验,提高了书目和索引的编制能力,是一段值得珍藏的美好回忆。

(作者单位:天津图书馆)

故宫藏《北极真武感应灵签》雕版小考

王秋菊

　　方术,指方技和术数。而所谓方技,在古代指医经、经方、神仙术、法术等;术数指阴阳五行生克制化的数理。《庄子·天下》:"天下之治方术者多矣,皆以其有为不可加矣。"成玄英疏:"方,道也。自轩顼已下,迄于尧舜,治道艺术,方法甚多。"汉代方术分为四类,即医经、医方、房中、神仙。据《后汉书·方术列传》中记载,术数包括天文、医学、神仙、占卜、相术、命相、遁甲、堪舆等。中国古代方术经过长期的发展演变,内涵丰富繁杂,星占、梦占、六壬、遁甲、相术、风水、占课、八字、测字、卦签等都成为方术的重要组成部分。

　　用卦签预测凶吉祸福是中国的民间习俗,是占卜的一种形式。现今的道观、寺庙等处,时常可见签筒供人抽取签条占卜。签条一般用竹子制成,根据所供神像的名字定名(如"南海观音灵签""月老灵签"等),并编列一定的序号,对应有关的诗句解辞,印制成书或纸页。签条放在签筒之内可供抽取,求签人口中祈祷,默念求问之事,同时摇晃签筒,有签条掉落即可停止,之后由解签人对照签文解析吉凶。在封建社会,求签问卜的现象随处可见,涉及社会生活的方方面面,上至帝王将相,下至寻常百姓都惯于用这种方式预测祸福,祈吉祛凶。民间广泛流传的"跨进庙门两件事,烧香求签问心事",真实地反映了千百年来灵签在宗教信仰中占据的重要地位。

　　灵签的肇始时间现在已难以确考,唐代之前的文献未见到相关的记载,宋代以后有零星涉及。南宋道士白玉蟾在《续真君传》中说:"真君飞升之后,里人与真君之族孙简,就其地立祠,以所遗诗一百二十首写竹简之上,载之巨筒,令人探取,以决休咎,名曰圣签。"南宋陆游也在《老学庵笔记》中写道:"西山十二真君各有诗,多训诫语,后人取为签,以占吉凶,极验。""真君"指江西人许逊,相传于西晋太康二年(281)飞升。另外,认为东晋著名术士郭璞是灵签发明者的说法在学界也占有一席之地。还有明代顾仲恭在《竹签传》中指出:"然则神前设签起于唐世也。"

到宋代,灵签的影响逐渐扩大,见于文献记载的宋代灵签种类多样,可搜集到的有银瓶娘子签、北极真圣签、吴真君签、张恶子庙签、祠山签语、上天竺观音签、护国嘉济江东王签、露使君祠签、西山十二真君签(许真君签)、天竺灵签、大士签、定光佛签、泗州佛签等。宋代的灵签除了种类多样,还具备以下几个特点:一、灵签流传分布范围广泛,遍及全国各地。根据记载,在偏远的海南岛也可以进行抽签占卜。二、各类寺庙宗祠都有制作灵签供信众占卜的现象,除了道教的道观(如十二真人签)、佛教的寺庙(如天竺灵签),还有一些供奉民间神明的宫庙宗祠(如护国嘉济江东王庙)等普遍备有灵签。三、灵签作为受欢迎的占卜形式具有可复制性,不同的寺庙可以使用同一种灵签,使得灵签迅速传播。四、古代文人也参与灵签的占卜活动,或为预测吉凶,或为遣兴,有时还颇为虔诚。五、灵签占卜有四言、五言、七言签诗等,还有诗文与图画相结合的形式,灵签与文学关系密切,也成为其在文人中间被广泛接受的原因之一。总之,灵签的主要形式在宋代已经基本齐全,许多寺庙观宇备有签谱,对于普通民众而言,灵签的占卜形式比《易》筮简便,灵签内容也比卦辞通俗易懂,所以不但在民间大行其道,文人士大夫也参与其中,灵签已经成为影响巨大的占卜形式。宋代以后,灵签继续沿着通俗明了的方向发展,增加了释义、占验、典故、上中下兆象等项目,使占卜更为简便易行。

明清两代宫廷设真武灵签四十九支于紫禁城钦安殿内,供人求取。钦安殿在紫禁城中轴线上,位于御花园正中,其初建于明永乐十八年(1420),嘉靖十四年(1535)重建,是明清宫中主要的道教场所之一。钦安殿内供奉道教中的北方神玄天上帝,又称真武大帝。真武,原名玄武,宋代避圣祖赵玄朗讳改为真武。传说玄武为北方神灵,代表二十八星宿中的北方七宿,为龟蛇状。在阴阳五行中,北方属水,色为黑,守护紫禁城建筑免遭火灾。明永乐皇帝自诩为真武大帝飞升五百岁之后的再生之身,在他的推动下,宫中真武大帝的信仰特别盛行。

到嘉靖时期,由于帝王笃信道教,对钦安殿重新修葺,重造庙宇,再塑金身,并于此设斋打醮，贡献青词，奉祀玄天上帝，歌颂皇帝至诚格天。嘉靖一朝宫中经常发生大火，为防火灾，嘉靖皇帝更是潜心奉玄修道，供奉玄武大帝作为厌火的镇物。他还特别在钦安殿垣墙正门上题写"天一之门"四字。清代诸帝虽信奉喇嘛教，但并不排斥道教。康熙、雍正两朝都先后在此设过道场，为皇太后祈求福寿安康。清朝每年元旦于天一门内设斗坛，皇帝在此拈香行礼。每年的节庆及农历八月六日至十八日，是道家的大祭日，明清宫中的道官道众按例设醮称表，架供案，奉安神牌，皇帝前来拈香行礼，祈祷水神保佑皇宫，消灭火灾。钦安殿内曾有许多关于真武大帝的神奇传说，明代刘若愚《酌中志》中提到，钦安殿"东西有足迹二。相传世庙时，两宫回禄（火灾）之变，玄帝曾立于此默为救火，其灵迹显佑云"，附会《道藏·玄天上帝启圣录》中"济物度人，无边无量，洞天福地，无不显灵"的说法，宫中因此笃信灵签的应验。

  清宫遗存有《北极真武感应灵签》雕版（图1），存二十一块四十二面（两面刻），雕版尺寸高38.3厘米，宽28厘米，厚2.8厘米，四周宽龙纹边框，墨色。原全套雕版为二十五块共四十九面（最后一块为单面刻）。版面分上、中、下三栏。上栏横书"北极真武感应灵签"；中栏纵书"谋望""家宅""婚姻""失物""官事""行人""占病""解曰"八行；下栏纵十一行，首行为签题、签号与此签吉凶（如"飞龙变化第一签　上大吉"），第二行以七言诗的形式解释签题，第三至九行以七言诗的形式对"谋望""家宅"等七项所求内容分别作解，最末二行作总的解释。这套雕版为清宫旧藏，是宫中举行方术活动求签问卜后领取解签文字的印刷品原刻雕版。钦安殿中央供桌上放有竹签筒，筒内放有四十九支竹签。与之配套有四十九张黄纸签，供前来求签者抽取解签（图2至图4）。

  每年正月初七、二月初八、三月初三（庆旦）、三月初九（圣降）、四月初四、五月初五、六月初七、七月初十、八月十三、九月初九、十月二十一、十一月初七、十二月二十七为北极真玄天上帝降临之日。传说这十三天求签最为灵验，求签前沐浴更衣、拈香行礼，而后启签，启签时口念四真君名号，寿祝天蓬大元帅、天猷副元帅、真武灵应大帝等，念罢启签，验看签号，查验灵签释文。

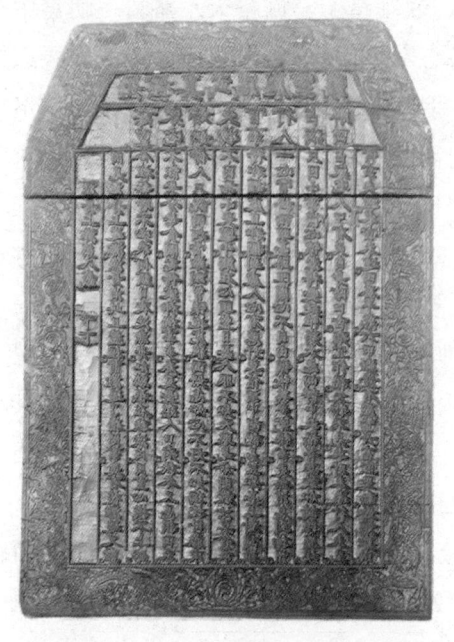

图1 《北极真武感应灵签》第八签雕版 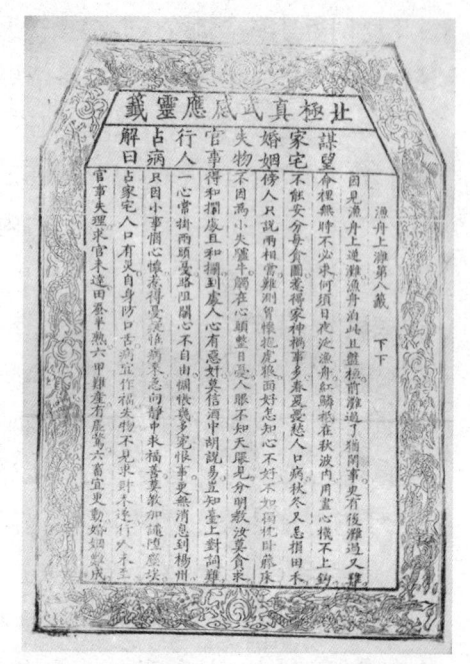　　图2 《北极真武感应灵签》第八签清代原签

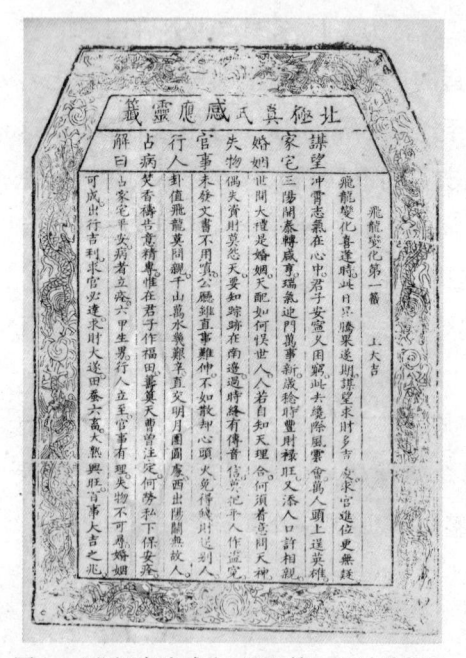

图3 《北极真武感应灵签》第一签清代原签 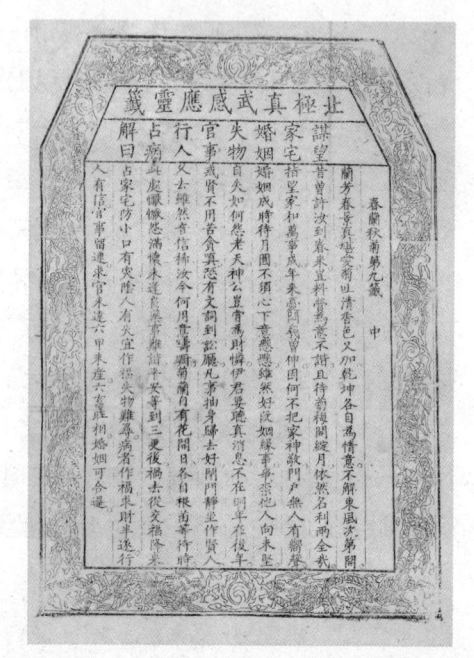　　图4 《北极真武感应灵签》第九签清代原签

雕版刷印的单幅灵签释文，竹纸墨印，共四十九幅，故宫藏版《北极真武感应灵签》内容如下表。

灵签顺序	签题	签文吉凶	存版情况
第一签	飞龙变化	上大吉	存
第二签	虎出大林	中下	存
第三签	否极泰来	吉	存
第四签	劳心费力	中下	存
第五签	行船风顺	大吉	存
第六签	鸳鸯分飞	下	存
第七签	枯木逢春	中上	存
第八签	渔舟上滩	下下	存
第九签	春兰秋菊	中	存
第十签	游蜂作蜜	下	存
第十一签	囚人出狱	大吉	存
第十二签	风卷杨花	下	存
第十三签	开花结子	大吉	存
第十四签	龙蛇混杂	中	存
第十五签	一轮明月	大吉	存
第十六签	浊油点灯	下下	存
第十七签	当忧不忧	中	存
第十八签	笼开鹤去	下下	存
第十九签	云行雨施	上吉	存
第二十签	有舟无楫	下下	存
第二十一签	鲲化为鹏	大吉	存
第二十二签	凤凰出林	大吉	存
第二十三签	花开遭雨	下下	存
第二十四签	明月当空	吉	存
第二十五签	求谋未遂	中	存
第二十六签	安居兴旺	吉	存
第二十七签	家舍惶惶	下	存

(续表)

灵签顺序	签题	签文吉凶	存版情况
第二十八签	贵人接引	大吉	存
第二十九签	阴阳道合	吉	存
第三十签	月被云迷	中下	存
第三十一签	心事冲冲	下	佚
第三十二签	众星侵月	下	佚
第三十三签	龙剑出匣	大吉	存
第三十四签	病龙行雨	下	存
第三十五签	鹤鸣九霄	大吉	佚
第三十六签	鱼翻挑浪	上吉	佚
第三十七签	渡水无船	下	存
第三十八签	红日当天	大吉	存
第三十九签	入山迷路	下下	存
第四十签	鸿鹄摩天	吉	存
第四十一签	落花流水	下	存
第四十二签	游鱼戏水	大吉	存
第四十三签	日出扶桑	上吉	存
第四十四签	乌云遮月	中下	存
第四十五签	风雷鼓舞	大吉	存
第四十六签	腾蛇入梦	下下	存
第四十七签	密云不雨	中平	佚
第四十八签	宝剑新磨	吉	佚
第四十九签	群鸦集噪	下	佚

历经二百多年，现存二十一块雕版与钦安殿所藏纸本均保存良好。

近年来，笔者一直负责院藏雕版的整理、保护、研究工作，在实际工作中深切感受到，对这批清宫遗存的文化财富不能束之高阁，而应在妥善保管好的前提下，去捕捉蕴藏其中的历史文献信息、版本信息，古为今用，发挥雕版在古典文献学上的特殊作用。

(作者单位：故宫博物院图书馆)

《经义考》"未见"书传本调查

王　欣

一、《经义考》"未见"书概述

朱彝尊所著《经义考》作为经学目录巨著，对经学文献整理、研究以及目录编纂产生了深远影响，但是成书于一人的《经义考》由于时代、条件所限，仍有不少错误与缺遗。《经义考》所著录书籍按照存佚情况可分四类，即"存""佚""缺"以及"未见"。"未见"书是朱彝尊所未亲见且对其存佚情况存疑的书。目前并没有对《经义考》"未见"书目的系统研究论著。《经义考》所著录书籍共有9423部，其中"未见"书2014部，占总数的21.4%，超过《经义考》所著录"现存"书目数量（"现存"书目共1934部，占全书总数的20.5%）。对如此数量的"未见"书存佚情况的调查、考证和版本梳理既是对《经义考》"未见"书目的整理、存佚情况的判断，也是对《经义考》内容的考证与补充。

《经义考》版本较多，最新出版且校对更为准确的版本为2010年上海古籍出版社所印《经义考新校》本，因此本文根据《经义考新校》，对《经义考》"未见"书进行整理与考察。

《经义考》凡二百九十八卷，分为如下三十类目：御注、敕撰、易、书、诗、周礼、仪礼、礼记、通礼、乐、春秋、论语、孝经、孟子、尔雅、群经、四书、逸经、毖纬、拟经、承师、宣讲、立学、刊石、书壁、镂板、著录、通说、家学、自叙。其中"宣讲""立学""家学""自叙"四卷有录无书。本文主要探讨纸质经籍，因此只论以下十六类中的"未见"书目（"逸经""毖纬"中无"未见"书目）：易、书、诗、周礼、仪礼、礼记、通礼、乐、春秋、论语、孝经、孟子、尔雅、群经、四书、拟经。

《经义考》中"未见"书目共 2014 部。现存"未见"书共 167 部,占"未见"书目数量的 8.3%。具体各类"未见"书目与现存"未见"书目的数量见下表:

《经义考》"未见"书与现存"未见"书数量统计表

类目	"未见"书目数量	现存"未见"书目数量
易	435	30
书	255	19
诗	132	8
周礼	58	5
仪礼	48	6
礼记	329	24
通礼	17	1
乐	6	4
春秋	197	23
论语	54	5
孝经	89	8
孟子	31	4
尔雅	6	1
群经	146	10
四书	155	13
拟经	56	6

由上表可见:在"未见"书目中,以易类、礼记类、书类、春秋类、四书类、群经类的数量为最多,乐类、尔雅类则最少。而现存"未见"书最多的类目分别为易类、礼记类、春秋类、书类、四书类、群经类,最少的则是通礼、尔雅二类。

二、《经义考》现存"未见"书考察

现存"未见"古籍考察结果主要依据《中国古籍总目》。每部"未见"书考察结果包括作者、书名、卷数、现存版本(主要以单行本为主)以及各版本的收藏单位,同时对部分现存"未见"古籍的现今著录内容与《经义考》的不同之处进行探讨。现举例如下：

(一)易类现存"未见"书举例：

1.(明)洪鼐撰《读易索隐》,六卷。现存明嘉靖二十六年(1547)顺裕堂刻本(辽宁①)。

按:《经义考》著录为《读易索隐》,无卷数。《四库全书总目》评:"朱彝尊《经义考》载有是书,注曰'未见'。此本纸墨尚新,盖刻于彝尊后也。"②馆臣在修《四库全书总目》时所见版本并非现存之版本。

2.(明)汪敬撰《易学象数举隅》,二卷。现存明嘉靖十八年(1539)汪奎刻本(安徽③)。

按:《经义考》著录为四卷。罗振玉《经义考校记》(以下简称《校记》)曰:"……又汪氏名敬,字思敬,此误以字为名。"④

3.(明)黄克复撰《读易备忘》,四卷。现存明嘉靖十五年(1536)活字印本(北大⑤)。

按:《经义考》著录为黄氏(潜翁)《读易备忘》,四卷。黄克复,明代晋江人,初号毅斋,潜翁乃其晚年所号。

4.(明)张献翼撰《读易纪闻》,六卷。现存明万历间张一鲲刻本(天一阁、中科院历史所)和民国间庐江刘氏远碧楼蓝格抄本(上海⑥)。

按:四库馆臣搜集遗编而成。

5.(明)董懋策撰《大易床头私录》,三卷。现存明万历二十三年(1595)刻本(国图⑦)。

按:《经义考》著录为黄氏(懋策)《大易床头私录》,无卷数。《千顷堂书目》:"董懋策《大易床头私录》,字揆仲,玘曾孙,人称曰铸先生。"⑧此处疑朱氏将"董"讹为"黄"。

---

① 辽宁省图书馆,本文简称"辽宁"。
② (清)永瑢等:《景印文渊阁四库全书总目》卷七,台湾商务印书馆,1983年,第19页。
③ 安徽省图书馆,本文简称"安徽"。
④ 罗振玉:《经义考校记·易》,广文书局,1968年,第14页。
⑤ 北京大学,本文简称"北大"。
⑥ 上海图书馆,本文简称"上海"。
⑦ 中国国家图书馆,本文简称"国图"。
⑧ (清)黄虞稷:《千顷堂书目》卷一,上海古籍出版社,2001年,第11页。

6.(明)曹学佺撰《易经通论》,十二卷。现存明末刻本(甘肃①)。

按:《经义考》著录为曹氏(学佺)《周易通论》,六卷。《四库全书总目》对朱氏未见曹氏之书的原因提出了疑问:"朱彝尊距学佺最近,而《经义考》注曰'未见',殆当时已不甚行欤?"②

7.(明)周鹛撰,(明)何栋如校《易征》,十五卷。现存明崇祯间刻本(日本内阁文库)。

按:《经义考》著录为周氏《易征》,无卷数。疑朱氏所"未见"《易征》即为此本。

(二)书类现存"未见"书举例:

1.(明)章陬撰《书经提要》,四卷。现存明抄本(日本大仓文化财团)。

2.(明)蔡瑷撰《书经便注》,十卷。现存明嘉靖四十年(1561)刻本(山东③)。

按:《经义考》著录为黄氏(瑷)《书经便注》,十三卷。《中国人名大辞典》:"蔡瑷,明宁晋人,字天章,嘉靖进士,官至监察御史,巡按河南……罢归。居家教授,修学庙,置膳田,设义学,行乡约。人称洨滨先生……有《洨滨语录》《洨滨集》。"④盖朱彝尊讹"蔡"为"黄"。

3.《书经便蒙详节》二卷,□□辑。现存明刻本(上海、吉林⑤)。

按:《经义考》著录为陆氏(稳)《书经便蒙详节》。疑此明刻本为陆稳之作。

4.(明)史记事撰《尚书疑问》,五卷。现存明万历间刻本(日本尊经阁文库)。

(三)诗类现存"未见"书举例:

1.(宋)魏了翁撰《毛诗要义》二十卷、《谱序要义》一卷。现存宋淳祐十二年(1252)徽州刻本(日本天理大学)、清影抄宋刻本(国图、复旦⑥)、清光绪八年(1882)莫祥芝上海影宋刻本(国图、北大、中科院、上海、复旦、华东师大⑦、南京⑧、辽宁、湖北⑨)、清道光二十九年(1849)翁心存家抄本(国图)和清抄本(国

---

① 甘肃省图书馆,本文简称"甘肃"。
② (清)永瑢等:《景印文渊阁四库全书总目》卷八,第13~14页。
③ 山东省图书馆,本文简称"山东"。
④ 臧励和等:《中国人名大辞典》,上海书店,1980年,第1535页。
⑤ 吉林省图书馆,本文简称"吉林"。
⑥ 复旦大学,本文简称"复旦"。
⑦ 华东师范大学,本文简称"华东师大"。
⑧ 南京图书馆,本文简称"南京"。
⑨ 湖北省图书馆,本文简称"湖北"。

图、北大、中科院)。

2.(元)胡一桂撰《诗传纲领附录纂疏》一卷、《语录辑要》一卷。现存元泰定四年(1327)建安刘君佐翠严精舍刻本(国图、日本净嘉堂文库)。

按:《经义考》著录为胡氏(一桂)《诗传纂疏附录》,八卷。

3.《诗经集解》不分卷,□□辑。现存稿本(上海)。

按:《经义考》著录为范氏(理)《诗经集解》三十卷或三卷。疑此本即为范理所作。

(四)周礼类现存"未见"书举例:

1.(明)何乔新撰《周礼明解》,十二卷。现存明刻本(齐齐哈尔①)。

2.(宋)夏休撰《周礼井田谱》,二十卷。现存《永乐大典》本。

按:《四库全书总目》云"朱彝尊《经义考》注曰'未见',盖无用之书,传之者少也。惟《永乐大典》之内全部具存,检核所言,实无可采。姑附存其目,而纠正其失如右"②。

(五)仪礼类现存"未见"书举例:

1.(宋)魏了翁撰《仪礼要义》,五十卷。现存宋淳祐十二年(1252)魏克愚刻本(台北"故博"③、国图)、清初毛氏汲古阁抄本(北大)、清乾隆五十七年(1792)严元照抄本(上海)、清嘉庆间严元照抄本(南京)、清嘉庆十一年(1806)张敦仁家抄本(国图)、清光绪间江苏书局刻本(上海、华东师大)、清补萝书屋抄本(北大)、清抄本(国图、上海、南京)。

2.(明)陈深撰《仪礼解诂》,四卷。现存《三礼解诂》本(上海)。

按:《经义考》未著录作者。疑此本即为陈深所作。

3.(元)龚端礼撰《五服图解》,一卷。现存元泰定元年(1324)杭州路儒学刻本(国图)。

按:《经义考》未著录卷数。

(六)礼记类现存"未见"书举例:

1.(宋)魏了翁撰《礼记要义》,三十三卷(原缺卷一至卷二)。现存宋淳祐十二年(1252)魏克愚刻本(国图)、影宋抄本(国图)、清抄本(重庆)、清拜五经斋主

---

① 齐齐哈尔市图书馆,本文简称"齐齐哈尔"。
② (清)永瑢等:《景印文渊阁四库全书总目》,卷二十三,第30页。
③ 台北"故宫博物院",本文简称台北'故博'"。

人锡寿刻本(北大)、稿本(台北"故博")、1981年台湾商务印书馆影印台北"故博"稿本(湖北)。

2.(明)曹学佺撰《礼记明训》,二十七卷。现存明刻本(日本内阁文库)。

3.(明)李上林撰《礼记摘注》,五卷。现存明万历二十五年(1597)刻本(日本蓬左文库)。

4.(明)邓廷曾撰《礼记补订》,二十二卷。现存明刻本(日本内阁文库)。

按:《经义考》著录为二十四卷。

5.(明)徐应鲁撰《檀弓记标义》,二卷。现存明刻本(天一阁)。

按:《经义考》著录为徐氏(应曾)《檀弓标义》,二卷。

6.(宋)张九成撰《中庸说》(存卷一至卷三)。现存宋刻本(日本京都东福寺)。

按:《经义考》著录为宋志一卷、杭州志六卷。

7.(明)刘清撰《中庸章句详说》,一卷。现存明弘治十七年(1504)刻本(日本内阁文库)和嘉靖四十一年(1562)刻本(日本内阁文库)。

8.(明)崔铣撰《中庸凡》,一卷。现存明嘉靖间刻本(日本尊经阁文库)。

9.(明)蒋文质撰《大学通旨》,一卷。现存明弘治十七年(1504)刻本(日本内阁文库)和嘉靖四十一年(1562)刻本(日本内阁文库)。

10.(明)廖纪撰《大学管窥》,一卷。现存明刻本(南昌大学)。

(七)通礼类现存"未见"书举例:

(明)吕柟撰《礼问》,二卷。现存明嘉靖三十二年(1853)谢少南刻吕泾野《五经说》本(国图、天一阁)、明蓝格吕泾野《五经说》抄本(上海)、清道光三年(1823)吕泾野《五经说本》(北大、甘肃)、清道光二十六年(1846)宏道书院刻咸丰续刻《惜阴轩丛书》本(国图、中科院、上海、复旦、甘肃、南京、浙江、川大[①]、云南)、清光绪十四年(1888)长沙惜阴书局刻本(中科院)和清光绪二十二年(1896)长沙惜阴书局重刻本(北大、上海、复旦、辽宁、陕西[②]、南京、浙江、湖北、四川[③])。

按:《经义考》著录为吕氏(柟)《礼问内外篇》,二卷。

---

① 四川大学,本文简称"川大"。
② 陕西省图书馆,本文简称"陕西"。
③ 四川省图书馆,本文简称"四川"。

(八)乐类现存"未见"书举例：

(明)李文察撰《乐记补说》,二卷。现存明嘉靖《李氏乐书六种》本(福建①)和明抄本(上海)。

(九)春秋类现存"未见"书举例：

1.(宋)□□撰《春秋通义》,一卷。现存《四库全书》本②、清咸丰四年(1854)《小万卷楼丛书》本(上海、复旦、安徽、江西③、云南、桂林④)和清光绪四年(1878)金山钱氏《小万卷楼丛书》本(国图、中科院、北大、复旦、辽宁、甘肃、南京、浙江、湖北、四川)。

按:《经义考》著录为邱氏(葵)《春秋通义》,无卷数。疑现存本即为邱葵所作。

2.(明)许孚远辑《左氏详节》,八卷。现存明万历间刻本(中山大学)。

按:《经义考》著录为许氏(孚远)《春秋详节》,八卷。《经义考补正》曰:"《明史·志》作《左氏详节》。"⑤

(十)论语类现存"未见"书举例：

1.(宋)尹焞撰《论语解》。现存明末祁氏澹生堂抄本(国图)。

按:《经义考》著录为十卷或一卷。

2.(明)许孚远撰《论语述》,一卷。现存明万历间刻本(与《大学考》、《大学述同支言》一卷、《中庸述同支言》一卷合刻,日本尊经阁文库)。

按:《经义考》著录为三卷。

(十一)孝经类现存"未见"书举例：

(明)杨起元撰《孝经引证》,一卷。现存明崇祯《孝经古注》本(国图)。

按:《经义考》著录为二卷。

(十二)孟子类现存"未见"书举例：

1.(宋)张九成撰《孟子传》,二十九卷。现存清乾隆间翰林院抄本(南京)。

按:《经义考》著录为张氏(九成)《孟子解》,十四卷。《校记》曰:"《四库》著

---

① 福建省图书馆,本文简称"福建"。
② 所著录"四库全书本",均指今藏台北"故宫博物院"之《文渊阁四库全书》及其影印本。
③ 江西省图书馆,本文简称"江西"。
④ 广西壮族自治区桂林图书馆,本文简称"桂林"。
⑤ 翁方纲:《经义考补正》卷八,广文书局,1957 年,第 18 页。

录作《孟子传》二十九卷。佚《尽心》篇。"①

2.(明)刘三吾辑《孟子节文》,七卷。现存明初刻本(国图、山东博②)。

按:《经义考》著录为刘氏(三吾)等《孟子节文》,二卷。

(十三)尔雅类现存"未见"书举例:

(宋)陆佃撰《尔雅新义》,二十卷。现存明万历三十七年(1609)任氏刻本(即墨③)、清影宋抄本(台北"故博")、清乾隆间抄本(辽宁)、清嘉庆十三年(1808)陆芝荣三间草堂刻本(国图、北大、中科院、清华④、北师大⑤、人大⑥、上海)、清咸丰五年(1855)龙威馆抄本(南京)、清伊嵩学卢抄本(云南)、清抄本(国图、北大、清华、上海(佚名校)、清抄本(中山大学)和抄本(上海)。

(十四)群经类现存"未见"书举例:

1.(宋)张文伯撰《九经疑难》,十卷(存卷一至卷四)。现存明末祁氏澹生堂蓝格抄本(国图)。

按:《经义考》著录为张伯文撰,误。

2.(明)黄润玉撰《经书补注》,一卷。现存明天顺间刻本(国图)、明抄本(国图)。

按:《经义考》著录为四卷,又谱一卷。

3.(明)梁宇乔撰《五经类语》,八卷。现存明末刻本(天津⑦)。

按:《经义考》著录为梁氏(宇)《五经类语》,四卷。疑朱氏遗漏作者姓名中的"乔"字。

(十五)四书类现存"未见"书举例:

1.(元)刘因撰《四书集义精要》,三十六卷。现存元至顺元年(1330)江浙行省刻本(台北"故博"、台图[缺])和1975年台北"故博"影印元至顺元年江浙行省刻本(南京)。

2.(元)许谦撰《读四书丛书》,八卷。现存元刻本(国图、上海)、明抄本(浙

---

① 罗振玉:《经义考校记·孟子》,第59页。
② 山东博物馆,本文简称"山东博"。
③ 即墨市图书馆,本文简称"即墨"。
④ 清华大学,本文简称"清华"。
⑤ 北京师范大学,本文简称"北师大"。
⑥ 中国人民大学,本文简称"人大"。
⑦ 天津图书馆,本文简称"天津"。

江)和清嘉庆间钱塘何元锡刻本(国图)。

按:《经义考》著录为二十卷。

3.(元)袁俊翁撰《四书疑节》,十二卷。现存清吟雪山房抄本(南京)和清抄本(北大、中山大学)。

按:此本为四库馆臣从元刻本传抄而来。

4.(明)郑维岳撰《四书知新录》,三十二卷。现存明刻本(日本大谷大学)。

按:《经义考》著录为郑氏(维岳)《四书知新日录》,三十七卷。

5.(明)朱斯行撰《四书问答》,一卷。现存清光绪三年(1877)姑苏刻经处刻本(国图、中科院、北大、天津、上海、复旦、南京、湖北)。

按:《经义考》著录为来氏(斯行)《四书问答》,一卷。来斯行并无此著作,《经义考》讹"朱"为"来"。

(十六)拟经类现存"未见"书举例:

1.(明)屠本畯撰《太玄闱》,一卷。现存明蔬水轩抄本(上海)。

2.(明)韩邦奇撰《洪范图解》,一卷。现存明正德十六年(1521)王道刻蓝印本(国图)、明正德十六年王道刻本(东北师大)和清抄本(北大)。

三、结语

《经义考》现存"未见"书著录项中的著者姓名、书名以及卷数与流传版本多有不同,尤其是卷数的不同最为明显。对于作者不详者,本文做出了初步的推测。考察现存"未见"书之版本,单行本数量极少且部分年代较早的单行本多流入日本。少数现存"未见"书无单行本,只有丛书本传世。167部现存"未见"书中,夏休《周礼井田谱》和无名氏《春秋透天关》为永乐大典本,无通行本。曾亡佚的现存"未见"书主要由四库馆臣从《永乐大典》中辑佚而出,少数由馆臣搜集遗编或转抄元刻而保存。

(作者:天津师范大学文物与博物馆专业古籍修复与保护方向研究生)

参考文献:
古籍文献
[1]张钧衡.适园丛书[M].1915.
[2]翁方纲.经义考补正[M].台北:广文书局,1957.

[3]林庆彰,蒋秋华,杨晋龙,等.经义考新校[M].上海:上海古籍出版社,2010.
[4]马端临.文献通考[M].北京:中华书局,2011.
[5]谢启昆.小学考[M].成都:四川大学出版社,2015.

学术著作
[6]罗振玉.经义考校记[M].台北:广文书局,1968.
[7]张宗友.《经义考》研究[M].北京:中华书局,2009.
[8]余嘉锡.目录学发微;古书通例[M].上海:上海古籍出版社,2013.

工具书
[9]邵懿辰.增订四库简明目录标注[M].上海:上海古籍出版社,1979.
[10]臧励和,等.中国人名大辞典[M].上海:上海书店,1980.
[11]上海图书馆.中国丛书综录[M].上海:上海古籍出版社,1982.
[12]永瑢,等.景印文渊阁四库全书总目[M].台北:台湾商务印书馆,1983.
[13]中国古籍善本书目编辑委员会.中国古籍善本书目[M].上海:上海古籍出版社,1989.
[14]中国科学院图书馆.续修四库全书总目提要[M].北京:中华书局,1993.
[15]全祖望.丛书集成续编[M].上海:上海书店出版社,1994.
[16]黄虞稷.千顷堂书目[M].上海:上海古籍出版社,2001.
[17]续修四库全书编委会.续修四库全书[M].上海:上海古籍出版社,2002.
[18]施廷镛.中国丛书综录续编[M].北京:北京图书馆,2003.
[19]杜泽逊.四库存目标注[M].上海:上海古籍出版社,2007.
[20]中国古籍总目编纂委员会.中国古籍总目[M].北京:中华书局,2012.

论文集
[21]林庆彰,蒋秋华.朱彝尊《经义考》研究论集[G].台北:"中央研究院"中国文哲研究所筹备处,1999.

期刊论文
[22]王渭清.读《经义考》中的"易考"——兼及全祖望《读易别录》[J].四川图书馆学报,1988(Z1):145-148.
[23]张欣.《千顷堂书目》、《经义考》所收元代春秋学著述补正[J].图书馆杂志,2013(6):86-90.
[24]陈开林,齐颖.《经义考·通说》引文考辨十二则[J].贵州师范大学学报(社会科学版),2015(3):109-115.
[25]陈荣军.朱彝尊《经义考》诗经部分按语探析[J].古籍研究,2015(2):270-275.
[26]张庆伟.朱彝尊《经义考》的目录学思想探究[J].图书馆界,2016(4):52-54.

学位论文
[27]李莉.朱彝尊《经义考》按语研究[D].武汉:华中师范大学,2011.

附表：《经义考》现存"未见"书列表

序号	书名	卷数	作者	类目
1	易学辨惑	一卷	（宋）邵伯温撰	
2	读易详说	十卷	（宋）李光撰	
3	易辨体义	十二卷	（宋）都洁撰	
4	南轩易说	三卷/五卷	（宋）张栻撰	
5	厚斋易学	五十卷	（宋）冯椅撰	
6	周易总义	二十卷	（宋）易祓撰	
7	周易详解	十六卷	（宋）李杞撰	
8	读易举要	四卷	（元）俞琰撰	
9	石潭易传撮要	一卷	（明）刘髦撰	
10	读易索隐	六卷	（明）洪鼐撰	
11	读易记	三卷	（明）王渐逵撰	
12	易学象数举隅	二卷	（明）汪敬撰	
13	周易会占	一卷	（明）程鸿烈撰	
14	读易备忘	四卷	（明）黄克复撰	
15	读易私记	十卷	（明）黄光升撰	易类
16	读易纪闻	六卷	（明）张献翼撰	
17	大易床头私录	三卷	（明）董懋策撰	
18	大象观	二卷	（明）刘元卿撰	
19	读易偶见	二卷	（明）潘鸣时撰	
20	新镌十名家批评易传阐庸	一百卷	（明）姜震阳辑	
21	读易纂	五卷	（明）张元蒙撰	
22	河图洛书解	一卷	（明）袁黄撰	
23	易经通论	十二卷	（明）曹学佺撰	
24	易参	五卷	（明）喻安性撰	
25	易衍	一卷	（明）刘宗周撰	
26	易征	十五卷	（明）周鹍撰	
27	卦变考略	二卷	（清）董守谕撰	
28	易酌	十四卷	（清）刁包撰	
29	周易订疑	十五卷	（元）董养性撰	
30	太极辨疑	卷数不明	（明）孔学周撰	

(续表)

序号	书名	卷数	作者	类目
31	尚书讲义	二十卷	(宋)史浩撰	书类
32	絜斋家塾书钞	十二卷	(宋)袁燮撰	
33	融堂书解	二十卷	(宋)钱时撰	
34	尚书义粹	八卷	(金)王若虚撰 (清)张金吾辑录	
35	尚书疏义	六卷	(元)马道贯撰	
36	书经提要	四卷	(明)章陬撰	
37	书经便注	十卷	(明)蔡煖撰	
38	书经便蒙详节	二卷	□□辑	
39	尚书砭蔡编	一卷	(明)袁仁撰	
40	尚书注考	一卷	(明)陈泰交撰	
41	尚书疑问	五卷	(明)史记事撰	
42	书经近旨	六卷	(清)孙奇逢撰	
43	书经汇解	四十六卷	(明)秦继宗撰	
44	读尚书略记	一卷	(清)朱朝瑛撰	
45	尚书撰	十六卷	(明)邹期桢撰	
46	禹贡指南	四卷	(宋)毛晃撰	
47	禹贡后论	一卷	(宋)程大昌撰	
48	洪范口义	二卷	(宋)胡瑗撰	
49	洪范统一	一卷	(宋)赵善湘撰	
50	放斋诗说	四卷,卷首一卷	(宋)曹粹中撰	诗类
51	诗辨妄	一卷	(宋)郑樵撰 顾颉刚辑	
52	毛诗要义	二十卷	(宋)魏了翁撰	
53	诗传纲领附录纂疏	一卷	(元)胡一桂撰	
54	诗演义	十五卷	(明)梁寅撰	
55	诗经集解	不分卷	□□辑	
56	诗庸	十五卷	(明)钱天锡撰	
57	诗经偶笺	十三卷	(明)万时华撰	

(续表)

序号	书名	卷数	作者	类目
58	周礼总义	六卷	(宋)易祓撰	周礼类
59	周官集传	十六卷	(元)毛应龙撰	
60	周礼明解	十二卷	(明)何乔新撰	
61	周礼文物大全图	一卷	□□撰	
62	周礼井田谱	二十卷	(宋)夏休撰	
63	仪礼集释	三十卷	(宋)李如圭撰	仪礼类
64	仪礼释宫	一卷	(宋)李如圭撰	
65	仪礼要义	五十卷	(宋)魏了翁撰	
66	仪礼戴记附注	五卷	(明)黄润玉撰	
67	仪礼解诂	四卷	(明)陈深撰	
68	五服图解	一卷	(元)龚端礼撰	
69	礼记传	十六卷	(宋)吕大临撰	礼记类
70	礼记解	四卷	(宋)叶梦得撰 (清)叶德辉辑	
71	礼记要义	三十三卷	(宋)魏了翁撰	
72	礼记明训	二十七卷	(明)曹学佺撰	
73	礼记疏意	二十三卷	(明)秦继宗撰	
74	礼记摘注	五卷	(明)李上林撰	
75	礼记补订	二十二卷	(明)邓廷曾撰	
76	投壶仪节	一卷	(明)汪禔撰	
77	檀弓记标义	二卷	(明)徐应鲁撰	
78	檀弓述注	二卷	(明)林兆珂撰	
79	考工记通	二卷	(明)徐昭庆辑注	
80	新刊王制考	四卷	(明)李黼撰	
81	月令解	十二卷	(宋)张虑撰	
82	少仪外传	二卷	(宋)吕祖谦撰	
83	中庸说	三卷	(宋)张九成撰	
84	中庸章句详说	一卷	(明)刘清撰	
85	中庸凡	一卷	(明)崔铣撰	
86	中庸衍义	十七卷	(明)夏良胜撰	

(续表)

序号	书名	卷数	作者	类目
87	中庸古文臆说	二卷	(明)李桨撰	礼记类
88	中庸外传	三卷	(明)顾起元撰	
89	大学疏义	一卷	(宋)金履祥撰	
90	大学通旨	一卷	(明)蒋文质撰	
91	大学管窥	一卷	(明)廖纪撰	
92	大学新编	五卷	(明)刘元卿撰	
93	礼问	二卷	(明)吕柟撰	通礼类
94	乐经元义	八卷	(明)刘濂撰	乐类
95	乐记补说	二卷	(明)李文察撰	
96	乐律管见	二卷	(明)黄积庆撰	
97	乐经集注	二卷	(明)张凤翔撰	
98	春秋释例	十五卷	(晋)杜预撰	春秋类
99	春秋集注	四十卷	(宋)高闶撰	
100	春秋集解	三十卷	(宋)吕祖谦撰	
101	春秋左传要义	三十一卷	(宋)魏了翁	
102	春秋分记	九十卷	(宋)程公说撰	
103	春秋通义	一卷	(宋)□□撰	
104	春秋透天关	四卷	无名氏	
105	春秋经传辨疑	一卷	(明)童品撰	
106	春秋世学	三十二卷	(明)丰坊撰	
107	春秋胡氏传辨疑	二卷	(明)陆粲撰	
108	春秋录疑	十六卷	(明)赵恒撰	
109	春秋孔义	十二卷	(明)高攀龙撰	
110	春秋凡例	二卷	(明)王樵撰	
111	左氏详节	八卷	(明)许孚远辑	
112	春秋左传属事	二十卷	(明)傅逊撰	
113	读春秋左氏赘言	十二卷	(明)王升撰	
114	春秋诸传辨疑	四卷	(明)朱睦㮮撰	
115	春秋质疑	十二卷	(明)杨于庭撰	
116	春秋类编	三十二卷	(明)秦瀹撰	

（续表）

序号	书名	卷数	作者	类目
117	读左日钞	十二卷	(清)朱鹤龄撰	春秋类
118	左传经世钞	九卷	(清)魏禧点评	春秋类
119	春秋属辞比事记	四卷	(清)毛奇龄撰	春秋类
120	春秋左翼	四十三卷	(明)王震辑	春秋类
121	论语义疏	一卷	(梁)皇侃撰	论语类
122	论语杂解	一卷	(宋)游酢撰	论语类
123	论语解	无卷数	(宋)尹焞撰	论语类
124	论语集注考证	十卷	(宋)金履祥撰	论语类
125	论语述	一卷	(明)许孚远撰	论语类
126	孝经会通	一卷	(明)沈淮撰	孝经类
127	孝经宗旨	一卷	(明)罗汝芳撰	孝经类
128	孝经引证	一卷	(明)杨起元撰	孝经类
129	孝经迩言	一卷	(明)虞淳熙撰	孝经类
130	孝经本义	二卷	(明)吕维祺撰	孝经类
131	孝经翼	一卷	(明)吕维祐撰	孝经类
132	孝经贯注	二十卷	(明)瞿罕撰	孝经类
133	对问	三卷	(明)瞿罕撰	孝经类
134	孟子传	二十九卷	(宋)张九成撰	孟子类
135	孟子要略	五卷	(宋)朱熹撰	孟子类
136	孟子集注考证	十卷	(宋)金履祥撰	孟子类
137	孟子节文	七卷	(明)刘三吾辑	孟子类
138	尔雅新义	二十卷	(宋)陆佃撰	尔雅类
139	经子法语	二十四卷	(宋)洪迈撰	群经类
140	项氏家说	十卷	(宋)项安世撰	群经类
141	九经疑难	四卷	(宋)张文伯撰	群经类
142	经书补注	一卷	(明)黄润玉撰	群经类
143	石渠意见	四卷	(明)王恕撰	群经类
144	十三经解诂	六十四卷	(明)陈深撰	群经类
145	五经稽疑	八卷	(明)朱睦㮮撰	群经类
146	明儒经翼	七卷	(明)杜质辑	群经类

(续表)

序号	书名	卷数	作者	类目
147	六经类雅	五卷	（明）徐常吉辑	群经类
148	五经类语	八卷	（明）梁宇乔撰	
149	四书集义精要	三十六卷	（元）刘因撰	四书类
150	四书经疑贯通	八卷	（元）王充耘撰	
151	读四书丛书	八卷	（元）许谦撰	
152	四书管窥	八卷	（元）史伯璿撰	
153	四书疑节	十二卷	（元）袁俊翁撰	
154	四书私存	三十八卷	（明）季本撰	
155	四书知新录	三十二卷	（明）郑维岳撰	
156	四书疑问	五卷	（明）史记事撰	
157	四书问答	一卷	（明）朱斯行撰	
158	四书说约	三十三卷	（明）鹿善继撰	
159	四书引经节解图考	十七卷	（明）吴继仕撰	
160	四书说乘	六卷	（清）张嵩撰	
161	四书通义	二十九卷	（明）鲁论撰	
162	翼元	一百十卷	（宋）张行成撰	拟经类
163	太玄阐	一卷	（明）屠本畯撰	
164	洞极真经	一卷	（北魏）关朗撰	
165	皇极经世索隐	二卷	（宋）张行成撰	
166	洪范图解	一卷	（明）韩邦奇撰	
167	居家仪礼	无卷数	张一栋撰	

内蒙古图书馆藏珍本古籍
《六壬兵占七百二十课》觅源

冯丽丽

一、六壬及相关著作

六壬是与遁甲、太乙并称为"三式"的古代占卜术的一种,有人认为六壬起源于黄帝、玄女,这种观点恐怕没有依据。清代学者从《吴越春秋》《越绝书》中的一些占卜记录中推测六壬在汉代就已经广为应用了。

关于六壬著作起源于何时,学界尚无定论,最早见于史书的著作是收录于《隋书·经籍志》中的《六壬式经杂占》和《六壬释兆》。此后历代史志多有收录,少者几种至十几种,多者如郑樵《通志略》收录八十二种,焦竑《经籍志》收录达八十九种。

清代学者研究认为六壬的理论基础依然是《易经》:"大抵数根于五行,而五行始于水,举阴以起阳,故称壬焉;举成以该生,故用六焉。其有天地盘与神将加临,虽渐近奇遁九宫之式,而由干支而有四课,则亦两仪、四象也;由发用而有三传,则亦一生三、三生万物也,以至六十四课,莫不原本羲爻,盖亦《易》象之支流,推而衍之者矣。"[1]

兵占与课经、毕法、分野一样是六壬的支流。六壬虽然不是为了军事需要而创制,但其相生相克、此消彼长的道理能为兵家所用,所以出现了兵占一类著作。《新唐书·艺文志》有李靖《玉帐经》一卷、李筌《六壬大玉帐歌》十卷。其后兵占

---

[1] (清)永瑢等撰:《四库全书总目·子部·术数类二·六壬大全》,中华书局,1965年,第924~925页。

著作不绝于史书。

兵占类有一种以课铃为基础的占卜法。推演方法大致为："课铃成局演三传,配以游都、鲁都,加十二将,以决军中攻守藏伏之用。每日为十二课,凡七百二十课局。条理分明,其意颇为周密。"①现存成书有《六壬行军指南》《六壬军帐神机》《军政神机》《六壬兵占七百二十课》等著作。

内蒙古图书馆藏有《六壬兵占七百二十课》二十四册,笔者查阅历朝经籍志、题跋丛刊与《四库全书》《续修四库全书》《四库未收书辑刊》《四库全书存目丛书》及中华古籍书目数据库、中华古籍数字资源库等文献和网站后,没有找到相似题名文献,极有可能是孤本。而内容相似的文献目前也仅见明刻本《六壬行军指南》、清抄本《六壬军帐神机》、清内府抄本《军政神机》三种。

二、《六壬兵占七百二十课》《六壬行军指南》《六壬军帐神机》《军政神机》四种著作之异同

《六壬兵占七百二十课》《六壬行军指南》《六壬军帐神机》《军政神机》四种著作非常接近,本文略作比较。由于笔者对术数学知之甚少,所以仅从文献特征分析如下,不足之处,请方家谅解。

1.《六壬兵占七百二十课》不分卷,写本,二十四册。开本18厘米×24.5厘米,

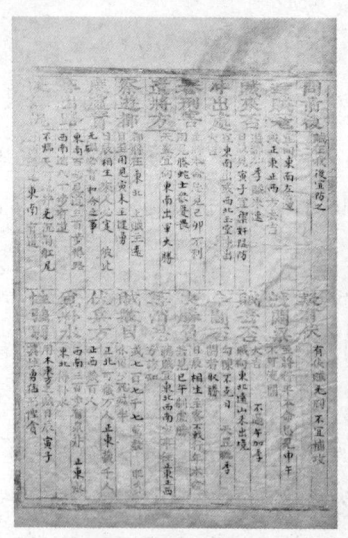

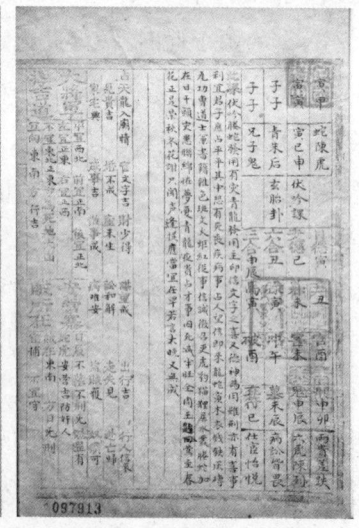

图1 内蒙古图书馆藏《六壬兵占七百二十课》第一课

---

① (清)永瑢等撰:《四库全书总目·子部·术数类存目二·六壬行军指南》,第944页。

版框 16.5 厘米×21 厘米,行格不等,字数不等,蓝框蓝印,四周双边。钤印:"双峰""年羹尧印""内蒙古图书馆藏书""定国将军"(图1)。

2.《六壬行军指南》不分卷,十册。明刻本,不著撰人。半页 13 行,字数不等。黑口,四周双边。国家图书馆藏,收入《四库全书存目丛书·子部》(图2)。

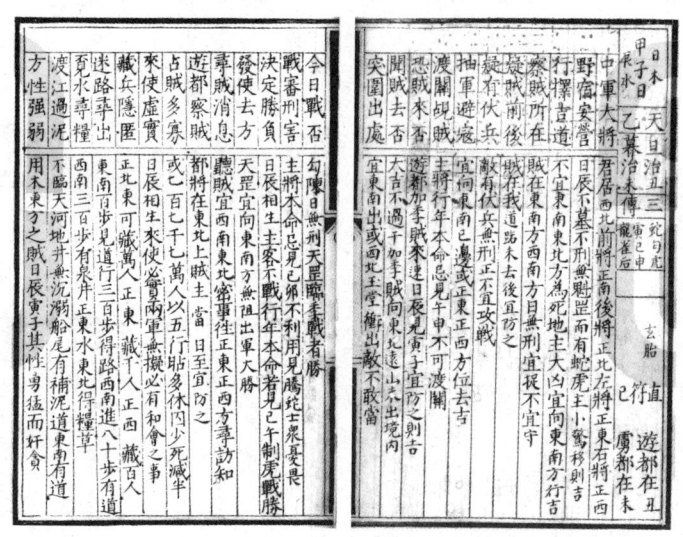

图2　国家图书馆藏《六壬行军指南》第一课

3.《六壬军帐神机》四十八卷,不著撰人。清抄本,半页 6 行,字数不等,蓝格,蓝口,四周双边。清朱昌颐跋,姚燮、王霓题款。国家图书馆藏,收入《续修四库全书·子部·术数类》(图3)。

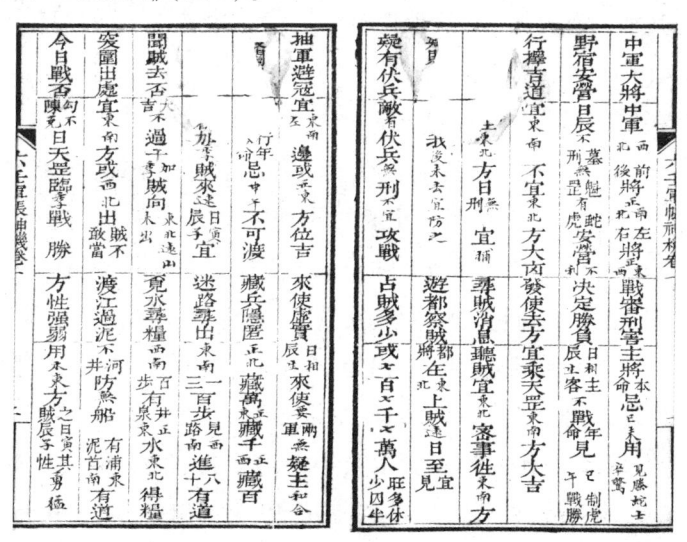

图3　国家图书馆藏《六壬军帐神机》第一课

据书前朱昌颐题记,该书是清道光十七年(1837)秘书监抄本。阮元托秘书监从内库抄出,共三部,一部归阮元揅经室,一部归蒋光煦别下斋,第三部归朱昌颐收藏。原书序言云"昔平金川时所得",推测原书至晚成书于清乾隆年间。

4.《军政神机》二十卷,不著撰人。清内府抄本,半页6行,字数不等。收入《四库未收书辑刊》第4辑第22册(图4)。

该书未见序言,版式、卷数与《六壬军帐神机》不同,非同一种书。

四部著作各取第一课作直观对比,发现相同之处有三点:其一,四种著作都是由六壬课钤推演出的七百二十课来判断行军战争的吉凶;其二,版式上十分相似,都有固定的行格设计;其三,占卜内容及术语非常相近,军事方面的占卜内容都是二十四项。

不同之处体现在以下几个方面:

第一,版本不同。《六壬行军指南》为刻本,其他三种为写本,是预先印制行格及相关术语,后将占卜结果用墨笔填入。

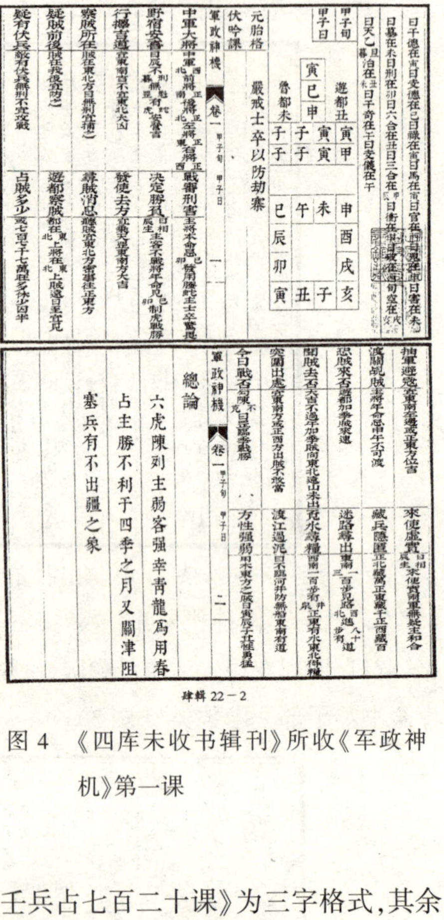

图 4 《四库未收书辑刊》所收《军政神机》第一课

第二,占卜术语表述及顺序有异。《六壬兵占七百二十课》为三字格式,其余三种四字格式。顺序上《六壬兵占七百二十课》《六壬行军指南》一致,而《六壬军帐神机》《军政神机》(二书术语顺序及术语表述完全相同)又是一个顺序。

《六壬兵占七百二十课》:大将军、安营寨、择吉道、贼所在、问前后、疑有伏、避贼寇、渡关梁、贼来否、贼去否、冲出处、今战否、审刑害、决胜负、遣将方、寻消息、察游都、贼数目、度虚实、伏兵方、寻出路、觅粮水、渡江泥、性强弱。

《六壬行军指南》:中军大将、野宿安营、行择吉道、察贼所在、疑贼前后、疑有伏兵、抽军避寇、渡关战贼、恐贼来否、闻贼去否、突围出处、今日战否、战审刑害、决定胜负、发使去方、寻贼消息、游都查贼、占贼多寡、来使虚实、藏兵隐匿、迷路寻出、觅水寻粮、渡江过泥、方性强弱。

《六壬军帐神机》：中军大将、战审刑害、野宿安营、决定胜负、行择吉道、发使去方、察贼所在、寻贼消息、疑贼前后、游都查贼、疑有伏兵、占贼多少、抽军避寇、来使虚实、渡关战贼、藏兵隐匿、恐贼来否、迷路寻出、闻贼去否、觅水寻粮、突围出处、渡江过泥、今日战否、方性强弱。

第三，《六壬兵占七百二十课》中有其他与军事无直接关联的生活类内容的占卜，如占卜婚姻、出行、官运、财运、疾病等。其他三书无。

第四，四书推演结果互有龃龉。如：

《六壬兵占七百二十课》第一课"择吉道"条结果："不宜东北、正东方，为死地，大凶。"

《六壬行军指南》第一课"行择吉道"条结果："不宜东南、东北方，为死地，主大凶。"

《六壬军帐神机》第一课"行择吉道"条结果："宜东南，不宜东北方，大凶。"

仔细比对后会发现几种著作互相矛盾的地方很多，或许与推演课局的术人有关。

《六壬兵占七百二十课》由多人抄写，"冉"字缺笔，从其占卜术语看，不如其他三种著作雅驯，而且唯有此书有生活类内容的占卜，这似乎说明《六壬兵占七百二十课》并不如其他三种著作那般成熟，因而其成书时间可能要早于其他三种著作。

三、《六壬兵占七百二十课》的递藏情况

《六壬兵占七百二十课》上的钤印按照自下而上的顺序是"双峰""年羹尧印""内蒙古图书馆藏书""定国将军"。据笔者考证，这部古籍在内蒙古图书馆珍藏前至少递经定国将军、年羹尧、阿拉善王府三家收藏。笔者把"定国将军"认定为第一位藏家。

（一）"定国将军"何许人？

定国将军是明代武官散官，从二品。《明太祖实录》卷二二二："上以中外文武百司职名之沿革、品秩之崇卑、勋阶之升转、俸禄之损益，历年兹久，屡有不同，无以示成宪于后世。乃命儒臣重定其品阶勋禄之制，以示天下……从二品……

武勋护军阶,初授镇国将军,升授定国将军,加授奉国将军,禄月米四十八石。"①明代被授予"定国将军"称号的人员很多,单从称号上无从确定《六壬兵占七百二十课》上的"定国将军"是何人。

另,从印的尺寸与文字看,《六壬兵占七百二十课》上的"定国将军"印与明代官印不同。

第一,印的尺寸与明官印尺寸不同。《明史·舆服志》:"百官印信。洪武初,铸印局铸中外诸司印信……其余正二品、从二品官,银印二台,方三寸一分,厚七分。"②按照明代营造尺相当于现在 32 厘米的换算比例来计算,明代从二品官印大小应该约纵横 10 厘米,而《六壬兵占七百二十课》上"定国将军"印纵横 2 厘米,相差悬殊。

第二,明代官印用九叠篆。甘旸《印章集说·国朝印》:"国朝官印,文用九叠而朱,以屈曲平满为主,不类秦、汉,则品级之大小,以分寸别之。"③

基于以上两点,似可排除明代官印的可能。

清顺治元年(1644)曾封和硕豫亲王多铎为"定国大将军",有些文献也称其为"定国将军"。《钦定八旗通志》卷二一一《人物志》:"达苏,满洲镶黄旗人,累功署前锋统领。顺治三年五月苏尼特部落腾机思等叛奔喀尔喀,达苏随定国将军和硕豫亲王多铎往征之。"④那么《六壬兵占七百二十课》上钤"定国将军"印与多铎有关吗?

"定国将军"非清代官秩,《清实录》称多铎"定国大将军"而不称"定国将军"。顺治元年同时受封的多尔衮称号是"奉命大将军",且有"奉命大将军印"存世,此印满汉合璧,而《六壬兵占七百二十课》上的"定国将军"钤印只有汉文而无满文,当与多铎无关。

史料中还能找到的一处相关记载是清初吴三桂扫除山陕明末残余势力时缴获的一颗"定国将军"印。

《世祖章皇帝实录·顺治八年辛卯九月》:"特谕赐平西王吴三桂金册金印。册曰……在富平县、延安府等州县,美园等处地方斩伪经略王永强、高友才,伪总

---

① 台北"中央研究院"历史语言研究所校印:《明实录》第 3 册,1961 年,第 3249~3250 页。
② (清)张廷玉等撰:《明史》第 6 册,中华书局,1974 年,第 1161~1662 页。
③ 《美术丛书》,神州国光社铅印本,1936 年。
④ (清)李洵等编:《钦定八旗通志》卷二一一,影印本,内蒙古图书馆藏。

兵、副将、参将、游击郭玉麒等官五百四十名,并贼二万六百有余,获伪定国将军印一颗、伪官印十一颗,攻克山陕二省五十八城。"①

顺治二年(1645),山陕地区抗清复明将领孙守法、武大定、赵荣贵等奉已故明代秦王朱存极子朱森滏为"秦王",起兵反清,顺治六年(1649)为吴三桂所灭。反清队伍中有挂印的"伪定国将军",似与《六壬兵占七百二十课》上的"定国将军"有关。

第一,《六壬兵占七百二十课》这部书是适应军事需要而产生的一类著作,太平年代出现的可能性极小。它的另外两位藏家年羹尧和阿宝都是征战沙场之人,所以"定国将军"也应该是军事活动参与者。笔者猜测,反清队伍中的"伪定国将军"或即此人。

第二,明末反清势力在一路辗转征杀的生活中不遵循旧制的情况十分多见,似可解释印的尺寸为何与官印不同。

第三,有一种观点认为是年羹尧之后的清代人因祖上被封"定国将军"而刻此印。笔者认为除非是遗老或者心存异志者,恐怕没人特意刻前朝的散官印为纪念(笔者按:清代科举朱卷所报履历中追溯先人在明代被授予"定国将军",称号与此印不是一种情况)。

此枚"定国将军"印钤于每册书的右上角,按照常理这是最后一位藏家钤印的位置,但是笔者认为既然清代人刻印的可能性不大,而这一称号是明代特有的官秩,恐怕是明人的印章。至于为什么钤在上端,笔者臆断,或是钤印之人为习武者,文化水平不高,或是因为"定国将军"是"受封"的官职,为了尊敬而提到上端也未可知。

这颗如私章大小的"定国将军"印到底归何人所有,笔者之臆断不足为信,期待学者有更重要的发现来探明此印来历。

(二)年羹尧

《六壬兵占七百二十课》的第二位藏家是年羹尧。年羹尧(1679—1726),字亮工,号双峰,清朝名将,曾编军事学著作《治平胜算全书》。书前序言称:"仆于经济诸书无所不读,而于孙吴之法尤为心诵神维,故于探奇《太白》《虎钤》诸经,

---

① 《清实录》第3册《世祖章皇帝实录》,中华书局,1986年,第474页。

按时度势……"①《虎钤经》中也有术数占卜的章节,从现存历代书目看,《六壬兵占七百二十课》一类著作非常少,在古代可以称得上奇书,被年羹尧收藏不足为奇。

(三)阿拉善王府

《六壬兵占七百二十课》被清阿拉善王府珍藏过的证据是书中有许多便笺,从字迹看是阿拉善第六代亲王多罗特色楞亲笔,内容是根据六壬推演个人生活的吉凶。多罗特色楞祖上、阿拉善王府的第二任"札萨克"阿宝与年羹尧同朝为官,并多有交集。

阿宝幼居北京,康熙四十二年(1703)娶和硕庄亲王博果铎女鹅掌郡主,为和硕额驸。康熙四十八年(1709)阿宝袭爵,与郡主回到阿拉善驻牧。阿宝在位期间多次参加清廷平定西北地区叛乱的战役。康熙五十四年(1715)至雍正元年(1723),阿宝率兵在新疆、西藏等地转战多年,成为清廷控制西北地区的重要依靠力量。

年羹尧与阿宝在康熙末年平定西藏叛乱过程中多有交集,从史料看,两人相安无事。然而到了雍正朝,他们有了矛盾。

雍正元年平定青海和硕特蒙古王公罗卜藏丹津叛乱时,身为抚远大将军的年羹尧奏称:"西藏撤回额驸阿宝所领蒙古兵丁、马匹、军器皆不堪用,且阿宝身有残疾,应令回原处。"②令其归牧。阿宝因此未能参与青海平叛。在年羹尧获罪被处死前,阿宝再无军中效力机会。雍正二年(1724),年羹尧回京途中曾命令阿宝下跪迎接,阿宝是清朝额驸、功臣,并非有罪之蒙古王公台吉,依例无须向年羹尧下跪。这一事件令雍正极为恼怒,后被列入年羹尧九十二大罪状中。年羹尧死后,阿拉善蒙古又受到重用。

虽然年羹尧与阿宝有如此过往,但是这部《六壬兵占七百二十课》还是从年氏手中传入阿拉善王府,被历代亲王珍藏,最后由末代亲王达理札雅先生捐赠给内蒙古图书馆。

---

① (清)年羹尧编:《治平胜算全书》,清抄本。
② 《清实录》第7册《世宗宪皇帝实录·雍正元年癸卯冬十月》,第222页。

四、结语

虽然如今我们很难推演六壬的奥义，更难以体会古人的思想和行为，但是一部书却能勾起早已尘封的历史，将不知名姓的定国将军、声名显赫的年羹尧、阿拉善王府以及内蒙古图书馆紧紧联系在一起，并且在几百年的沧桑变革中完好无缺地保存下来，实在令人称奇。

（作者单位：内蒙古图书馆）

天津博物馆古籍普查工作概述

宋文娟

近年来,我国古籍保护和普查登记工作扎实推进,取得了显著成绩。天津图书馆作为天津市古籍保护中心,在全国率先完成古籍普查登记工作并出版《天津图书馆古籍普查登记目录》,同时还派专业古籍编目人员到其他馆藏单位协助进行古籍普查登记工作。2014年3月至11月,在天津市古籍保护中心的调度、安排下,由笔者带领天津市南开区图书馆、天津医学高等专科学校图书馆及天津图书馆历史文献部前后共计五六位古籍业务骨干,对天津博物馆所藏古籍进行全面普查登记工作。兹就工作情况做一概述,敬请方家指教。

一、普查工作简介

天津博物馆前身可追溯到1918年成立的天津博物院,是国内较早建立的博物馆之一。其收藏特色是中国历代艺术品和历史文献、地方史料并重。该馆经过近百年的精心收集和积累,入藏了较为丰富的古代典籍,其中既有珍贵的精刻本,又有完整丰富的明清诗文集和方志等地方文献史料。

天津博物馆共计藏有古籍五万余册,分三个书库(地上两个,地下一个)存藏。地上大书库藏书全面多样,善本、普本线装书大致按经、史、子、集分类排架。地上小书库以收藏天津地方的历史文献资料为主。地下书库所藏乃原天津市艺术博物馆所藏古籍文献,以金石、书画和印谱类典籍为主。

此次古籍普查登记工作范围为产生于1912年以前,具有文物价值、学术价值和艺术价值的文献典籍。天津博物馆所收藏古籍因前几年经历两次搬家,一直未做系统清点与整理,甚至同一部书分散于多个书架之中,所以这次我们的工作不仅包括古籍登记、数据录入,还包括所有古籍的下架、挑选、整理、编号及重新上架。通过与该馆图书资料部王昆江主任商量,我们在基本不打乱目前排架顺序的基础上,将1912年以前产生的文献做普查登记,以流水号排序,民国时期的文献重新放回原书架。

基于上述原因,天津博物馆普查登记工作分两步进行。第一步是初步整理并登记、录入古籍数据阶段。我们遵循简明扼要、客观著录原则,按照《全国古籍普查登记手册》要求,登记每部古籍的基本项目,必登项目包括索书号、题名卷数、著者(含著者朝代和著作方式)、版本、册数、存缺卷数。经过大家共同努力,2014年7月份初步整理阶段结束。第二步是总校阶段,也就是对前期的登记目录再作统一的审校、核对及整理。这一阶段的工作由我独自完成。总校过程中我合并丛书子目近一百种,剔除民国古籍七十余种,共整理出产生于1912年以前的文献典籍两千四百零六种,计两万一千一百三十六册。截止到2014年11月底,天津博物馆古籍普查登记工作顺利完成。现就博物馆所藏古籍,概述其要。

二、天津博物馆藏书概况

(一)珍善本

天津博物馆收藏古籍善本三百四十一种,计三千九百五十一册。其中:

元刻本一种:《增广事联诗学大成》三十卷,残,存十五卷,元至正间刻本。此本每半页十四行,行大小字不等,小字双行三十二字,黑口,四周双边,双黑鱼尾。钤有"竹垞藏本"朱文长方印,乃清初著名学者、文学家、藏书家朱彝尊旧藏。

明刻本五十九种,如明洪武二年(1369)刻嘉靖补刻本《元史》、明成化九年(1473)内府刻本《资治通鉴纲目》、明成化内府刻清康熙大易阁补配《贞观政要》、明嘉靖八年(1529)南京国子监刻《二十一史》本《辽史》、明天启花斋刻本《鹖冠子》、明万历凌瀛初刻四色套印本《世说新语》、明万历二十四年(1596)刻本《史记》、明万历刻本《李于麟批点世说新语补》、明朱墨套印本《考工记》、明正德敬仪堂刻本《孔氏家语》等,都是非常珍贵的善本古籍。特别是明代万历年间凌瀛初刻四色套印本《世说新语》,用白棉纸加天然多彩矿墨精准套印,越四百余年仍色彩若新,光辉悦目。从印刷技术、刻版艺术、用纸用墨等任何角度来看,此本都代表了明代多彩木刻套版印刷术的最高水平。

此外，还有明成化九年（1473）内府刻《资治通鉴纲目》五十九卷，前有宪宗皇帝御纂序言。此书白口大字，端庄凝重，刀法剔透，行格疏朗，文字笔画横轻竖重，是典型的白口长字有讳本。纸面洁白光润，墨黑如漆，纸质柔软坚韧，耐久性极强，在历经几百年沧桑岁月后，书本纸页新若初印，只是颜色呈淡米黄色。此本共一箱一百二十册，保存完整，是极为珍贵的文化遗产。

清康雍乾年间版本书收藏则更多，共计二百八十一种。如清康熙刻《王渔洋遗书》、清康熙内府刻《篆文六经四书》、清康熙刻《西堂全集》、清康熙二十四年（1685）五色套印本《古文渊鉴》、清康熙刻《全唐诗》、清康熙三十六年（1697）敬慎堂刻《明史稿》、清康熙四十七年（1708）静永堂刻《佩文斋书画谱》、清雍正十年至乾隆三年（1732—1738）内府套印《朱批谕旨》、清雍正七年（1729）嘉兴李光暎写刻本《观妙斋藏金石文考略》、清乾隆八年（1743）司徒文膏刻《板桥诗钞》、清雍正十年（1732）刻《金华征献略》、清乾隆二十三年（1758）武英殿刻《乐善堂全集定本》等。清康雍乾三朝乃史中盛世，雕版刻字艺术发达，此时刻本多工楷写刻，秀丽天成，十分精美。

以上这些都是稀有版本的古籍，不仅在版本学上有研究参考价值，而且还是精美的文物与艺术品。此外，还有很多书是由私人藏书家散出，有藏书印为证。比较著名的有：

1.《春秋繁露》十七卷附录一卷，汉董仲舒著，明朱养纯参评，明朱养和订，明天启花斋刻本。钤"鄞林氏黎照庐图书"，乃民国藏书家林集虚旧藏。

林集虚，本名昌清，字乔良，号心斋，浙江鄞县（今宁波市鄞州区）人。林集虚从其父以鬻书为业，又雅好藏书。时故家藏书沦坠不振，求售藏书者往往交于其肆，林且购且鬻，久之辄能辨别版之真赝。积三十年所蓄，其"黎照庐"藏书渐富。黄裳《来燕榭书跋》中曾屡屡提到过他，谓之"老书贾"，并从他手中买过不少明版精本，包括一些天一阁故物。1928年，林集虚曾经为范氏天一阁编辑《目睹天一阁书录》四卷。刊印有《黎照庐丛书》，印行宋至清人著述十余种。

2.《贞观政要》十卷，唐吴兢撰，元戈直集论，明成化内府刻本。钤"南海伍元华家藏书印""梦选楼胡氏宗楘藏"两枚藏书印。可见此书经过清藏书家伍元华"听涛楼"和民国藏书家胡宗楘"梦选楼"收藏。

伍元华，字良仪，号春岚，清末广东南海（今广州）人。候选道员，清十三行行商伍秉镛从子。善画能诗。筑"听涛楼"于万松山麓，收藏甚富。著作有《楚庭耆旧诗续集》《听涛山馆图卷子》《清画家诗史》《延晖楼吟稿》等。

胡宗楙（1867—1938），字季樵，一名胡宗楚，浙江永康人。民国藏书家。光绪二十九年（1903）举人，以知县分发江苏，任江南工艺总局提调、直隶州知州等。1919年，胡宗楙辞去公职，定居天津，潜心典籍。父胡凤丹，清末藏书家、刻书家，致力聚书，建藏书楼"十万卷楼""退补斋"，藏书近十万卷。胡宗楙继承父业，对藏书、刻书亦极为精通和投入。他收藏图书和继承其父所遗书，共计有十六万卷，构建精舍五楹，将藏书按照经、史、子、集储于其中。藏书处有"梦选楼""嫏嬛胜处""颐园"等。1924年辑刻成书《续金华丛书》，以补其父《金华丛书》之未备，由傅增湘作序。此书完整地保存了金华地方文献。1925年刊行有目录学著述《金华经籍志》二十四卷，是金华地方文献总目，收录自魏晋至明末图书一千三百余种。据胡宗楙健在的儿孙辈所述，胡宗楙逝世后，其生平搜集的大量藏书一部分捐给了当时天津的崇化学会，另一部分捐给了天津工商学院，又有一部分捐赠北京图书馆（今国家图书馆），其余则在"文革"中流散。

3.《世说新语》八卷，南朝宋刘义庆撰，宋陆游旧跋，明万历凌瀛初四色套印本。钤印"王氏敬美"，是明代文学家、史学家王世贞之弟王世懋旧藏。

王世懋（1536—1588），字敬美，号麟州，明苏州府太仓（今属江苏）人。嘉靖三十八年（1559）进士，以父丧归乡，久之除南仪制主事，出为江西参议，陕西、福建提学副使。擢南京太常少卿。好学善诗文，名亚其兄，人称"小美"。喜收藏古今刻印之书，有"鹤适轩"，经史图籍充牣其中。有《王奉常集》《艺圃撷余》《窥天外乘》《闽部疏》《三郡图说》等。《明史》附其传于王世贞传后。

4.《画史》，宋米芾撰，明毛晋订，明崇祯虞山毛氏汲古阁刻本。钤"弢斋藏书记"，乃民国徐世昌旧藏。

徐世昌（1855—1939），字卜五，号菊人，又号弢斋，晚号水竹邨人。直隶天津（今天津市）人。清光绪进士，翰林院编修。清末助袁世凯创办北洋军。曾任军机大臣、巡警部尚书、东三省第一任总督、邮传部尚书兼津浦铁路督办、皇族内阁协理大臣等职。1914年任袁世凯政府国务卿，被袁世凯封为"嵩山四友"之一。1918年被段祺瑞控制的"安福国会"选为"总统"。1919年五四运动爆发，恐事态扩大，免曹汝霖、陆宗舆、张宗祥职。1922年第一次直奉战争爆发，被直系军阀曹锟、吴佩孚赶下台。后迁居天津租界，以书画自娱。著有《退耕堂政书》《大清畿辅先哲传》《书髓楼藏书目》《欧战后之中国》《东三省政略》。被后人称为"文治总统"。

5.《鹖冠子》三卷,宋陆佃解,明天启间花斋刻本。钤"曾在缪继珊家收藏",乃古物收藏家缪继珊旧藏。缪继珊为民国时期天津著名收藏家,斋号"铁如意斋"。

(二)天津乡邦文献

天津是一座历史文化名城,始于隋朝(581—618)大运河的开通。在南运河和北运河的交汇处,现在的金钢桥三岔河口地方,史称"三会海口",是天津最早的发祥地。天津自明永乐二年(1404)正式筑城,是中国古代唯一有确切建城时间记录的城市。经过六百多年的积淀,天津保留了许多文献资料。

1.天津文人著作。天津博物馆藏有查氏、梅氏、华氏、金氏、杨氏、徐氏等天津名家著作。如:清查曦撰《珠风阁诗草》三卷,清梅成栋纂辑《津门诗钞》三十卷,清崔旭、梅成栋撰《燕南二俊诗钞》,清梅宝璐撰《闻妙香馆诗存稿》二卷,清华长卿撰《梅庄诗钞》十六卷,清华长卿重辑《华氏宗谱》不分卷,清杨一崑撰《骈角编》一卷,清徐士銮撰《宋艳》十二卷,清杨光仪撰《碧琅玕馆诗钞》四卷,徐世昌纂修《续修天津徐氏家谱》不分卷等。

2.天津出版物。清代中晚期天津逐渐出现了一些小书铺,如曝书堂、文焕堂、广仁堂、文美斋等,开始刊刻他人著作。如:

《一门沉潏集赋草》四卷,清郝缙荣辑,清同治七年(1868)天津曝书堂刻本。

《愧讷集》十二卷附录一卷,清朱用纯撰,清光绪八年(1882)津河广仁堂刻本。

《医方丛话》八卷,清徐士銮辑,清光绪十五年(1889)天津徐氏蜨园刻本。

《书经》六卷,宋蔡沈集传,清末天津萃文魁刻本。

《百花诗笺谱》不分卷,清张兆祥编绘,清宣统三年(1911)文美斋彩色套印本。

文美斋在天津书坊中影响最大。它创办于清道光、咸丰年间,同治末年由焦书卿任总司,营业大兴。到光绪中叶,又兼营版刻和石印书籍业务,并增售书籍,一时声名大噪,津门的文人墨客和书画金石篆刻家,无人不知文美斋和焦书卿。它用传统雕版彩色水墨套色印制的《百花诗笺谱》(又名《文美斋诗笺谱》),由津门著名画家张兆祥绘画,配画诗由铁道人查铁卿撰词,并用赵体行楷书写,画和诗用砖红色套印，花卉采取写实手法，配画诗流畅自然而切题，字体亦挥洒自如。《百花诗笺谱》的布局同中有异，并不雷同。它在绘画、配诗、字体、色彩、用纸等方面都具有特色，并显示出雍容、丰润、富有生机而又无市井气的独特风格，因而受到人们广泛喜爱，被作为精美的工艺品加以珍藏。

3.天津地方史料。有天津地区方志，包括天津县志，天津府志，宁河、武清、盘山等志。文史资料有《津门杂记》《天津指南》《天津电车电灯公司合同》《直隶工艺志初编四类》《北洋商学公会章程》《天津广仁堂女工厂章程》《津门奉使纪闻》《北洋大学堂管理规则》《津门保甲图说》《天津拳匪变乱纪事》等。这些地方资料的保存为研究清末天津政治、经济、旅游及部分公司的状况提供了真实依据。

(三) 其他各类图书

1.文科类书馆藏居多，如中国古代哲学方面的典籍有《孔子家语》《荀子》《管子地员篇注》《性理标题汇要》《吕氏春秋》《论衡》《墨子》《鬼谷子》《道德经》《大戴礼记》《大学衍义补》等，以上古籍反映了中国古代儒、法、释、道、杂等家思想。此外，中国古代历史方面的典籍有《史记》《辽史》《元史》《重订路史全本》《历代史纂左编》《通鉴纪事本末》《弘简录》《正藏书》等，有关中国古代历史方面的文献资料非常丰富。

2.地理类书。有《李氏五种合刊》二十七卷、《畿辅河道水利丛书》八种十四卷、《大清一统志》五百卷、《天下郡国利病书》一百二十卷、《海国图志》一百卷、《钦定日下旧闻考》一百六十卷、《禹贡锥指》二十卷图一卷、《畿辅安澜志》五十六卷、《舆地广记》三十八卷、《广舆记》二十四卷、《水经注》四十卷、《徐霞客游记》十二卷等。地理在四部分类中属史部，但其内容广泛，天文气象、山川地质、园林建筑、民俗风情、行政区划等无所不容，为现代学者的研究提供了多方面的依据。

3.图录、画谱、印谱等。图录、画谱有明万历十六年(1588)刻《泊如斋重修宣和博古图录》，清乾隆间亦政堂刻《亦政堂重修宣和博古图录》《亦政堂重修考古图》《亦政堂重考古玉图》，明崇祯虞山毛氏汲古阁《津逮秘书》本《宣和书谱》《宣和画谱》，清乾隆十六年(1751)武英殿刻本《西清古鉴》等。印谱有明万历二十四年(1596)钤印本《集古印谱》、清乾隆十七年(1752)钤印本《汉铜印丛八卷》、清乾隆十九年(1754)裛新馆钤印本《西京职官印录》、清咸丰八年(1858)铁琴铜剑楼钤印本《集古印谱三卷》等。

三、藏书特色

根据上述藏书情况可知,天津博物馆藏书具有地方性、综合性特征。除此之外还有以下一些不同一般的地方。

(一)复本少,实用性强

此次普查登记共整理出清代及以前古籍二万一千一百三十六册、二千四百零六种。但是同一种书很少有复本,所以相对来说品种较多,其中大都是常用书,历代的名家名著收藏也较全面。

(二)清人别集多

在天津博物馆所藏古籍中,历代文人别集约占四分之一。其中尤以清人著作为多。书中所反映的社会风貌、文人心态和作品风格,对我们了解当时的社会政治、历史文化具有重要参考价值。

(三)丛书不少

所谓丛书,是按一定的目的,在一个总名之下,将各种著作汇编于一体的一种集群式图书。一般认为南宋俞鼎孙、俞经的《儒学警悟》为丛书之鼻祖。清人张之洞在《书目答问》里说:"丛书最便学者,为其一部之中可该群籍,搜残存佚,为功尤巨。欲多读古书,非买丛书不可。"天津博物馆所藏丛书有清光绪中遵义黎庶昌于日本东京使署影刊本《古逸丛书》,清嘉庆间兰陵孙氏刻本《平津馆丛书》,清乾隆中曲阜孔氏刻本《微波榭丛书》,清嘉庆间听彝堂刻本《艺海珠尘》,清乾隆、道光间长塘鲍氏刻本《知不足斋丛书》,清道光、咸丰间番禺潘氏刻光绪补刻本《海山仙馆丛书》,清初刻本《说郛》等。有些古籍单行本未必有,但通过查《中国丛书综录》子目索引,往往可从馆藏丛书中找到,以补缺藏之憾。

(四)善本不少,藏书质量高

天津博物馆收藏古籍善本三百四十一种、三千九百五十一册,相对于其馆藏明清文献二千四百零六种、二万一千一百三十六册来说,其比例还是比较高的。普本的存藏以清人诗文集居多,书籍保存完整,品相很好,整体藏书质量较高。

总之,天津博物馆所收藏古籍是天津地区文化资源的重要组成部分,既为读者了解博物馆收藏古籍情况开拓了一条获知通道,也有较高的历史文物、学术研究和艺术鉴赏价值。

(作者单位:天津图书馆)

傅增湘研究文献目录

陈东辉　余荣蓉

　　傅增湘(1872—1949),字叔和,后改字沅叔,号润元,自署藏园主人、藏园老人、藏园居士、书潜、双鉴楼主人、长春室主人、清泉吟社主人、清泉逸叟、清泉野老、清泉沅子等,四川江安人。他是现当代著名学者、藏书家和教育家,在版本目录学研究领域成就卓著。为了纪念傅增湘先生,总结历年来关于傅增湘先生研究之成绩,并给相关研究者提供资料检索的便利,特编纂本目录。本目录收录中国(含台湾、香港)以及日本刊布的相关研究论著,时间下限大体为2017年10月(个别论著系2017年11月之后刊布)。本目录包括著作(含著作中的相关部分)、硕博士学位论文(含硕博士学位论文中的相关部分)、报刊和文集文章、网络文章四个部分。各部分分别按论著发表之时间先后为序排列,其中同一年份论著之排序不再严格依照时间先后,而是酌情而定。对于报刊和文集文章,除专门研究傅增湘先生及其著述之文章均予收录外,如该文章中有较多内容涉及傅增湘先生及其著述,也酌情予以收录。网络文章中不乏富有价值之作,本目录收录其中尚未正式发表并且基本符合学术规范的文章,同时考虑到网络文章并不完全固定,所以均注明检索日期。对于相关著作,如有不同版本,依时间顺序分别列出(如个别著作版本过多,则列出主要版本)。著作和硕博士学位论文中的相关部分,给本目录的编纂增加了不少工作量,并且增加了难度,但这也是本目录的重要特色,可以给读者提供尽可能多的信息。本目录对于研究文献的界定较为宽泛,一些学术性并不很强的著作和文章(含内部出版物)亦予收录,目的是给读者提供更多的信息和线索。

一、著作(含著作中的相关部分)

1. 鲁云奇编:《一百名人家政史》中的《傅增湘》(许指严撰),上海中华图书集成公司1911年版,1922年版。

2. 商务印书馆编:《敦煌遗书总目索引》中的《傅增湘藏敦煌卷子目录》,商务印书馆1962年版,中华书局1983年版。又见黄永武主编:《敦煌丛刊初集》第2册《敦煌遗书总目索引》,台湾新文丰出版公司1985年版。又见黄永武主编:《敦煌遗书最新目录》,台湾新文丰出版公司1986年版。

3. 余嘉锡:《藏园群书题记序》,载余嘉锡:《余嘉锡论学杂著》,中华书局1963年版,2007年版。又见傅增湘:《藏园群书题记》卷首,上海古籍出版社1989年版。又见余嘉锡:《余嘉锡文史论集》,岳麓书社1997年版。又见余嘉锡:《余嘉锡古籍论丛》,国家图书馆出版社2010年版。

4. 胡光麃:《波逐六十年》第五章第四节《亲友文》关于傅增湘部分,香港新闻天地社1964年版,台湾文海出版社1979年版,台湾联经出版事业公司1992年版。

5. 郑云波等编:《中国近代作家传记暨著述要目》关于傅增湘部分,徐州师范学院1964年编印。

6. 台湾文海出版社编:《奏设政治官报》第6册中的《署直隶总督杨士骧奏保傅增湘请擢用片》,台湾文海出版社1965年版。

7. [美]包华德主编,沈自敏译,瞿昭旗校:《中华民国史资料丛稿·译稿》第9辑《民国名人传记辞典》第5分册关于傅增湘部分,中华书局1980年版。

8. 张元济:《张元济书札》中的《致傅增湘沅叔》,商务印书馆1981年版。又见张树年、张人凤编:《张元济书札》(增订本),商务印书馆1997年版。又见张元济:《张元济全集》第3卷《书信》,商务印书馆2007年。

9. 王景山:《鲁迅书信考释》中的《从"女官首领"傅善祥到傅增湘》,文化艺术出版社1982年版,2013年增订版。

10. 傅熹年:《藏园群书经眼录整理说明》,载傅增湘:《藏园群书经眼录》卷首,中华书局1983年版,2009年版。

11. 苏精:《近代藏书三十家》中的《傅增湘双鉴楼》,台湾传记文学出版社1983年版,中华书局2009年增订版。

12.高平叔编:《蔡元培全集》第 3 卷中的《复傅增湘函》,中华书局 1984 年版。又见蔡元培著,高平叔编:《蔡元培教育论著选》,人民教育出版社 1991 年版,2011 年版。又见中国蔡元培研究会编:《蔡元培全集》第 10 卷,浙江教育出版社 1998 年版。又见萧夏林编:《为了忘却的纪念——北大校长蔡元培》,经济日报出版社 1998 年版。又见高平叔、王世儒编注:《蔡元培书信集》(上),浙江教育出版社 2000 年版。又见刘广定:《大师遗珍》附录一,文汇出版社 2008 年版。

13.荣宝斋出版社编:《楹联墨迹选集》关于傅增湘部分,荣宝斋出版社 1985 年版。

14.郑伟章、李万健:《中国著名藏书家传略》中的《现代大藏书家傅增湘》,书目文献出版社 1986 年版。

15.雷梦水:《书林琐记》中的《傅增湘先生轶事》,人民日报出版社 1988 年版。

16.伦明等:《续补藏书纪事诗传》中的《傅增湘(沅叔)》,载谭卓垣、伦明等著,徐雁、谭华军整理:《清代藏书楼发展史 续补藏书纪事诗传》,辽宁人民出版社 1988 年版。

17.任一民主编:《四川近现代人物传》第 5 辑中的《傅增湘》(官振维撰),四川大学出版社 1988 年版。

18.王朝宾主编:《民国书法》关于傅增湘部分,河南美术出版社 1989 年版。

19.林申清编:《明清藏书家印鉴》关于傅增湘部分,上海书店出版社 1989 年版。

20.景常春编注:《近现代名人对联辑注》中的张伯驹《挽傅增湘》,南京大学出版社 1989 年版。又见蒙智扉、黄太茂主编:《古今名人挽联》,广西民族出版社 1999 年版,2004 年修订版。

21.郑逸梅藏品,郑汝德整理,雷群明选编:《郑逸梅收藏名人手札百通》关于傅增湘部分,学林出版社 1989 年版。

22.李玉安、陈传艺:《中国藏书家辞典》关于傅增湘部分,湖北教育出版社 1989 年版。

23.刘声木撰,徐天祥点校,吴孟复、贾文昭审订:《桐城文学渊源撰述考》关于傅增湘部分,黄山书社 1989 年版,2012 年版。

24.曹景英、马明琴主编:《海源阁研究资料》中的《〈张元济傅增湘论书尺牍〉

有关海源阁资料》《傅增湘所见海源阁藏书辑录》,山东友谊书社1990年版。

25.任学良主编:《辛亥革命以来名人墨迹》关于傅增湘部分,浙江美术学院出版社1990年版。

26.伦明著,雷梦水校补:《辛亥以来藏书纪事诗》中的《傅增湘(一)》《傅增湘(二)》,上海古籍出版社1990年版。又见伦明等:《辛亥以来藏书纪事诗》,北京燕山出版社1999年版,2008年版。

27.陈智超编注:《陈垣来往书信集》关于傅增湘部分,上海古籍出版社1990年版,生活·读书·新知三联书店2010年增订版。又见陈垣著,陈智超主编:《陈垣全集》第23册《书信》,安徽大学出版社2009年版。

28.章伯锋主编:《北洋军阀(1912—1928)》第6卷附录一《北洋军政人物简志》(孙宝铭编)中的《傅增湘》,武汉出版社1990年版。

29.祝鸿熹、洪湛侯主编:《文史工具书辞典》关于傅增湘部分,浙江古籍出版社1990年版。

30.盛广智、许华应、刘孝严主编:《中国古今工具书大辞典》关于傅增湘部分,吉林人民出版社1990年版。

31.王震:《徐悲鸿研究》之一"生平事迹"中的《为傅增湘画像》,江苏美术出版社1991年版。

32.教育大辞典编纂委员会编:《教育大辞典》第10卷《中国近现代教育史》"人物"关于傅增湘部分,上海教育出版社1991年版。

33.曹之:《中国古籍版本学》第二章之九中的《民国时期的古籍版本学》关于傅增湘部分,武汉大学出版社1992年版,2007年版,2015年版。

34.赵传仁、鲍延毅、葛增福主编:《中国古今书名释义辞典》中的《〈双鉴楼丛书〉》,山东友谊书社1992年版。又见赵传仁、鲍延毅、葛增福主编:《中国书名释义大辞典》,山东友谊出版社2007年版。

35.吴良志主编:《雁荡山摩崖碑刻》"灵岩景区"中的《傅增湘等记游碑》,温州市雁荡山风景旅游管理局1992年编印。

36.图书馆学百科全书编委会编:《图书馆学百科全书》"图书馆学、文献学、目录学领域著名人物"中的《傅增湘》,中国大百科全书出版社1993年版。

37.顾明远总主编:《中国教育大系·历代教育名人志》"中华人民共和国"部分中的《傅增湘》,湖北教育出版社1994年版,2015年版。

38. 王三山:《文人书趣》中的《傅增湘》,武汉大学出版社 1994 年版。

39. 耿云志主编:《胡适遗稿及秘藏书信》第 37 册中的《傅增湘信五通》(附《傅增湘致张元济信一通》),黄山书社 1994 年版。

40. 严佐之:《近三百年古籍目录举要》关于傅增湘部分,华东师范大学出版社 1994 年版,2008 年版。

41. 朱亚夫:《名人书斋》中的《"蚁之集膻,蛾之扑火"——傅增湘的"双鉴楼"》,上海教育出版社 1995 年版。

42. 来新夏主编:《清代目录提要》关于傅增湘部分,齐鲁书社 1997 年版。

43. 杜产明、朱亚夫主编:《中华名人书斋大观》中的《双鉴楼》,汉语大词典出版社 1997 年版。

44. 梁淑安主编:《中国文学家大辞典·近代卷》中的《傅增湘》,中华书局 1997 年版。

45. 林申清编:《中国藏书家印鉴》关于傅增湘部分,上海书店出版社 1997 年版。

46. 王森然:《近代名家评传》(二集)中的《傅增湘先生评传》,生活·读书·新知三联书店 1998 年版。

47. 姜威:《老肖像 新打量》关于傅增湘部分,广东人民出版社 1998 年版。

48. 钱谷融主编,印永清辑,魏得良校:《顾颉刚书话》中的《傅增湘藏书校书》,浙江人民出版社 1998 年版。

49. 四川省江安县志编纂委员会编:《江安县志》"人物"中的《傅增湘》,方志出版社 1998 年版。

50. 中国蔡元培研究会编:《蔡元培全集》第 13 卷中的《复傅增湘函(1933 年 4 月 12 日)》,浙江教育出版社 1998 年版。

51. 侯书森主编:《百年老书信(文事·家事卷)》中的《先修养,再议论——傅增湘致蔡元培》,改革出版社 1998 年版。

52. 卢辅圣主编:《近代字画市场实用辞典》关于傅增湘部分,上海书画出版社 1999 年版。后更名为《近代字画市场辞典》,上海书画出版社 2005 年修订版。

53. 陈平原、夏晓虹主编:《触摸历史——五四人物与现代中国》中的《傅增湘:突然失踪的教育总长》,广州出版社 1999 年版,北京大学出版社 2009 年版。

54. 瞿冕良编著:《中国古籍版刻辞典》关于傅增湘部分,齐鲁书社 1999 年版,苏州大学出版社 2009 年增订版。

55.吴仲强主编:《中国图书馆学情报学档案学人物大辞典》关于傅增湘部分,香港亚太国际出版有限公司 1999 年版。

56.李永翘:《张大千——画坛皇帝》第十一章之一《溥心畬、齐白石、陈半丁、傅增湘等诸大家盛赞张大千》,花城出版社 1999 年版。

57.蓝翔、李雪梅:《收藏史》第六章《历代收藏家举要》之十二《傅增湘》,广西民族出版社、上海文艺出版社 2000 年版。

58.孟繁禧编著:《书法创作大典·楷书卷》关于傅增湘部分,新时代出版社 2001 年版。

59.余章瑞编著:《藏书故事》中的《傅增湘:记所见善本成〈藏园经眼录〉》,北京出版社 2001 年版。

60.蓝翔:《中华收藏文化大观》"近代现代收藏家"中的《藏园藏家傅增湘》,百花文艺出版社 2001 年版。

61.李殿元、李松涛:《巴蜀高勁振玄风——巴蜀百贤》中的《校勘专家傅增湘》,四川人民出版社 2001 年版。

62.于连成编:《近百年书画名人印鉴》关于傅增湘部分,荣宝斋出版社 2001 年版。

63.柳和城、宋路霞、郑宁:《藏书世家》中的《傅增湘与江安傅氏家族》,上海人民出版社 2002 年版。

64.徐雁、钱军主编:《中华读书之旅·三星卷》中的《傅增湘的"书癖"》,海燕出版社 2002 年版。

65.种福元主编:《中国古旧书报刊收藏交流指南》中的《藏园主人——傅增湘》(彭震尧撰),上海古籍出版社 2002 年版。

66.王绍曾、崔国光等整理订补:《订补海源阁书目五种》附录之二十六《张元济、傅增湘有关海源阁遗书来往书札》,齐鲁书社 2002 年版。

67.韦力:《批校本》下编《著名批校家及其批校本》中的《傅增湘》,江苏古籍出版社 2003 年版,凤凰出版社 2010 年版。

68.鲁勇、鲁军编写:《历史的诉说——清宫与青岛》中的《藏园居士傅增湘》,延边大学出版社 2003 年版。又见鲁勇:《逊清遗老的青岛时光》,青岛出版社 2006 年版,2010 年版。

69.翁长松：《名人和书》第二辑《名人藏书之趣》中的《傅增湘和藏园》，汉语大词典出版社 2004 年版。

70.陈左高：《历代日记丛谈》中的《傅增湘记游日记两种》，上海画报出版社 2004 年版。

71.布仁图主编：《呼和浩特景区景点导游参考资料汇编》关于傅增湘部分，内蒙古人民出版社 2004 年版。

72.钱仲联主编：《清诗纪事》第 4 册关于傅增湘部分，凤凰出版社 2004 年版。

73.傅国涌：《1949 年：中国知识分子的私人记录》中的《张元济："及身已见太平来"》之《为学者傅增湘困境陈情》，长江文艺出版社 2005 年版。

74.陈正宏、梁颖编：《古籍印本鉴定概说》第四编第二章中的《民国间张元济、傅增湘、孙殿起所撰版本目录》（杨丽莹撰），上海辞书出版社 2005 年版。

75.张岂之主编：《民国学案》第 5 卷中的《傅增湘学案》，湖南教育出版社 2005 年版，2011 年版。

76.朱亚夫编著：《名家斋号趣谈（续编）》中的《傅增湘》，江西美术出版社 2005 年版。

77.章用秀编著：《名家收藏趣谈》中的《傅增湘》，江西美术出版社 2005 年版。

78.章用秀编著：《名家信札趣谈》中的《傅增湘》，江西美术出版社 2006 年版。

79.张兴吉：《元刻〈史记〉彭寅翁本研究》第二章三之二《傅增湘著录〈史记〉彭寅翁本的得失》，凤凰出版社 2006 年版。

80.吴十洲：《百年斋号室名摭谈》"渊薮"中的《傅增湘的双鉴楼》，百花文艺出版社 2006 年版。

81.晓莉编：《启功的坚与净》第五章《事业路上的坎坷》关于傅增湘部分，东方出版社 2006 年版。

82.陈智超、曾庆瑛编：《陈垣先生遗墨》之 53《致傅增湘函稿谈〈旧唐书〉补页（一九三七年十月）》，岭南美术出版社 2006 年版。

83.罗应涛编著：《诗游棘国》之四"江安卷"关于傅增湘《游红佛寺》部分，四川大学出版社 2006 年版。

84.首都图书馆编：《首都图书馆藏名家墨宝集萃》关于傅增湘部分，学苑出版社 2006 年版。

85.张志欣编著:《国家限制作品出境著名书画家图典》之三《精品不准出境者》关于傅增湘部分,河北美术出版社 2006 年版,2011 年版。

86.何鸿编著:《近现代书画家市场行情速查》关于傅增湘部分,江西美术出版社 2006 年版。

87.大运河编:《中国书画拍卖情报——近现代卷全速查宝典》(八)关于傅增湘部分,鹭江出版社 2006 年版。

88.郑重:《收藏大家》中的《傅增湘:藏园书魂》,上海书店出版社 2007 年版。

89.张元济:《张元济全集》第 2 卷《书信》中的《致罗振玉、傅增湘、陶湘、王季烈》,商务印书馆 2007 年版。

90.王亚法:《张大千演义(海外篇)》第三十九回《林语堂问傅增湘轶事,张大千说琉璃厂淘宝》,学林出版社 2008 年版。

91.冀淑英:《冀淑英古籍善本十五讲》第二讲《傅增湘与北京图书馆的善本书》,国家图书馆出版社 2009 年版。

92.孟宪钧、陈品高:《纸润墨香话古籍》附录(二)《民国以来藏书家刻书举隅》之 1《傅增湘》,学苑出版社 2009 年版。

93.王维新、陈金林、戴建国:《中国百年师范教育图志》第一篇《创建时期的师范教育(1897—1911)》之 24《傅增湘与北洋女子师范学堂》,上海辞书出版社 2009 年版。

94.王家葵:《近代书林品藻录》之 18—3《傅增湘》,山东画报出版社 2009 年版。

95.孟兆波编著:《手札书法百品》关于傅增湘部分,世界图书出版公司 2009 年版。

96.周斌编著:《中国近现代书法家辞典》关于傅增湘部分,浙江人民出版社 2009 年版。

97.张元济:《张元济全集》第 10 卷《古籍研究著作》中的《傅增湘寄存书籍记事》,商务印书馆 2010 年版。

98.何俊华、李殿元:《巴蜀百贤》中的《傅增湘:"务求得古人真面目"的校勘专家》,四川人民出版社 2010 年版。

99.马奔腾辑注:《王国维未刊来往书信集》中的《傅增湘致王国维(2 封)》,

清华大学出版社 2010 年版。

100.王存诚编:《韵藻清华:清华百年诗词辑录》关于傅增湘部分,清华大学出版社 2011 年版。

101.启功:《启功全集》第 11 卷《画作》中的《藏园校书图》,北京师范大学出版社 2011 年版,2012 年修订版。

102.肖同庆编著:《国家秘藏——100 年中国书》第八章中的《傅增湘:双鉴楼主人》,南方日报出版社 2012 年版。

103.苏晓君纂:《苏斋选目》六之十六《傅氏藏园刻印书》、八之六十五《藏园傅氏抄本》,中国经济出版社 2013 年版。

104.葛怀东主编:《古文献学著录文选》卷三《版本学著作文选》关于《藏园群书经眼录》部分,南京大学出版社 2014 年版。

105.李彩霞编著:《心灵独白——长江流域的室名与别号》第三章第三节之二《傅增湘:双鉴楼——四部九流,无所不备》,长江出版社 2014 年版。

106.曹子西主编:《北京历史人物传》"民国时期"中的《傅增湘》,北京燕山出版社 2014 年版。

107.师毅等编著:《北京科举地理:金榜题名的历史遗迹》"故居"中的《傅增湘故居》,世界知识出版社 2015 年版。

108.洪波:《一代大家傅增湘》("宜宾历史文化名人丛书"),中国文史出版社 2016 年版。

109.王运敏、孙鑫煜编著:《河北师范大学史话》中的《彪炳史册的办学华章》之《傅增湘与北洋女师范学堂》,社会科学文献出版社 2016 年版。

110.韦力:《书魂寻踪:寻访藏书家之墓》中的《傅增湘墓》,国家图书馆出版社 2016 年版。

111.李勇、闫巍:《流淌的人文情怀:近现代名人墨记(四)》中的《傅增湘(1872—1949):教育总长 藏书家 书法家》,东方出版中心 2016 年版。

112.王余光、徐雁主编:《中国阅读大辞典》第二篇《藏书名家与书人事迹》中的《傅增湘"藏园"读书生活》,南京大学出版社 2016 年版。

113.袁芳荣:《蠹简遗韵:古书犀烛记三编》"旧书·犀烛"中的《〈藏园东游别录〉》,浙江大学出版社 2016 年版。

114.千山暮雪:《大藏家:民国往事》第 13 章《傅增湘:教育总长痴迷藏书事

业》,中国商业出版社 2017 年版。

二、硕博士学位论文(含硕博士学位论文中的相关部分)

1. 周松龄:《傅增湘对古籍整理的贡献》,华东师范大学图书馆学专业硕士学位论文,1983 年。其提要载陈海洋主编:《语言学新探——1978—1983 年全国语言专业研究生论文提要集》,高等教育出版社 1990 年版。

2. 赵惠芬:《傅增湘藏书研究》,台湾东海大学中国文学研究所硕士学位论文,1990 年。

3. 吴柏青:《张元济及其辑印〈四部丛刊〉之研究》第二章第三节《交游》关于傅增湘部分,台湾东吴大学中国文学研究所硕士学位论文,1999 年。

4. 薛雅文:《莫友芝之目录版本学研究》第五章第六节之一《与傅增湘〈藏园订补郘亭知见传本书目〉比较》,台湾东吴大学中国文学研究所硕士学位论文,2002 年。

5. 刘正元:《余嘉锡的目录学研究》第二章第三节之二《友人》关于傅增湘部分,台湾台北市立教育大学应用语言文学研究所硕士学位论文,2002 年。

6. 李觉元:《傅增湘文献学思想研究》,湖南师范大学中国古典文献学专业硕士学位论文,2005 年。

7. 孙荣耒:《近代藏书大家傅增湘研究》,山东大学中国古典文献学专业博士学位论文,2007 年。

8. 王音琇:《马国翰文献学之研究》第四章第三节之二《藏书的散佚情况》中的《傅增湘》,台湾台北市立教育大学应用语言文学研究所硕士学位论文,2007 年。

9. 蔡崇安:《张元济经营商务印书馆之研究》第二章《襄助张元济经营商务印书馆之友人》第三节《傅增湘》,台湾淡江大学汉语文化暨文献资源研究所硕士学位论文,2009 年。

10. 王飞:《孙楷第小说学研究》第三章第二节《孙楷第与傅增湘》,南开大学中国古代文学专业博士学位论文,2010 年。

11. 李素红:《〈藏园群书题记〉研究》,河北大学中国古典文献学专业硕士学位论文,2010 年。

12. 张丽艳:《〈藏园群书经眼录〉研究》,河北大学中国古典文献学专业硕士学位论文,2011年。

13. 项晓晴:《中国近代藏书家藏书访集活动的比较研究》关于傅增湘部分,广西民族大学图书馆学专业硕士学位论文,2012年。

14. 孙英爱:《傅增湘年谱》,河北大学中国古典文献学专业硕士学位论文,2012年。

15. 仝十一妹:《〈五百家播芳大全文粹〉编纂流传考》第二章第四节《傅增湘对〈五百家播芳大全文粹〉的搜求、校勘和利用》,北京大学中国古典文献学专业硕士学位论文,2013年。

16. 何曦:《傅氏〈邵亭知见传本书目〉订补之订误》,河北大学中国古典文献学专业硕士学位论文,2014年。

17. 胡鹏燕:《藏园订补〈邵亭知见传本书目〉集部订补》,河北大学中国古典文献学专业硕士学位论文,2015年。

18. 彭蔚然:《傅增湘古籍版本学建构之研究》,台湾台北大学中国文学系硕士学位论文,2015年。

三、报刊和文集文章

1. 佚名:《傅教育弹劾说之由来》,《申报》1919年4月1日。

2. 佚名:《傅增湘影印宋本周易正义》,《学觚》第1卷第5期,1936年6月。

3. 佚名:《傅增湘捐书获奖》,《教育通讯》1947年第2期。

4. 陈垣:《书傅藏〈永乐大典〉本〈南台备要〉后》,《北京师范大学学报》(社会科学版)1963年第1期。又见陈乐素、陈智超编校:《陈垣史学论著选》,上海人民出版社1981年版,台湾木铎出版社1982年版(更名为《援庵史学论著选》)。又见陈垣:《陈垣学术论文集》(第二集),中华书局1982年版。又见许衍董总编纂:《广东文征续编》第2册,香港广东文征编印委员会1987年编印。又见陈垣著,陈智超主编:《陈垣全集》第7册《历史文献学论文》,安徽大学出版社2009年版。

5. 封思毅:《吾蜀珍籍录——读〈藏园群书题记〉后辑》,台湾《四川文献》第162期,1977年3月。

6. 刘绍唐主编:《民国人物小传(52)——荣宗敬、徐新六、王景春、赵棣华、石敬亭、萧佛成、傅增湘、杨永泰、陈铭枢、齐燮元、郑孝胥》,台湾《传记文学》1978

年第 4 期。

7.佚名:《傅增湘》,载天津社会科学院历史研究所编:《天津历史资料》第 11 期,天津社会科学院历史研究所 1981 年编印。

8.苏精:《双鉴楼主人傅增湘》,台湾《传记文学》第 40 卷第 3 期,1982 年 3 月。

9.周松龄:《傅增湘对古籍整理的贡献》,《四川图书馆学报》1983 年第 2 期。

10.黄裳:《傅增湘》,《读书》1983 年第 7 期。又见黄裳:《珠还记幸》,生活·读书·新知三联书店 1985 年版,生活·读书·新知三联书店 2005 年增订版。又见黄裳选编,姜德明主编:《黄裳书话》,北京出版社 1996 年版。又见黄裳:《黄裳文集》第 3 卷,上海书店出版社 1998 年版。又见黄裳:《故人闲话》,江苏文艺出版社 2011 年版。

11.李国俊:《版本、校勘家傅增湘》,载中国人民政治协商会议四川省委员会文史资料研究委员会编:《四川文史资料选集》第 29 辑,四川人民出版社 1983 年版。

12.商务印书馆编辑部:《〈张元济傅增湘论书尺牍〉出版说明》,载《张元济傅增湘论书尺牍》卷首,商务印书馆 1983 年版。

13.陈云诰:《藏园老人遗稿序》,载傅增湘:《藏园遗稿》卷首,台湾艺文印书馆 1983 年版。

14.雷梦水:《傅增湘与北宋本〈乐府诗集〉》,《人民日报》1983 年 11 月 24 日。

15.仇正伟:《博采善本 考辨源流:〈藏园群书经眼录〉》,《中国社会科学》1985 年第 3 期。

16.王义耀:《简评〈藏园群书经眼录〉》,《文献》1985 年第 3 期。

17.范凤书:《四川藏书家资料汇辑》,《四川图书馆学报》1985 年第 6 期。

18.高平叔:《蔡元培与五四运动(下)》,《民国档案》1986 年第 3 期。

19.聿水:《[傅增湘撰]〈藏园群书经眼录〉》,香港《九州学刊》第 2 卷第 1 期,1987 年。

20.白光远:《伪蒙疆时期傅增湘修成〈绥远通志〉经过概述》,载中国人民政治协商会议内蒙古自治区委员会文史资料研究委员会编:《内蒙古文史资料》第 29 辑,中国人民政治协商会议内蒙古自治区委员会文史资料研究委员会 1987 年编印。又见全国政协文史资料委员会编:《文史资料存稿选编》第 8 册,中国文史出版社 2002 年版。又见绥远通志馆编纂：《绥远通志稿》第 12 册《归绥识略（附册）》，内蒙古人民出版社 2007 年版。

21.王桂云：《傅增湘与〈双鉴楼善本书目〉》，载吉林省图书馆学会、四川省图书馆学会、成都东方图书馆学研究所主编：《王桂云论文选》，成都东方图书馆学研究所 1988 编印。

22.胡国台：《宋教仁、蔡元培、傅增湘——忠于理想、勇于负责》，台湾《历史月刊》1989 年第 11 期。

23.李国俊：《致力于藏书、校雠、出版、献书社会的名宿傅增湘》，载四川省政协文史资料研究委员会、四川省文史馆编：《四川近现代文化人物》，四川人民出版社 1989 年版。又见四川省政协文史资料委员会编：《四川文史资料集粹》第 4 卷《文化教育科学编》，四川人民出版社 1996 年版。

24.傅熹年：《〈藏园群书题记〉整理说明》，载傅增湘：《藏园群书题记》卷首，上海古籍出版社 1989 年版。

25.萧新祺：《藏园老人〈学津讨原〉校语十一则》，《文献》1990 年第 1 期。

26.宛丘：《〈藏园群书题记〉》，《读书》1990 年第 3 期。

27.赵济武：《傅增湘简介》，《河北图苑》1991 年第 2 期。

28.白莉蓉：《〈藏园群书题记〉佚文二则》，《文献》1991 年第 3 期。

29.吉少甫：《中国的琉璃厂和日本的文求堂（续）》，《中国出版》1991 年第 11 期。

30.李衍翎：《傅增湘先生藏书思想探析》，《山东图书馆季刊》1992 年第 2 期。

31.柳和城：《张元济与〈永乐大典〉》，《图书馆杂志》1992 年第 3 期。

32.傅增湘著，王会庵整理：《藏园笔记二篇》，载中国社会科学院近代史研究所近代史资料编辑部编：《近代史资料》总 80 号，中国社会科学出版社 1992 年版，知识产权出版社 2006 年版。

33.张志强：《晚清藏书家、目录学家傅增湘》，《江苏图书馆学报》1993 年第 2 期。

34.林夕：《十年和廿年——影印〈四库全书珍本初集〉始末》，《读书》1993 年第 6 期。《新华文摘》1993 年第 8 期转载。又见段吉福编选：《要是世上只有中文》，四川人民出版社 1998 年版。

35.杨自然：《傅增湘与〈藏园群书经眼录〉》，《郑州大学学报》（哲学社会科学版)1994 年第 3 期。

36.郑伟章:《一代藏书校书宗师傅增湘》,《中国图书馆学报》1994 年第 6 期。

37.徐雁平、武晓峰:《傅增湘先生的版刻艺术鉴赏》,《四川图书馆学报》1995 年第 1 期。

38.徐雁平、武晓峰:《傅增湘先生对蜀中文献的收集与传播——兼谈〈宋代蜀文辑存〉的编辑出版》,《四川图书馆学报》1995 年第 3 期。

39.杨旭辉:《叙北京图书馆藏傅校〈文苑英华〉》,《文献》1995 年第 4 期。后更名为《〈文苑英华校记〉序》,载傅增湘:《文苑英华校记》卷首,北京图书馆出版社 2006 年版。

40.启功:《〈藏园老人遗墨〉跋》,载傅增湘:《藏园老人遗墨》卷末,印刷工业出版社 1995 年版。又见启功:《启功丛稿·题跋卷》,中华书局 1999 年版。又见启功:《启功书法丛论》,文物出版社 2003 年版。又见启功:《启功全集》第 5 卷《序跋》,北京师范大学出版社 2011 年版,2012 年修订版。

41.傅熹年:《〈藏园游记〉整理说明》,载傅增湘:《藏园游记》卷首,印刷工业出版社 1995 年版。

42.周武:《张元济与近代文化》,《史林》1996 年第 3 期。

43.蒋寅:《清集续记》,《文献》1997 年第 1 期。

44.傅熹年:《记先祖藏园老人与北京图书馆的渊源》,《北京图书馆馆刊》1997 年第 3 期。

45.刘汉忠:《张伯驹购藏〈平复帖〉的中介人为傅增湘》,《收藏》1997 年第 9 期。

46.孟宪君:《民国以来藏书家刻书举隅》,《收藏家》1998 年第 1 期。

47.陈新:《傅增湘与双鉴楼》,《福建图书馆学刊》1998 年第 2 期。

48.万群:《文化名人与天津图书馆》,《图书馆工作与研究》1998 年第 4 期。

49.吴丰培著,马大正、吴锡祺、叶于敏整理:《吴丰培边事题跋集》中的《教育学家、目录学家、地理学家——傅增湘》,新疆人民出版社 1998 年版。

50.武晓峰:《民国时期藏书家的赏鉴之风》,《四川图书馆学报》2000 年第 1 期。

51.丁原基:《王献唐与傅增湘、傅斯年、屈万里等往来书札标注》,台湾《应用语文学报》第 2 期,2000 年 6 月。

52. 刘善良：《傅增湘是乾隆时人吗》，《中华读书报》2000年3月15日。

53. 王建辉：《旧时代商务印书馆与政府关系之考察（1897—1949）》，《出版广角》2001年第1期。

54. 李福眠：《傅增湘的游记〈秦游日录〉》，载李福眠：《天钥书屋散札》，江苏教育出版社2001年版。

55. 朱玉麒：《宋蜀刻本〈张说之文集〉流传考》，《文献》2002年第2期。

56. 柳和城：《傅增湘：爱书如命的教育总长》，《上海滩》2002年第3期。

57. 柳和城：《朱文钧与〈续古逸丛书〉》，《图书馆杂志》2002年第12期。

58. 王世伟：《论四库标注之业》，《中国典籍与文化》2003年第3期。

59. 崔春青：《双鉴楼主——傅增湘》，《阅读与写作》2003年第8期。又见李万健主编：《开放的藏书楼 开放的图书馆——纪念古越藏书楼创建百年论文集》，浙江人民出版社2002年版。

60. 李性忠：《张元济与傅增湘》，载徐良雄主编：《中国藏书文化研究》，宁波出版社2003年版。

61. 傅熹年整理：《〈藏园日记钞〉摘录》，《文献》2004年第2期。

62. 王玮：《傅增湘日本访书考略》，《图书情报工作》2004年第3期。

63. 张兴吉：《略论前代学者在元刻〈史记〉彭寅翁本著录中的得失》，《求是学刊》2004年第5期。

64. ［日］佐藤进：《傅增湘〈藏书杂咏《宋刊方言》十八首〉译注》，日本东京都立大学《人文学报》第352号，2004年3月。

65. 邓云乡：《读〈藏园群书经眼录〉》，载邓云乡：《云乡话书》，河北教育出版社2004年版，中华书局2015年版。

66. 冯志：《始之以鉴存，继之以校勘，卒之以传播——论傅增湘的藏书思想及实践》，《四川图书馆学报》2005年第3期。

67. 刘小英：《景山"明思宗殉国三百年纪念碑"史料钩沉》，《历史档案》2005年第4期。

68. 桑兵：《民国学界的老辈》，《历史研究》2005年第6期。

69. 黄维中：《〈傅增湘尺牍册〉杂考》，台湾《历史博物馆馆刊》第15卷第9期，2005年9月。

70. 杨先让：《名人寂寞身后事——记民初教育总长傅增湘》，载杨先让：《海外漫纪》,新星出版社2005年版。

71.计亚男:《私藏为公,泽被后人——傅增湘、周叔弢与国图善本收藏》,《光明日报》2005年11月10日。

72.丁延峰、郝秀荣:《海源阁藏宋本〈咸淳临安志〉散佚考》,《图书馆研究与工作》2006年第1期。

73.丁延峰:《傅增湘与海源阁遗书》,《国家图书馆学刊》2006年第4期。又见丁延峰:《海源阁研究论集》,中国社会科学出版社2010年版。

74.周君平:《傅增湘所藏六种宋版书覆刻初印蓝本》,《文物世界》2006年第2期。

75.康世明:《著名藏书家傅增湘》,《纵横》2006年第3期。

76.康世明:《大藏书家傅增湘》,《四川统一战线》2006年第3期。

77.朴子:《傅增湘、邓镕书籍交往之又一证》,《文献》2006年第4期。

78.岱峻:《傅增湘——最后的藏书家》,《巴蜀史志》2006年第4期。

79.石莹丽、丁延峰:《〈藏园群书经眼录〉补正七则》,《图书馆杂志》2006年第8期。

80.赵惠芬:《傅增湘与〈四部丛刊〉》,台湾《东海大学图书馆馆讯》第52期,2006年1月。

81.沈俊平:《清末民初版本目录学家叶德辉与藏书家和版本目录学家之交往活动》,台湾《书目季刊》第40卷第1期,2006年6月。又见沈俊平:《叶德辉文献学考论》,台湾学生书局2012年版。

82.鲁迅:《藏书和"考古"的名人F先生——傅增湘》,载陈漱渝、肖振鸣主编:《编年体鲁迅著作全集(1926—1927)》(插图本)第3册,福建教育出版社2006年版。

83.北京图书馆出版社:《〈文苑英华校记〉影印说明》,载傅增湘:《文苑英华校记》卷首,北京图书馆出版社2006年版。

84.方继孝:《傅增湘的藏书与轶闻》,载方继孝:《旧墨二记——世纪学人的墨迹与往事》,北京图书馆出版社2006年版。

85.江涛:《傅增湘与"双鉴楼"》,《成都日报》2006年3月20日。又见《教育》2013年第2期。

86.谢冬荣:《傅增湘与〈永乐大典〉》,《四川图书馆学报》2007年第1期。

87.李小文、孙俊:《文友堂藏傅增湘手札》,《文献》2007年第4期。

88.佚名:《傅增湘与盐业银行藏书》,《今晚报》2007年5月13日。

89.杨洪升:《缪荃孙藏书流散考》,《文献》2008年第4期。

90.王菡:《傅增湘以古写本校勘〈南华真经注〉》,《文学遗产》2008年第4期。

91.王菡:《藏园校书所用敦煌遗书、吐鲁番文书》,《中国典籍与文化》2008年第4期。

92.马勇:《〈明思宗殉国三百年纪念碑〉别解》,《文史知识》2008年第9期。

93.[日]稻畑耕一郎:《宋蜀刻本〈南华真经〉附载の傅增湘手书题诗题跋について:台湾"中央研究院"傅斯年图书馆藏本》,日本《早稻田大学大学院文学研究科纪要》第54辑第2分册,2008年。

94.[日]稻畑耕一郎:《傅增湘的遗稿:致松丸东鱼的书信和绝句》,《中国典籍与文化》2009年第2期。

95.夏志兰:《尘封纪事溯沧海:关于夏闰庵先生的两篇墓志铭》,《语文学刊》(高等教育版)2009年第1期。

96.王天根:《五四前后北大学术纷争与胡适"整理国故"缘起》,《近代史研究》2009年第2期。

97.王菡:《周叔弢傅增湘藏书校书合璧举隅》,《文献》2009年第3期。

98.刘凤强:《〈清儒学案〉编纂考》,《史学史研究》2009年第3期。

99.吉彦波:《藏书志体例初探》,《淮阴师范学院学报》(哲学社会科学版)2009年第4期。

100.伍立杨:《傅增湘〈藏园游记〉印象》,《新民晚报》2009年5月20日。又见伍立杨:《幽微处的亮光》,三晋出版社2009年版。后更名为《用文字肩住美和自由的闸门——傅增湘〈藏园游记〉印象》,载伍立杨:《书边上的圈点》,商务印书馆2011年版。又见《巴中日报》2016年8月21日。又见《环球人文地理》2016年第9期。

101.殷芳、邱永君:《傅增湘:翰林·教育总长·学者》,《海内与海外》2009年第6期。

102.董蕊、赵前:《手校丹黄八千卷 书香萦绕思藏园:藏书家傅增湘先生的书缘》,《文物天地》2009年第7期。

103.张道梁:《藏园老人傅增湘一段往事》,载张道梁:《往事九十年》,天津人民美术出版社 2009 年版。

104.邱居里:《傅增湘与明抄本〈吴正传先生文集〉》,载周少川主编:《历史文献研究》总第 28 辑,华东师范大学出版社 2009 年版。

105.傅熹年:《〈藏园订补郘亭知见传本书目〉整理说明》,载(清)莫友芝撰,傅增湘订补,傅熹年整理:《藏园订补郘亭知见传本书目》卷首,中华书局 2009 年版。

106.李友堂:《民国时期教育部长简介》,"《教育史研究》创刊二十周年暨中国教育史研究六十年学术研讨会"(北京)论文,2009 年 9 月。

107.许学仁:《傅增湘与〈乐府诗集〉》,《四川政协报》2009 年 3 月 24 日。

108.邱士刚:《女师校友的文化物语 傅增湘、张元济的一生文缘》,《河北师大报》2009 年 9 月 25 日。

109.邱士刚:《傅增湘和蔡元培在"五四"运动爆发时的出走》(上),《河北师大报》2009 年 11 月 5 日。

110.邱士刚:《傅增湘和蔡元培在"五四"运动爆发时的出走》(下),《河北师大报》2009 年 11 月 15 日。

111.丁延峰:《〈藏园群书经眼录〉补正(续)》,《图书馆杂志》2010 年第 3 期。又见丁延峰:《古籍文献丛考》,黄山书社 2012 年版。

112.杜云虹:《傅增湘致王献唐书札六通》,《文献》2010 年第 3 期。

113.王菡:《藏园校勘子书丛录》,《中国典籍与文化》2010 年第 1 期。

114.何芳:《生死书丛一蠹鱼——论藏书家傅增湘先生及其在文献史上的地位》,《赤峰学院学报》(汉文哲学社会科学版)2010 年第 2 期。

115.黄岳华:《也说傅增湘》,《人物》2010 年第 3 期。

116.雪焰:《名人书趣》,《新世纪文学选刊》(上半月)2010 年第 3 期。又见《出版参考》2010 年第 14 期。

117.赵云利:《藏书大宗傅增湘与图书馆》,《兰台世界》(上半月)2010 年第 7 期。

118.佚名:《民国教育总长后人争夺 2 万件文物》,《收藏》2010 年第 7 期。

119.孙继斌:《"最大析产案"的豪门恩怨》,《法律与生活》2010 年第 12 期。

120.[日]稻畑耕一郎:《〈宋元书景〉考——兼论百年前古籍书影事业》,《中国典籍与文化》2010 年第 4 期。

121.［日］稻畑耕一郎:《关于宋蜀刻本〈南华真经〉附载之傅增湘手书题诗题跋——台湾傅斯年图书馆藏本》,载北京大学中国古文献研究中心编:《北京大学中国古文献研究中心集刊》第 9 辑,北京大学出版社 2010 年版。

122."纪念傅增湘先生逝世六十周年"编者按,载沈乃文主编:《版本目录学研究》第 2 辑,国家图书馆出版社 2010 年版。

123."著名学者藏书家傅增湘先生逝世六十周年纪念展"图片,同上。

124.傅熹年:《在"著名学者藏书家傅增湘先生逝世六十周年纪念展"开幕式上的致辞》,同上。

125.沈乃文:《藏园落英在北大》,同上。

126.［日］桥本秀美、陈捷:《"傅增湘先生逝世六十周年纪念展"东京会场纪事》,同上。

127.［日］稻畑耕一郎:《傅增湘与蓬山话旧——追忆似水年华》,同上。

128.王菡:《感受"于青灯黄卷中"——藏园群书校勘跋识之文献意义刍议》,同上。

129.［美］艾斯仁:《蒲立木敦与傅增湘》,同上。

130.周建国(文)、王福庵(图):《印缘——王福庵为傅增湘刻藏书印的一段佳话》,载朱国荣、羽飞主编:《开放的城墙》,上海书店出版社 2010 年版。

131.邸永君:《翰林傅增湘——独具慧眼鉴古书》,载邸永君:《百年沧桑话翰林——晚清翰林及其后裔》,中国社会科学出版社 2010 年版。又见《海内与海外》2012 年第 5 期。

132.王钟:《李泰棻辞离通志馆 傅作义重金聘沅叔》,《内蒙古晨报》2010 年 2 月 26 日。

133.周建国:《傅增湘求印王福庵》,《新民晚报》2010 年 4 月 4 日。又见《贵阳日报》2010 年 4 月 9 日。

134.佚名:《建国以来最大析产案二审开庭——原民国教育总长傅增湘后人要求分割近千块古玉及藏书》,《北京晚报》2010 年 5 月 10 日。

135.颜斐:《傅增湘后人分割万件文物》,《北京晨报》2010 年 5 月 10 日。

136.郭天力:《傅增湘后人陷入遗产纷争》,《燕赵都市报》2010 年 5 月 11 日。

137.佚名:《新中国的最大遗产纠纷案件,民国教育总长傅增湘有多少财产》,《茂名晚报》2010 年 5 月 17 日。

138. 佚名:《藏书家傅增湘》,香港《大公报》2010 年 6 月 5 日。

139. 陆晴:《收藏家傅增湘孙辈 11 人为祖产打官司近 30 年》,《三联生活周刊》2010 年 6 月 9 日。

140. 王鹏:《民国藏书大家傅增湘》,《人民政协报》2010 年 7 月 9 日。

141. 王鹏:《又让人想起傅增湘》,《中华读书报》2010 年 7 月 14 日。又见《牛城晚报》2010 年 9 月 7 日。

142. 杨先让:《徐悲鸿为傅增湘画像始末》,《中国教育报》2010 年 9 月 12 日。

143. 佚名:《民国教育总长傅增湘上亿家产引出新中国最大析产案,堂兄弟状告院士傅熹年"独吞"》,《武汉晨报》2010 年 12 月 16 日。

144. 张春岭:《傅增湘:为书痴狂的收藏人生》,《收藏参考》2011 年第 2 期。

145. 郑淼文:《藏书宗师傅增湘研究》,《郑州铁路职业技术学院学报》2011 年第 2 期。

146. 彭华:《王国维与巴蜀学人》,《淮阴师范学院学报》(哲学社会科学版) 2011 年第 3 期。

147. 芮文浩:《傅增湘与〈百衲本二十四史·史记〉成书》,《宿州学院学报》2011 年第 3 期。

148. 韦力:《芷兰斋藏藏书家墨迹叙录(之一) 傅增湘:役书而不为书所役》,《紫禁城》2011 年第 3 期。

149. 陈尚君、王欣悦:《蔡梦弼〈杜工部草堂诗笺〉版本流传考》,《古籍整理研究学刊》2011 年第 5 期。

150. 孙英爱:《傅增湘藏书献书探究》,《科教文汇》(上旬刊)2011 年第 8 期。

151. 陈仕华:《论指归,辨讹谬——〈藏园群书题记〉籀读》,台湾《书目季刊》第 45 卷第 3 期,2011 年 12 月。

152. [日]稻畑耕一郎:《傅增湘の「游记」と「塞外咏」诗について》,日本《早稻田大学大学院文学研究科纪要》第 57 辑第 2 分册,2011 年。

153. 梁颖整理:《藏园遗札(附题跋二则)》,载上海图书馆历史文献研究所编:《历史文献》第 15 辑,上海古籍出版社 2011 年版。

154. 何树远:《五四时期北京教职员联合会的挽蔡驱傅运动》,"中国社会科学院近代史研究所青年学术论坛"(北京)论文,2011 年。

155. 佚名:《傅增湘:收藏成贪,鲁迅也碰过他的钉子》,《新快报》2011 年 11 月 13 日。

156. [日]稻畑耕一郎:《傅增湘·松丸东鱼·高罗佩——高罗佩次韵傅增湘诗》,《中国典籍与文化》2012 年第 1 期。

157. 王菡:《重庆图书馆藏傅增湘捐书管窥》,《国家图书馆学刊》2012 年第 2 期。

158. 邱小毛、林仲湘:《〈镡津文集〉的成书与国家图书馆藏元刊残本考》,《古籍整理研究学刊》2012 年第 2 期。

159. 苏全有、陈岩:《对近代中国藏书思想研究的回顾与反思》,《湖南工程学院学报》(社会科学版)2012 年第 3 期。

160. 田正平、阎登科:《民国三任教育总长傅增湘》,《浙江大学学报》(人文社会科学版)2012 年第 6 期。

161. 李寒光:《〈藏园订补郘亭知见传本书目〉订误》,《图书馆杂志》2012 年第 9 期。

162. 张骞文、黎新军:《傅增湘对档案文献的贡献》,《陕西教育》(高教版)2012 年第 12 期。

163. 孟祥海:《嗜书如命的民国藏书人》,《科海故事博览》2012 年第 16 期。

164. [日]稻畑耕一郎:《日本に遺された傅增湘の詩:并せて「東華」と「雅言」の関連に及ぶ》,日本《早稻田大学大学院文学研究科纪要》第 58 辑第 2 分册,2012 年。

165. [日]稻畑耕一郎:《傅增湘の「纪游詩」:〈藝林月刊〉の〈游山專號〉に見える作品について》,日本早稻田大学《中国文学研究》第 38 期,2012 年 12 月。

166. 李军:《松江读有用书斋韩氏让书考——以傅增湘、张元济论书尺牍为中心》,载沈乃文主编:《版本目录学研究》第 3 辑,国家图书馆出版社 2012 年版。

167. 施亮:《现代藏书家傅增湘》,载施亮:《前思后量》,中国青年出版社 2012 年版。

168. 王菡:《〈藏园群书校勘跋识录〉整理说明》,载傅增湘撰,王菡整理:《藏园群书校勘跋识录》卷首,中华书局 2012 年版。

169. 冯惠民:《〈藏园批注读书敏求记校证〉整理说明》,载(清)钱曾原著,管庭、芬章钰校证,傅增湘订补,傅熹年整理:《藏园批注读书敏求记校证》卷首,中华书局2012年版。

170.孙思娅:《民国官员后人起诉文物局 要求公开"文革"查抄财产》,《京华时报》2012年4月7日。

171.李红权:《傅增湘的包头之行》,《包头日报》2012年8月18日。

172.李丽君:《傅增湘生平与图书馆学成就考察》,《河南图书馆学刊》2013年第4期。

173.王菡:《傅增湘与顾鹤逸交往事略举隅》,《新世纪图书馆》2013年第5期。又见沈乃文主编:《版本目录学研究》第4辑,北京大学出版社2013年版。

174.时永乐、任慧芳:《〈藏园订补郘亭知见传本书目〉失误七例》,《图书馆工作与研究》2013年第12期。

175.李寒光:《〈藏园订补郘亭知见传本书目〉条辨》,《图书馆理论与实践》2013年第12期。

176.赵惠芬:《上穷碧落下黄泉——综述藏书家傅增湘聚书之途径》,台湾《东海大学图书馆馆讯》第140期,2013年5月。

177.[日]稻畑耕一郎:《傅增湘の「居庸杂咏」について:藏园「咏史诗」拾遗》,日本《早稻田大学大学院文学研究科纪要》第59辑第2分册,2013年。

178.[日]稻畑耕一郎:《傅增湘と避暑山庄:残された「日记」と「诗篇」と「写真」からの考察》,日本早稻田大学《中国文学研究》第39期,2013年12月。

179.向辉:《藏园书魂永不散——傅增湘先生与国家图书馆及馆藏善本书之渊源考略》,载沈乃文主编:《版本目录学研究》第4辑,北京大学出版社2013年版。

180.吴洪泽:《〈宋代蜀文辑存〉的编纂得失与整理价值》,载四川大学古籍整理研究所、四川大学宋代文化研究中心编:《宋代文化研究》第20辑,四川大学出版社2013年版。

181.朱绍良:《傅增湘:一代宗师的收藏人生》,《老年生活报》2013年3月1日。

182.刘婧、杨铁:《访"藏园居士"傅增湘故居》,《宜宾日报》2013年5月3日。

183.李建友:《傅增湘题跋〈耄耋图〉》,《内江日报》2013年10月20日。

184.张福通:《藏园订补〈郘亭知见传本书目〉札记》,《书品》2014年第2期。

185. [日]稻畑耕一郎:《傅增湘稀见序文二篇探微:藏园文存之一》,日本早稻田大学《中国文学研究》第 40 期,2014 年 12 月。

186. 陈炜舜:《藏园诸目著录易类图籍初考》,载龚鹏程主编:《八卦城谈易——第二届中国·特克斯世界周易论坛论文集》,社会科学文献出版社 2014 年版。

187. 马勇:《傅增湘〈明思宗殉国三百年纪念碑〉释义》,载马勇:《青梅煮酒论英雄:马勇评近代史人物》,江西人民出版社 2014 年版。

188. [日]稻畑耕一郎:《傅增湘と内藤湖南:新发见の书简数通からの考察》,日本《早稻田大学大学院文学研究科纪要》第 60 辑第 2 分册,2014 年。

189. [日]稻畑耕一郎:《傅增湘的〈游记〉与〈塞外咏〉诗》,载复旦大学古籍整理研究所编:《实证与演变——中国文学史研究论集》,上海文艺出版社 2014 年版。

190. 徐铁猊:《书魂永不散藏园》,《人民政协报》2014 年 9 月 25 日。

191. 罗昕:《"开拓性对古籍研究是最重要的"——日本早稻田大学教授稻畑耕一郎做客复旦,讲述傅增湘和内藤湖南之间的交流往来》,《东方早报》2014 年 12 月 30 日。

192. 刘安:《藏书大家傅增湘》,《文史杂志》2015 年第 6 期。

193. 韩震军:《〈藏园群书经眼录·诗纪〉辨误》,《图书馆杂志》2015 年第 7 期。

194. 朱伯健:《藏书大家傅增湘的书法》,《书法》2015 年第 11 期。

195. 畅远恒:《关于傅增湘旧藏〈摩墨亭墨考〉及跋文》,《卷宗》2015 年第 11 期。

196. [日]稻畑耕一郎:《傅增湘与内藤湖南——以新发现的信札进行考察》,《中国典籍与文化》2015 年第 2 期。

197. [日]稻畑耕一郎:《傅增湘の〈论北方农事书〉について:藏园文存之二》,日本早稻田大学《中国文学研究》第 41 期,2015 年 12 月。

198. [日]稻畑耕一郎:《傅增湘与避暑山庄——从日记、诗篇及照片进行考察》,载刘玉才、潘建国主编:《日本古钞本与五山版汉籍研究论丛》,北京大学出版社 2015 年版。

199. 赵嘉:《傅增湘影印故宫善本始末考》,载程章灿主编:《古典文献研究》

第 18 辑上卷,凤凰出版社 2015 年版。

200.彭华:《文献大家傅增湘》,载舒大刚主编:《巴蜀文献》第 2 辑,四川大学出版社 2015 年版。

201.王振德:《天津美院奠基人傅增湘》,《中老年时报》2015 年 3 月 2 日。

202.章用秀:《傅增湘蓄书双鉴楼》,《今晚报》2015 年 5 月 7 日。

203.肖伊绯:《鲁迅与上司傅增湘的过节》,《北京晨报》2015 年 5 月 12 日。

204.肖伊绯:《傅增湘纳妾》,《北京晨报》2015 年 5 月 27 日。

205.严正道:《傅增湘致缪荃孙未刊函札释读》,《文献》2016 年第 2 期。

206.尧育飞:《傅增湘与〈长沙叶定侯家藏书纪略〉》,《图书馆研究与工作》2016 年第 3 期。

207.张云:《〈直斋书录解题〉校例三种研究》,《图书馆工作与研究》2016 年第 5 期。

208.孙靖:《傅增湘藏宋本〈通典〉目录辨析——兼论日藏北宋本的卷帙分合》,《新世纪图书馆》2016 年第 6 期。

209.尧育飞:《傅增湘旧藏〈长沙叶定侯家藏书纪略〉》,载湖南省湘学研究院主办:《湘学研究》2016 年第 1 辑(总第 7 辑),中国社会科学出版社 2016 年版。

210.韩震军:《〈藏园群书经眼录·诗纪〉辨误》(摘要),载中国唐代文学学会、西北大学文学院、广西师范大学出版社主编:《唐代文学研究》第 16 辑,广西师范大学出版社 2016 年版。

211.章用秀:《傅增湘蓄书双鉴楼》,载彭博编:《七十二沽书脉长》,天津人民出版社 2016 年版。

212.袁一丹:《傅增湘与"蓬山话旧"》,《北京青年报》2016 年 1 月 12 日。

213.张兴明:《宜宾籍藏书大家傅增湘:为书痴狂轶事多》,《宜宾晚报》2016 年 7 月 25 日。

214.傅杰:《为傅增湘先生辩诬》,《文汇报》2016 年 8 月 6 日。

215.肖伊绯:《傅增湘谈〈永乐大典〉》,《北京晨报》2016 年 10 月 10 日。

216.肖伊绯:《徐悲鸿为傅增湘画像》,《羊城晚报》2016 年 12 月 22 日。又见《北京晨报》2017 年 2 月 1 日。

217.肖君:《山西博物院傅增湘收藏善本概述》,《文物世界》2017 年第 1 期。

218.刘明:《傅增湘笔下沈约集辨误》,《书品》2017 年第 3 期。

219.李俊生:《傅增湘与直隶地区教育发展》,《邢台学院学报》2017年第4期。

220.杜鱼:《天津藏书名家之"二湘"》,《天津支部生活》2017年第10期。

221.朱振华:《〈藏园批注楹书隅录〉整理说明》,载(清)杨绍和撰,傅增湘批注,朱振华整理:《藏园批注楹书隅录》卷首,中华书局2017年版。

222.洪波:《书魂(古风)(外一首)——写在〈一代大家傅增湘〉后》,《宜宾晚报》2017年1月26日。

223.王雅军:《〈藏园群书题记〉及其他——旧书入藏小笺(二)》,《新普陀报》2017年5月5日。

224.肖伊绯:《傅增湘与天津直隶图书馆》,《今晚报》2017年11月6日。

225.王培军:《傅增湘是"岷山精"》,《文汇报》2017年11月19日。

226.苏枕书:《傅增湘旧藏〈韦苏州集〉的旅程》,《南方都市报》2017年11月19日。

227.苏枕书:《傅增湘旧藏在日本》,载徐俊主编:《掌故》第3集,中华书局2018年版。

228.沈慧瑛:《傅增湘求书求画于过云楼》,《北京晚报》2018年1月25日。

四、网络文章

1.曹家树:《著名藏书家傅增湘的故居》(http://www.ybxww.com/content/2015-10/26/20151026191810.385647.htm)(2018年2月24日检索)。

2.佚名:《总长学者傅增湘》(http://sanwen.net/a/kcztqqo.html)(2018年2月23日检索)。

3.佚名:《傅增湘收藏古书》(http://www.eeloves.com/memorial/archive-show?mid=176075&id=41520)(2018年2月21日检索)。

4.佚名:《傅增湘校书》(http://www.eeloves.com/memorial/archive-show?mid=176075&id=41522)(2018年2月21日检索)。

5.佚名:《傅增湘的书法》(http://www.eeloves.com/memorial/archive-show?mid=176075&id=41519)(2018年2月21日检索)。

6.佚名:《平复帖》(http://www.eeloves.com/memorial/archive-show?mid=176075&id=41518)(2018年2月21日检索)。

7.佚名:《交往》(http://www.eeloves.com/memorial/archive-show? mid=176075&id=41521)(2018年2月21日检索)。

8.季涛:《启功与傅增湘、傅熹年祖孙二人的友情往事》(http://blog.sina.com.cn/s/blog_505e2cc70102vgo9.html)(2018年2月16日检索)。

9.季涛:《国家图书馆馆藏徐悲鸿油画:傅增湘的来龙去脉》(http://collection.sina.com.cn/yhds/20150407/1115184300.shtml)(2018年2月16日检索)。

10.佚名:《北京人物(15)傅增湘》(http://cuomi.com/html/content/14/0606/17/16588383_384343275.shtml)(2018年2月15日检索)。

(作者单位:陈东辉,浙江大学汉语史研究中心;余荣蓉,浙江大学中文系学生)

清抄本《国朝名臣事略》递藏源流考

康冬梅

北京师范大学图书馆馆藏古籍中不乏历代著名学者、藏书家的旧藏本，一些书甚至经过了多位名家的递藏。这些名家对收藏的古籍往往精挑细选，有时还会加以校勘，从而提升了藏本的文献价值，因此名家旧藏本也多为珍善本。馆藏清抄本《国朝名臣事略》迭经名家递藏，并经著名学者撰写题跋，详加校勘，具有很高的文献与文物价值，于2016年5月入选《第五批国家珍贵古籍名录》。

《国朝名臣事略》十五卷，元苏天爵撰。苏天爵（1294—1352），字伯修，真定（今河北正定）人。官至浙江行省参知政事。曾三任史官，博学能文，编著有《国朝名臣事略》《元文类》两部著作。《国朝名臣事略》，后世称《元朝名臣事略》，为元朝人物传记资料选编，其体例仿朱熹《名臣言行录》及杜大珪《名臣碑传琬琰集》，前四卷收蒙古、色目十二人，后十一卷收汉臣三十五人。全书共引文一百三十余篇，其中选自元初著名文人王鹗、王磐、徐世隆、李谦、阎复、元明善等十余人的作品占一半以上，他们的文集今已不存，若干名篇赖该书得以保存，因此具有很高的史料价值。

北京师范大学图书馆馆藏《国朝名臣事略》为清抄本。线装，金镶玉。一函六册。半页十三行二十三字，无格。所据底本为元统乙亥（三年，1335）余志安勤有堂刊本。内书衣有墨笔题签："元朝名臣事略，影元刊旧钞，季沧苇藏书，芙川珍秘"。卷前有许有壬、欧阳玄、王理序及王守诚跋。序后目录三页。目录后有"元统乙亥余志安刊于勤有书堂"十三字（是此书抄自元统三年勤有书堂本）。卷端题"国朝名臣事略卷第一　赵郡苏天爵伯修辑"（图1）。书中丹铅满卷，朱印累累,有李兆洛、缪荃孙跋,沈炳垣校并跋,沈校字标注于所在页眉端,并将每册阙脱疑误处用朱笔汇总识于册尾(图2)。钤印有"沧苇""佛桑仙馆""小琅嬛福地张氏藏""张蓉镜""双清""泰峰所藏善本""云轮阁""荃孙""云自在堪""南通沈燕谋印""行素堂藏书记"诸印。

根据现存书衣题签、藏印和查阅相关资料,考其递藏源流大致为:季振宜—张蓉镜—郁松年—陆心源—缪荃孙—沈燕谋—北京师范大学图书馆。

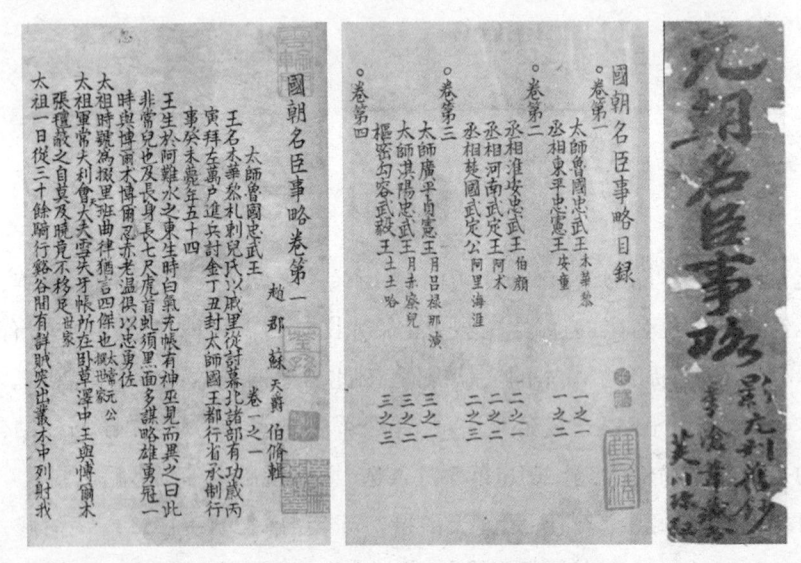

图1　清抄本《国朝名臣事略》书衣题签、目录及卷端

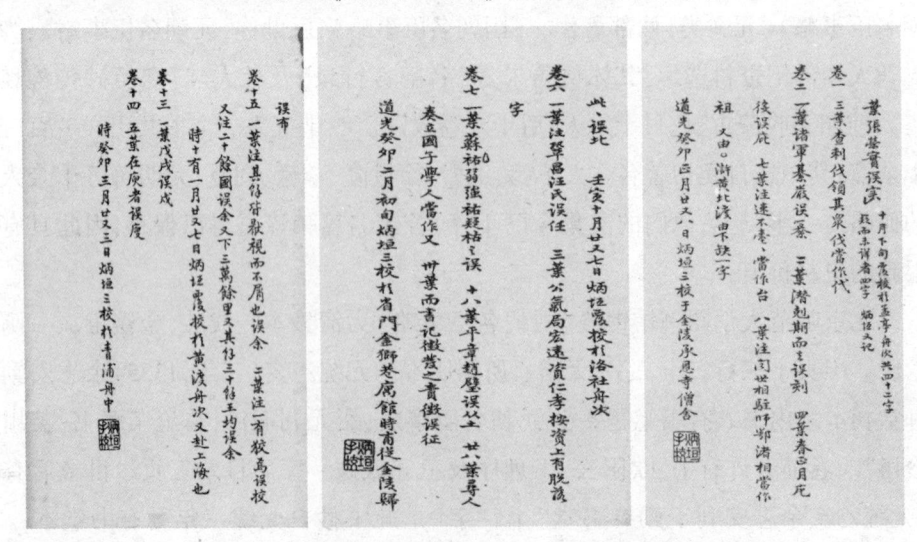

图2　清抄本《国朝名臣事略》第一、三、六册册尾朱笔校字

一、季振宜

书中钤数枚"沧苇"朱方大印,表明此书最早曾经季振宜收藏。查《季沧苇藏书目》,有"抄《元名臣事略》十五卷"者,应为此书。季振宜(1630—?),字诜兮,号沧苇,江苏泰兴人。清顺治四年(1647)进士,官吏部郎中、浙江道御史,终官巡视河东盐政,家资巨富。善属文,喜藏书,插架盈箱,尤嗜宋本,饼金悬购。藏书多得自毛氏汲古阁、赵氏脉望馆、钱谦益绛云楼、钱曾述古堂,精本佳椠极多。有藏书楼名"敬思堂"。黄丕烈曾感叹:"昔人聚书,不妨兼收并蓄,故得成大藏书家。余万力不逮季氏之一,而好实同之。"可见其藏书之富之精。

二、张蓉镜

书中"小琅嬛福地张氏藏""佛桑仙馆""张蓉镜""双清"等藏印主人为张蓉镜。张蓉镜(1803—?),字伯元,号芙川,江苏常熟人。出身书香世家,祖父张燮、父张定球皆嗜藏书。及长,娶妻姚畹真,号芙初女史,亦喜藏书,夫妇共建藏书楼,名"双芙阁"。又有"小琅嬛福地""味经书屋"等藏书处。

首册书前护页有李兆洛识语(图3),云:

> 武英殿聚珍本颇有讹舛,以此本校之,二卷夺二页,九卷夺一页,十一卷夺六页。余小小夺落百数,讹字亦百数。聚珍本已称难得,此本更为仅见之书。得好事者重依此本刊之,以流传于世,则古书之幸也。
>
> 芙川其有意乎?道光十五年正月李兆洛识。

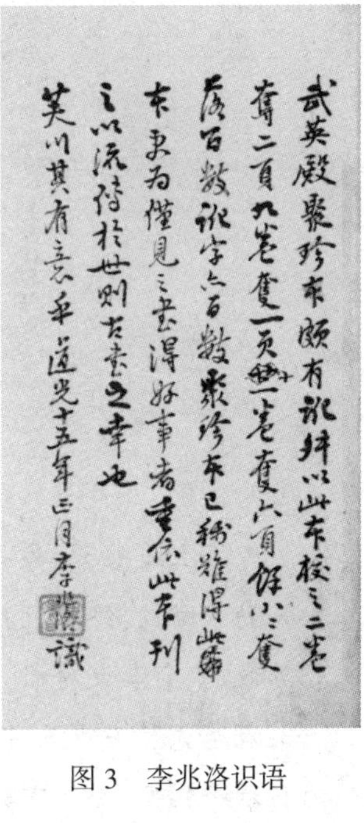

李兆洛(1769—1841),字申耆,晚号养一老人,江苏常州人。清嘉庆十年(1805)进士,改翰林院庶吉士。精舆地、考据、训诂之学,是阳湖派代表作家之一。著有《养一斋文集》二十卷。辑有《骈体文钞》《皇朝文典》《大清一统舆地全图》《历代舆地沿革图》《皇朝舆地韵编》等。张蓉镜与李

图3 李兆洛识语

兆洛交往颇多，其藏书得李氏经眼观赏者为数不少，如清抄《秘书省续编到四库阙书目》、宋刻《纂图互注礼记》《三苏先生文粹》、明万历刻《宋周公谨云烟过眼录》等书，均有李兆洛手撰识语。

三、郁松年

"泰峰所藏善本"为郁松年藏书印。郁松年（1820—1886），字万枝，号泰峰，上海人。清代船王，家资巨万，人称"郁半城"。喜藏书刻书。曾购得汪士钟艺芸书舍、黄丕烈士礼居、周锡瓒水月亭、袁廷梼五研楼、顾之逵小读书堆藏书，此外还购有仪征盐商藏书及钱受之、曹秋岳遗存书，集多家精帙善本，成海上第一藏书家。有藏书处名"宜稼堂"。刻有《宜稼堂丛书》。

首册书前护页有沈炳垣识语（图4），云：

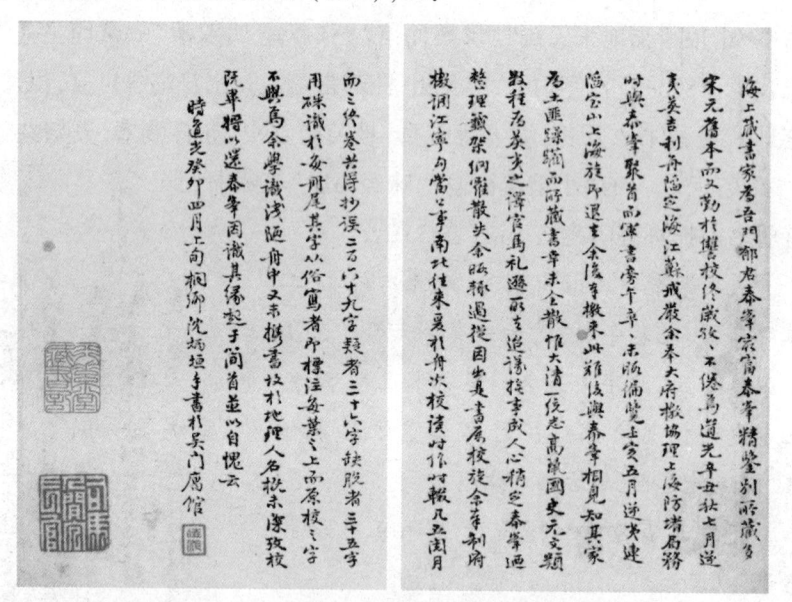

图 4　沈炳垣识语

海上藏书家，为吾门郁君泰峰最富。泰峰精鉴别，所藏多宋元旧本，而又勤于雠校，终岁孜孜不倦焉。道光辛丑秋七月，逆夷英吉利再陷定海。江苏戒严，余奉大府檄，协理上海防堵局务。时与泰峰聚首，而军书旁午，卒卒未暇遍览。壬寅五月，逆夷连陷宝山、上海，旋即退去。余后奉檄来此，难后与泰峰相见，知其家为土匪蹂躏，而所藏书幸未全散。惟《大清一统志》《高丽国史》《元文类》数种为英夷之译官马礼逊取去。迨议抚事成，人心稍定，泰峰乃整理签架,网罗散失。余暇辄过从,因出是书属校。旋余奉制府檄调江宁,勾当公事,南北往来,爰于舟次校读,时作时辍,凡五阅月而三终卷。共得抄误二百六十九字,疑者三十六字,缺脱者三十五字,用朱识于每册尾。其字从俗写者,即标注每叶之上,而原校之字不与焉。余学识浅陋,舟中又未携书,故于地理、人名概未深考。校既毕,将以还泰峰,因识其缘起于简首,并以自愧云。

时道光癸卯四月上旬,桐乡沈炳垣手书于吴门寓馆。

沈炳垣(1784—1855),原名潮,字渔门,号晓沧,浙江桐乡人。清嘉庆十五年(1810)举人。历任娄县、上海、南汇、崇明知县和太仓直隶州知州,以廉惠著称。鸦片战争时率部抗击英军。担任过苏州督粮同知、松江府海防同知,管理过防务、船政和外交事务。喜聚书,善诗文,精校雠之学,藏书处有斫砚山房、祥止室、三千藏印斋。著有《斫砚山房诗草》《祥止室诗钞》《毛诗正字考》等,编有《斫砚山房藏书目》四卷。由沈氏识语可知,道光癸卯(二十三年,1843),此书已流入郁泰峰手中。沈氏校此书乃受郁氏之嘱。泰峰刻书,多由沈炳垣为之校订,或曾有过刊行之意也未可知。泰峰殁后,藏书尽散,多归丁日昌持静斋,江苏候补道洪观察、皕宋楼陆心源等所获亦不少。

四、陆心源

末册书后护页有缪荃孙跋语三则(图5),其一云:

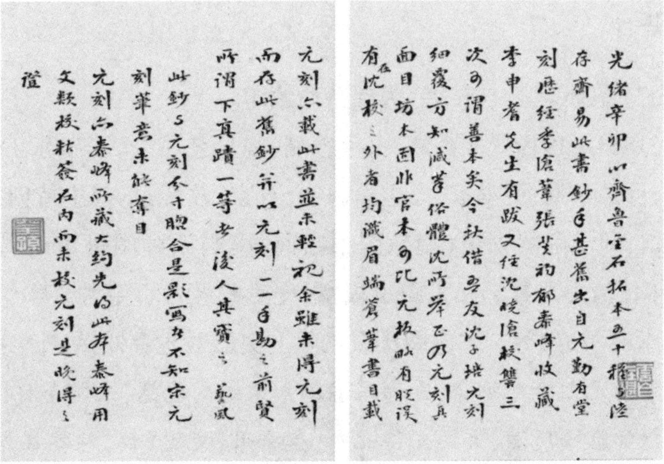

图5 缪荃孙跋语三则

光绪辛卯,以齐鲁金石拓本五十种与陆存斋易此书。钞手甚旧,出自元勤有堂刻。历经季沧苇、张芙初、郁泰峰收藏。李申耆先生有跋,又经沈晓沧校雠三次,可谓善本矣。今秋借吾友沈子培元刻细覆,方知减笔俗体,沈所举正乃元刻真面目,坊本固非官本可比。元板略有脱误,有在沈校之外者,均识眉端。沧苇书目载元刻,亦载此书,并未轻视。余虽未得元刻,而存此旧钞,并以元刻一一手勘之,前贤所谓下真迹一等者,后人其宝之。艺风。

从以上跋语可知,此书曾经陆心源收藏。后缪荃孙以金石拓本五十种从陆心源手中易得此书。陆心源(1834—1894),字刚甫,号存斋,晚号潜园老人,浙江吴兴(今湖州)人。清咸丰举人。喜藏书,擅校勘。插架多达十五万卷,筑皕宋楼、十万卷楼、守先阁庋之。皕宋楼藏书中来自郁松年宜稼堂之书最多,为购得宜稼堂藏书,陆心源曾多次往返并登楼阅览,商议价格。从光绪二年(1876)到光绪六年(1880),共购得宜稼堂旧藏四万八千余册。陆心源所纂《皕宋楼藏书志》,录有两部《国朝名臣事略》,一部为元刊本,一部即北京师范大学图书馆藏清抄本(著录为影写元刊本,并误录为三十卷)。陆心源去世后,陆家经商失败,亏欠巨款。1907年,在岛田翰的多次斡旋之下,陆心源藏书经长子陆树藩之手售予日本财阀岩崎弥之助,包括其皕宋楼、十万卷楼和守山阁三处藏书。岩崎家族以此为基础成立了"静嘉堂文库"。清抄本《国朝名臣事略》因之前已易予缪荃孙,幸运地留在了国内。元刊本亦未流落日本,现藏台北"国家图书馆",有"海日楼""爱日精庐""汪士钟读书""蒋祖诒""郁印松年""泰峰"等诸家钤印。

五、缪荃孙

"云轮阁""荃孙""云自在堪"为缪荃孙藏印。

缪荃孙(1844—1919),字炎之,又字筱珊,晚号艺风老人,江苏江阴人。中国近代藏书家、目录学家、史学家、方志学家、金石家、教育家,曾主持创办了我国南北两大图书馆,即江南图书馆(南京图书馆前身)与京师图书馆(国家图书馆前身)。1914年任清史总纂。私人藏书极富,先后购藏六百余种善本,书籍十余万卷,有《艺风堂藏书记》等。书内缪氏跋语除上文已引述者外,另外二则云:

此钞与元刻分寸吻合,是影写者不知宋元刻笔意,未能夺目。

元刻亦泰峰所藏,大约先得此本,泰峰用《文类》校,粘签在内,而未校元刻,是晚得之证。

《艺风堂藏书记》卷四著录此本:"《国朝名臣事略》十五卷,旧影元钞本。"

六、沈燕谋

"行素堂藏书记"印主为沈燕谋。沈燕谋(1891—1974),名翼孙,字燕谋,以字行,江苏海门人。曾协助张謇办大生纱厂。喜藏书,有藏书楼名"行素堂"。与徐乃昌等藏书家多有交往,《徐乃昌日记》中曾多次提及。而徐乃昌又与缪荃孙长子子寿、次子子彬相熟,多次受托为缪氏售书。此书流落至沈燕谋处亦在情理之中。沈氏于抗战胜利后去往香港,后从事教育事业,曾任新亚书院校董兼图书馆馆长,为书院收购散失在海外的中国线装古籍五万余卷。

七、北京师范大学图书馆

从馆藏登录号段看,此书应为20世纪五六十年代购入。这段时间正是北京师范大学图书馆丰富馆藏的黄金时期,馆藏中的珍善本绝大多数购于其时。图书馆除在北京的中国书店及各私营旧书店采买外,还曾派人远赴上海、扬州、合肥、泰州、南京等地选购,是为馆史上著名的"三下江南采书"。而行素堂藏书自沈燕谋去香港前已散失,流落至海内外众多收藏单位。加利福尼亚大学伯克利分校东亚图书馆、香港中文大学图书馆、浙江大学图书馆、山东大学图书馆、中国人民大学图书馆等单位均有其旧藏。

(作者单位:北京师范大学)

古籍保护专业硕士一级学科建设的基本路径

顾 钢

一、建设古籍保护专业硕士一级学科的背景

　　古籍记载了中国人的智慧与成就,是我们中华儿女的共同记忆。与其他文物不同,古籍是一种需要被利用的文物,有着更强的传播知识和教育的功能,是传承文明的直接载体。保护古籍就是保护全球华人的记忆,也是保护中华民族文化之根。2007年,国务院颁布了《关于进一步加强古籍保护工作的意见》,"中华古籍保护计划"成为我国历史上首次由国家主持开展的古籍保护工程。十八大以来,党中央十分重视对传统文化的保护和挖掘,古籍保护已经列入国家"十三五"规划,引起国家及全社会前所未有的高度关注,文化部又于近期发布了《"十三五"时期全国古籍保护工作规划》,明确提出要不断优化古籍保护人才队伍结构,明显提升专业水平,全面提升古籍修复能力,加强古籍整理出版和数字化建设,进一步推动了古籍保护专业硕士一级学科建设。

　　据不完全统计,我国古籍数量为5000万册左右,而具备古籍修复资格的修复师不足千人(陈红彦,2016),师徒相继的培养模式很难弥补古籍保护的人才缺口。实践的发展和现实需要往往会孕育产生新学科。针对古籍破损数量巨大,但高层次古籍保护人才严重匮乏的情况,2014年起,国家古籍保护中心先后与中山大学、复旦大学、中国社会科学院、天津师范大学等单位签署联合培养古籍保护专业硕士协议,标志着古籍保护人才培养工作逐步走向专业化轨道,也开启了古籍保护专业硕士一级学科的建设之路,对于加速人才培养,推动高校面向社会

需求开放办学,促进高校与行业企业深度合作也有重要意义。

二、古籍保护专业学科的特性及培养目标

古籍保护分原生性保护和再生性保护,前者包括古籍的采访、编目、库房保管、提供阅览服务等内容,后者包括数字化缩微的介质迁移、展示、出版、修复保护等内容(陈红彦,2016)。因此,古籍保护融合了人文历史、材料科学、环境学、修复技艺等知识和技能,具有独特性,与其他学科有本质区别。所以,作为古籍保护的高级人才,古籍保护专业硕士必须具备文理兼备的知识结构,例如,古籍阅读、目录学、版本学、文献学、书库管理、防虫、造纸、古籍装帧、出版等相关知识,而目前这些专业知识散布于考古学、中国历史、中国语言文学、图书情报管理、物理、化学、生物学等学科之中,只有建立独立的古籍保护学科,才能将上述专业知识整合到一个学科内,并设计出针对性强的培养方案。

"学科的本质属性决定了它与其他学科的根本区别,而它所具有的某些与其他学科相同的非本质属性则使它得以与其他学科合成某一类"(朱丹华,2003)。古籍保护学科的门类归属可以从它的培养目标和课程设置来考虑。从古籍保护专业硕士所需的知识结构看,其中涉及历史学科的专业知识比重较大,因此,将古籍保护专业学科归于历史门类(06)之下较为合理,但由于古籍保护学科的特殊性,不应将其纳入历史门类之下的任何一个现有一级学科,如考古学(0601)、中国史(0602)、世界史(0603),而应比照其他专业学位,将其建设成为历史门类下的一个新的一级学科[①],即"古籍保护"。特别需要指出的是,新建的古籍保护专业学位一级学科名称中不宜出现"学"字,以区别于学术型学位,突出其实践性和应用性。当然,一个学科的创建需要有一个逐步发展和成熟的过程。目前,首先要办好古籍保护相关的专业方向,例如,中文古籍鉴定与修复、西文古籍鉴定与修复、少数民族古籍鉴定与修复、古籍数字化与出版等,然后,在不断总结经验和统一认识的基础上,创建古籍保护专业硕士一级学科。

专业学位面向特定的行业而设置,具有明确的职业指向性(杜占元,2016)。

[①] 我国高等学校学科专业设置分为"学科门类""学科大类(一级学科)""专业(二级学科)"三个层次。每大门类下设若干一级学科,一级学科下再设若干二级学科。例如,文学门类(05)之下有中国语言文学(0501)、外国语言文学(0502)、新闻传播学(0503)三个一级学科,而新建的翻译硕士为文学门类下独立的一级学科(0551)。

就古籍保护专业硕士的培养目标而言,他们要有坚实的理论基础,较为系统的专业知识,上手能力强,具备一定的古籍鉴定能力和古籍修复技能,有能力解决古籍保护中的技术难题,能在古籍保护技术、设备等方面进行创新,提高古籍修复的质量和效率,从而更有效、更完美地对古籍进行保护,并能独立进行古籍保护应用领域的科研工作,满足图书馆、博物馆、古籍研习所、古籍书店、古籍出版社、文创产品公司等古籍典藏和出版单位的需求。

三、古籍保护专业学科建设的基本条件

(一)产学研结合的优秀教师团队

高水平的教师团队是学科建设的主导力量和必备因素。要实现古籍保护专业硕士的培养目标,就必须建设一支专业知识扎实、教学能力强、古籍保护经验丰富的教师队伍。古籍保护专业硕士的培养目标要求他们既有坚实的理论基础和广博的专业知识,还有较强的动手能力,具有良好的职业素养,而传统的单一导师制显然很难满足这一培养要求。校内研究生导师虽具有较高的理论水平,但缺乏古籍保护实践经验,因此,双导师制成为古籍保护专业硕士的重要培养方式。校内导师负责理论课教学,业内校外导师负责实践课讲授和实习指导,加强案例教学和实践,将课程讲授建立在真实案例之上。产学研一体的教师团队可以确保研究生培养目标的实现。为实现产学研密切结合,校内导师要深入行业一线,提高实践水平,同时加强校外导师在研究生培养过程中的参与度和发言权,包括做讲座与论文开题、撰写、答辩等,增加校外导师与研究生的交流机会,加深校外导师对理论知识的理解和应用。为确保双导师制运行顺畅,防止双导师制流于形式,还必须建立有效的导师激励机制,明确职责划分,建立良好的沟通方式,构建灵活的实习安排等(石卫林,程锦,文永红,等,2017)。

(二)实践特色突出的培养方案

1.课程设置

古籍保护专业硕士的课程设置必须以职业需求为导向,避免专业硕士与学术硕士培养同质化,以实际应用为目标,推行模块化课程体系,打破传统的学科课程体系逻辑结构,不再强调学科知识的基础性、系统性和完整性,减少或删除不必要的理论课程,更加强调课程的实践性、应用性、复合性,重视学生能力培养,增加专业实践课程在整体课程中的比重,根据古籍保护的具体需求,形成以

培养学生综合素质和实践能力为核心的课程体系(余国江,杨冰玉,2016)。首先,根据对人才培养目标的调研,了解专业相关岗位对人才在知识、能力、素质方面的要求,并将其具体化为能力要素,形成微观知识、能力单元,再由若干个微观知识、能力单元构建成模块课程体系(蔡敬民,2013)。例如,理论课程要涉及修复材料、典藏环境、修复技艺、编目鉴定、全息保存等内容(杨光辉,2016)。以"服务应用,够用就好"作为确定理论课程容量的基本标准。

在课程设置上要特别注重实践环节,强化古籍保护技术,逐步压缩传统授课方式所占比例,增加实践教学时间。中山大学的经验值得借鉴,他们为古籍保护专业硕士安排的实践学分占总学分的三分之二,集中实习时间不少于6个月,"学生每周至少有2个工作日是在修复台前度过的"(周旖,2016)。

要通过由易到难、由简单到复杂的一系列实践实习活动,提高学生解决古籍保护实际问题的能力、协作能力与综合素质,要强化业内实践导师在古籍保护专业硕士培养过程中的参与度。依托图书馆、博物馆、古籍研习所等古籍典藏单位,建立与课堂教学和就业密切相关的实习基地,充分突出古籍保护学科课程的跨学科综合特色和动手能力强的实践特点,通过业内专家指导培训、到用人单位实习实践、外出交流学习等多角度人才培养方式,对学生进行古籍修复技艺与再生保护的实训,同时使他们充分了解社会和行业需求,"从而找准学习目标,重点突破,尽快提升专业技能,迅速将专业知识和技能融入到实践工作当中"(姜岚,2016)。还要安排一定频度的业内专家讲座。业内导师,尤其是国家级古籍保护传承人的言传身教,除能有效提高学生的专业知识和技能外,还可以培养他们具备细致严谨的工匠精神,如仔细、认真、持之以恒、坐得住冷板凳等。

2.学分安排

目前,古籍保护专业硕士的学制为两年(三年制更为理想),共四个学期。实行学分制,要求学生至少修满24个学分[①],学位论文不计学分。英语、政治等公共必修课和少量的专业必修课安排在第一学期;主要的专业必修课、选修课、学术讲座安排在第二学期。

---

① 参照《文物与博物馆硕士专业学位研究生指导性培养方案(2014修订版)》。

课程学分设置方案表①

类别	学期	学时/门数	学分/门数	学分总计
公共必修	1	36×2	2×2	4
专业必修(理论类)	1	18×3	1×3	3
专业必修(实践类)	2	(9+9)×5	1×5	5
必修课学分合计				12
专业选修(理论类)	2	18×2	1×2	2
专业选修(实践类)	3	(18+18)×2	2×2	4
选修课学分合计				6
专业实习	1	18×1	1×1	1
专业实习	2	36×1	2×1	2
专业实习	3	36×1	2×1	2
专业实习	4	18×1	1×1	1
实习课学分合计				6
学分总计				24

据调查,天津师范大学古籍保护专业硕士生和业内导师都表示,在第一学期就应该安排实习,以加强学生对所学理论和未来工作的亲身体验。因此,实践课应贯穿第一学期到第四学期,课时量逐渐加大,以第三学期为主;第四学期为毕业论文撰写和答辩。按课程学分设置方案表,与实践相关的学分有15分,约占总学分的三分之二。学生在第四学期的主要任务是撰写毕业论文,但实习操练不能完全停止,这也是古籍保护专业对于学生动手能力培养连续性的特殊要求。

3.学位论文撰写

学位论文的标准对于研究生培养有重要导向性作用。古籍保护专业硕士的学位论文要平衡好实践与理论之间的关系。论文应体现学生综合运用科学理论、方法和技术手段解决古籍保护实际问题的能力,并有一定的理论基础,具有先进性、实用性。学位论文选题应来源于古籍保护相关的应用课题或现实问题,与专业学位研究生的培养过程密切结合。针对古籍保护专业硕士实践性很强的特点,毕业论文可以是调研报告、修复报告、规划设计、文创产品开发、案例分析、

---

① 每18课时折算为1学分。

项目管理等。学位论文的字数可根据不同形式特点和选题,灵活确定。

学位论文由校内外两位导师联合指导。要打破培养学术型研究生的思维定式,让有一定实践经验、解决实际问题能力较强但学历职称相对较低的教师参与古籍保护专业研究生的教学和论文指导工作,对导师队伍进行有效补充。

(三)确实有效的实践环节

专业实践平台是专业学位研究生教学的重要依托,是强化学生职业道德和职业素质教育、提高其综合岗位能力的良好途径,也是专业学位研究生与学术型研究生在教学方面最显著的区别之一。古籍保护专业学位的教学涵盖大量实训课时,无论是实训室面积和设备,还是实训所需耗材,都必须有充足的专项经费支持,以便为学生提供良好的实训条件。要定期让教师深入实践单位学习调研,不断提高导师的指导水平。

校内实习基地主要依托建立在图书馆的古籍保护实验室。实验室应按照古籍保护所涉及的学科内容和研究需要,装备先进的科学仪器和设备,能够进行文献脱酸、纸张耐久性、生物防虫等现代化实验操作。图书馆要充分发挥在古籍保护专业硕士实习环节中的重要作用,注重培训古籍典藏部门的馆员,提高他们的古籍保护知识和技能水平。校外实习基地要紧密依托当地古籍保护中心、博物馆、古籍出版社等相关单位。无论是校内实习基地,还是校外实习基地,都必须不断完善实习基地管理制度,使学生的实习能真正收到实效,而不是走过场。

(四)完整和成熟的教材

教材建设是提高研究生教学质量和学科建设的基础工作,是学科专业内容、课程内容的具体表现,也是提高教学质量的前提保证。因此,研究生教材建设应紧密围绕学科建设这个大方向进行(李圣清,罗飞,2006)。

目前,古籍保护专业教学的主干课程缺少完整和成熟的教材,往往是因师设课,学生缺乏系统掌握课堂上所传授知识的工具。所以,要科学制定教材编写计划,开发出完整和成熟的系列专业教材。通过编写出版相对权威的教材,可以将一些濒临失传的古籍保护和修复技艺用文字、图片、多媒体等技术保存下来,不仅有利于教学,而且有利于此类非物质文化遗产的保护和传承,以及在此基础上的发展和创新。古籍保护的专业教材应充分反映当今科学与技术在古籍保护中的作用,例如生物防虫技术、复活开化纸的化学技艺、古籍数字化的冷光扫描技术等。国家古籍保护中心规划出版中的古籍保护系列教材将为古籍保护学科发展创造有利条件。

(五)科学的学科质量评价标准

任何学科只有在满足社会需求的基础上才能发展起来,而一个学科对社会需求的满足程度只能通过科学的评价机制才能得出客观结论。完整的专业学位研究生教育质量评价机制应该是高校自身建立的内部质量评价和来自外部专业团体的评价相结合(魏红梅,2016)。质量标准依据考核主体、对象、内涵不同,可分为内适性质量标准和外适性质量标准。前者以高等教育系统内部制定的标准为质量评价依据,后者以人才培养与国家、社会需求的契合度作为质量评价依据。二者相辅相成、相互促进(林永柏,2008)。古籍保护专业硕士的培养在关注质量内适性的同时,更要关注质量的外适性。

(六)专业刊物与定期的学术会议

学术期刊是学术领域的引导者,一份好的学术期刊在内容和形式上都具有高品位,严格的思想性、知识性和科学性,它记载、传播、普及学科建设成果,跟踪科学技术前沿发展,启迪创新思维,是学生获取学科专业信息的重要途径之一,在学科建设与人才培养中起到积极作用,是成熟学科的重要标志(唐宗顺,唐秋姗,罗萍,2014)。此外,一个学科的发展需要有一个同行进行专业交流、互相学习的平台,而学术会议就是这样一个平台。学术会议不但为同行搭建了交流平台,而且也是传递学科前沿信息和观点的重要载体,参会者在讨论和争辩中拓宽视野,提高认识,激发创新思维。定期的学术会议更是学科发展日趋成熟、步入规范性轨道的重要标志。2015年以来,国家古籍保护中心创办了《古籍保护研究》,并于2016年开始,定期召开古籍保护学科建设研讨会,这些举措都大大推动了古籍保护学科建设的发展。

四、结语

随着国家对古籍保护的重视程度不断提高,建立古籍保护学科有了非常良好的外部环境。古籍保护学科的独特性使它必须成为一门独立的学科,这也是古籍保护步入职业化和科学化轨道的必由之路。只要我们遵循学科建设的基本规律,扎实工作,努力创造条件,建成古籍保护专业硕士一级学科将指日可待。

(作者单位:天津师范大学图书馆)

参考文献：

蔡敬民,2013.地方本科院校应用型人才培养的理论与实践探索[M].合肥:合肥工业大学出版社.

陈红彦,2016.对古籍保护学学科建设的思考[G]//国家古籍保护中心.古籍保护研究:第2辑.郑州:大象出版社:166-177.

杜占元,2016.探索创新 深化改革 推动专业学位研究生教育再上新水平[J].学位与研究生教育(1):1-5.

姜岚,2016.专业硕士实践教学培养模式探索与思考[J].高教探索(3):104-106.

李圣清,罗飞,2006.电力电子与电力传动硕士点教材建设的研究[J].株洲工学院学报(6):134-136.

林永柏,2008.高等教育质量内适性与外适性的辩证关系[J].辽宁教育研究(4):29-32.

石为林,程锦,文永红,等,2017.双导师制实施困境成因与改进的质性研究[J].研究生教育研究(2):75-80.

唐宗顺,唐秋姗,罗萍,等,2014.学术期刊在高校研究生培养中的作用[J].重庆与世界(4):94-96.

魏红梅,2016."新常态"下我国专业学位研究生教育改革的创新探索[J].学位与研究生教育(3):15-20.

杨光辉,2016.古籍保护学纲要[G]//国家古籍保护中心.古籍保护研究:第2辑.郑州:大象出版社:178-182.

余国江,杨冰玉.2016.特需项目:专业硕士培养路径新探索[J].学位与研究生教育(8):9-13.

周旖,2016.中山大学文献保护学项目建设[G]//国家古籍保护中心.古籍保护研究:第2辑.郑州:大象出版社:189-193.

朱丹华,2003.档案学学科性质之我见[J].档案学研究(4):2-5.

强化古籍保护学科建设　提升专业人才培养水平

——第二届古籍保护学科建设研讨会会议综述

李　峰

2017年9月14日，由国家古籍保护中心主办，天津图书馆、天津古籍出版社、天津师范大学承办的第二届古籍保护学科建设研讨会在天津召开。来自国家图书馆、山东图书馆、甘肃图书馆等图书馆单位和中山大学、天津师范大学、南京艺术学院等院校的专业负责人及部分古籍保护专家共60余位代表参加了此次会议。与会代表围绕古籍保护的学科定位、人才培养模式、学科归属、课程设置等多个方面的问题展开了深入研讨。

中国科学院院士、复旦大学原校长、复旦大学中华古籍保护研究院院长杨玉良，国家图书馆副馆长、国家古籍保护中心副主任张志清，全国高校古籍整理研究工作委员会杨忠秘书长等嘉宾出席了会议。天津师范大学党委书记荆洪阳出席了开幕式并讲话。会议期间，国家图书馆副馆长、国家古籍保护中心副主任张志清为天津师范大学古籍保护中心进行了授牌。国家古籍保护中心、国家图书馆出版社与其他与会领导为天津师范大学古籍修复与出版方向的硕士研究生赠送了《国学基本典籍丛刊》，勉励古籍修复专业学子积极投身古籍保护事业，为弘扬中华传统文化做出贡献。

一、研讨会背景

自2007年国务院办公厅发布《关于进一步加强古籍保护工作的意见》，提出大力实施"中华古籍保护计划"以来，在国家古籍保护中心的领导下，通过全社会的共同努力，我国的古籍保护事业取得了巨大进步，古籍保护学科建设工作也获得了迅速发展。国家古籍保护中心从2007年开始就启动了古籍保护人才的培养工作,不断探索建立古籍保护人才培养的多样化模式。近年来,国家古籍保护中心在各地逐步建立了人才培训基地,并和复旦大学、中山大学、天津师范大学、中国社会科学院等单位签署联合办学协议,共同推进古籍保护硕士研究生人才的培养。在全国成立了23家古籍修复技艺传习所,广泛开展了中华古籍普查文化志愿服务活动。目前,我国的古籍保护人才培养已形成了包括培训基地、传习所、高校和志愿者等形式在内的多样化培养方式。但由于古籍保护学科在我国起步相对较晚,因而在学科归属、课程设置、人才培养模式等方面还存在诸多问题。在高校教育领域如何建立有中国特色的古籍保护学科体系?如何为社会培养学以致用的实践应用型古籍保护人才?这些都是高校培养单位和图书馆用人单位共同面临的问题。厘清这些问题,对于古籍保护人才培养质量的提升具有重要意义。可以说,如何把古籍保护这个既传统又现代的新兴学科建设好,是全社会当下最需要思考的问题。2016年3月,首届古籍保护学科建设研讨会在南京艺术学院图书馆召开,来自国内各高校和各省市图书馆20家单位的40余名专家学者就"中华古籍保护工程"与古籍保护学科建设展开了深入研讨,凝聚了力量,达成了广泛共识,有力地促进了古籍保护人才培养质量的提升。

在这样的社会形势下,为了更好地促进"中华古籍保护计划"的实施,更好地推动古籍保护学科体系和人才培养模式的构建,继首届古籍保护学科建设研讨会之后,国家古籍保护中心组织召开了这次研讨会,旨在进一步总结交流古籍保护学科建设的经验,探讨健全古籍保护学科体系的方法,继续推进古籍保护人才培养和实践教学模式的发展,进一步强化人才培养质量的内涵式发展。

二、古籍保护学科的内涵与定位

天津师范大学荆洪阳书记在致辞中指出,自2007年"中华古籍保护计划"实施以来,十年间我国的古籍保护工作取得了巨大成就。在国家古籍保护中心的领导下,天津师范大学对学校图书馆馆藏古籍的数量、品种进行了详细统计和登记,对古籍核定价值并进行了定级,学校先后有15种善本古籍入选《国家珍贵古籍名录》。在人才培养方面,天津师范大学图书馆成功入选国家古籍保护人才培训基地,并与国家古籍保护中心、天津图书馆等单位合作招收和培养古籍修复与出版方向硕士研究生。学校在古籍保护人才培养的课程设置和实践教学方面积极探索，投资建设了古籍修复实验室、古籍保护数字化平台，教学质量取得了显著提高。下一步，学校将以被评为全国古籍重点保护单位为契机，在古籍保护学科建设上积极探索，继续为社会培养"基础厚、能力强、上手快"的实践型古籍保护人才。

杨玉良院士在讲话中对"学科建设"的内涵进行了说明，并对古籍保护学科建设和发展的道路提出了自己的看法。他认为学科的出现主要是为了适应教学的需要而对知识的一种划分。对于古籍保护学科而言，要明确古籍保护学科的知识结构，要认识到古籍保护学科涉及文献学、物理学、图书情报学、生物学、材料学等多个学科。作为新兴的文理交叉学科，古籍保护学科的建设发展既要借鉴国外古籍保护的先进经验，也要符合中国国情，保持中国特色。当前，在国家古籍保护中心的领导下，我们要从国家文化战略的高度进行古籍保护学科的规划建设，积极创造条件吸引复合型人才加入古籍保护队伍，切实提高古籍保护人才培养水平。

对于古籍保护学科的学科归属和建设发展，全国高校古籍整理研究工作委员会秘书长杨忠教授认为，古籍保护学科的设置必须根据图书馆事业的实际需要进行布局，既要考虑到高校办学的实际情况，也要兼顾不同地域文化发展的实际需要。在古籍保护课程的设置上，要做到科学规划，要培养学生掌握理论知识和实践技能。杨忠教授还重点介绍了国内高校古典文献专业在人才培养方面的情况，希望可以为古籍保护学科的建设提供借鉴。

国家古籍保护中心副主任张志清简要回顾了"中华古籍保护计划"实施十年来所取得的进展，从古籍普查登记、国家级古籍修复中心建设、古籍保护人才队伍建设等方面进行了阐述。他认为就目前古籍保护工作的实际情况而言，人才培养工作是最基础也是最重要的环节。为了缓解我国古籍保护人才匮乏的问题，国家古籍保护中心在各省市建立了专门的人才培训基地，并和相关高校合作开展了古籍修复专业硕士研究生教育，在全国范围内形成了培训基地、传习所、高校和志愿者等多样化的专业人才培养形式。可以说，目前我国多途径、多形式培养古籍保护人才的格局已经初步建立。张志清还介绍了国家古籍保护中心于2017年上半年开展的古籍保护人才培养专项调研工作的情况，并对相关调研数据进行了分析讲解。张志清指出，古籍保护专业人才需求的问题长期制约着我国古籍保护事业的发展，要解决人才培养的问题，必须建立科学规范的古籍保护学科体系。而要规划和建设好古籍保护学科体系，就需要广泛听取高校负责人、图书馆用人单位、授课教师等多方面的意见和建议，这是国家古籍保护中心召开本次研讨会的主要目的。

三、高校古籍保护学科建设与人才培养

在上午的主题发言阶段，中国社会科学院研究生院、天津师范大学图书馆、中山大学图书馆、复旦大学图书馆、南京艺术学院、金陵科技学院共五个单位进行了交流发言，分别介绍了各单位在古籍保护学科建设和人才培养方面的经验。上午的主题发言由张志清主持。

中国社会科学院研究生院文法学院主任助理刘强在报告中谈道，该院于2010年获得了全国首批文博专业硕士培养资格，文博专业硕士教育中心招收"古籍鉴定与修复"方向的研究生。学院的古籍保护人才培养具有三个特色：一是学科优势明显，中国社会科学院的历史研究所、文学研究所和图书馆为古籍保护学科提供了有力的支持。二是与国家图书馆开展了深度合作。国家图书馆为研究生教学配备了实践工具，在课程设置上给予具体指导，并委派陈红、杜伟生等专家参与授课。三是课程有特色。古籍保护方向开设了中国古代史、博物馆概论、考古学概论、文物学概论四门基础课，开设了中国书法史、古文字与古文献学等专业选修课，开设了中国古代书籍史、古代书籍鉴定、古代书籍修复等专业方向课，尤其是三门专业方向课都是实践性较强的课程。同时，刘强谈到了古籍保护学科的学科归属问题，认为古籍保护学科是对历史文献学、文化遗产保护、图书情报学、古典文献等学科内容的必要的和可行的整合。

天津师范大学图书馆馆长顾钢首先详细介绍了该校古籍修复与出版方向专业硕士的培养情况。该校专业硕士培养特色突出，遵循"产、学、研一体化"的培养思路，以培养"功底厚、能力强、上手快"的实践型、应用型古籍修复人才为目标。顾钢馆长以翻译学术硕士和翻译专业硕士为例，认为专业硕士理论课与实践课的比例应为3：7，并对该校对古籍修复与出版方向专业硕士的课程设置、学时、学分、专业实践课安排等具体情况进行了说明。对于古籍保护的学科归属问题，顾钢馆长从古籍保护学科文理兼备的特点谈起，认为古籍保护学科要求学生具备古籍阅读、古典文献、书库管理、防虫、造纸、古籍装帧等知识，而这些专业知识散布于考古学、中国历史、图书馆情报管理、材料学等学科之中。从学科门类

来说,历史学、文学、管理学等学科门类下都有古籍保护方面的一些课程设置。顾钢馆长认为,古籍保护应当成为独立的一级学科,而目前古籍保护仅仅是不同学科下属的一个方向,所以,古籍保护要首先争取到二级学科的地位,就其学科特点而言,归属到历史学门类的中国史一级学科下较为合适。

南京艺术学院图书馆副馆长孔庆茂教授介绍了该校古籍保护人才培养的基本情况。南京艺术学院人文学院文物修复专业设古籍修复、书画装裱、古陶瓷修复三个方向。其中古籍修复方向以古书画、古籍鉴赏知识为基础,着重培养学生修复古籍的实践操作技能。作为特色鲜明的艺术院校,该校发挥其在书法、国画、篆刻等传统专业方面的优势,重在培养具有良好艺术基础和审美素质的古籍修复人才。在办学过程中,逐步形成了古籍版本鉴定、古籍修复和古籍纸张工艺三个各具特色的课程群。总体来说,注重提升古籍修复的艺术品位,突出实践应用能力,拓宽文化艺术素质,为社会培养综合型艺术人才,是南京艺术学院古籍修复方向办学的鲜明特色。

中山大学图书馆副馆长林明谈道,中山大学与国家古籍保护中心于2014年签署了联合培养硕士生的协议。该校图书情报专业两年前开始培养"古籍修复与保护"方向的硕士研究生。该校硕士生课程设置包括古籍修复基础理论、古籍装帧、古籍修复、国外文献保护等。在课程安排上,理论课程占三分之一,除此之外都是实践操作类课程,要求学生进行大量的修复实践操作。该校"古籍修复与保护"方向的硕士研究生学制为三年,以培养理论与实践并重的技能型人才为导向。

对于古籍的数字化再生性保护,金陵科技学院文献保护研究所所长葛怀东进行了详细介绍,并就该校古籍数字化课程建设的相关问题进行了说明。该校的古籍保护学科以古籍修复专业为基础,建立了文献保护专业。其文献保护专业的课程除古籍修复、书画装裱等基础课程外,以文献数据库设计、文献复制技术、古籍信息系统开发、数字文本处理等课程为教学重点。在实践教学中,加大学生在古籍保护及古籍数字化方面的操作技能,着重培养学生运用现代化信息技术开发、利用古籍数字化资源的能力。

南京市莫愁中等专业学校章学军副校长向与会嘉宾作了主题发言。在多年的教学实践中,该校成立了古籍修复专业专家指导委员会,制定了古籍保护行业从业人员的考核标准,逐步走出一条学历教育与非学历培训并举的人才培养新路子。该校建立了文物古籍修复实训基地,下设书画装裱实验室、文献修复室、修复技能实训室、古籍分析测试中心等专业实验室。章学军副校长还特别介绍了该校正在积极推进的南京"非遗"学院的建设情况,表示学校会不断完善文物修复与保护专业群,并逐步扩展到"非遗"手工技艺类专业群,进而以专业群建设带动教学水平的全面提升。

四、图书馆用人需求与古籍保护人才培养

下午的主题发言由天津图书馆历史文献部主任李国庆主持,来自山东省图书馆、国家图书馆、上海图书馆等单位的嘉宾先后发言,重点从用人单位的角度介绍了图书馆对古籍保护人才的需求状况,并就国家古籍保护人才培训基地开展社会培训的情况进行了交流,以反馈高校古籍保护学科的教学实际,进一步推进古籍保护学科在课程设置、师资队伍、人才培养模式等方面的改进和提升。

山东省古籍保护中心主任李勇慧介绍了山东省古籍保护中心与山东艺术学院合作开展的古籍保护硕士研究生教育的基本情况。山东省古籍保护中心与山东艺术学院于2010年开展古籍修复人才的联合培养,于2016年开设了古籍保护方向的硕士研究生教育。李勇慧还就山东省古籍保护中心开展的人才培训情况进行了说明。为了缓解古籍保护人才不足的困境,截至2017年9月,山东省图书馆已自主或合作举办全省古籍普查登记、版本鉴定等各类培训班十余次,累计培训700余人次。近年来,逐步在全省开展了"古籍修复初级导师""古籍修复初级学员"培训,承办了"第十二期全国古籍普查登记目录审校人员培训班",对全省的古籍保护学员进行了系统培训,获得了良好的社会反响,有力推动了山东省古籍保护事业的发展。

上海图书馆文献保护部张品芳谈道,上海市古籍保护中心认真贯彻落实国家古籍保护中心与上海市文广局的工作计划,组织本市各古籍收藏单位开展了古籍普查、珍贵古籍名录申报等工作,取得一系列阶段性成果。为了进一步加强古籍人才队伍建设,提升古籍修复水平,上海市古籍保护中心组织举办了上海市古籍修复技能竞赛,承办了碑帖整理与鉴定培训班,扩大了古籍保护事业的社会影响。上海图书馆还与复旦大学图书馆合作,派遣上海图书馆古籍修复专家积极参与复旦大学古籍保护专业的授课工作,为高校古籍保护人才教育提供了大力支持。

国家古籍保护中心办公室主任陈红彦详细介绍了自"中华古籍保护计划"实施以来，国家古籍保护中心在古籍保护人才培养方面所取得的主要成果：一是举办古籍保护培训班。自2007年至2016年底，国家古籍保护中心累计举办古籍修复、古籍整理等各类古籍培训班160余期，培训人次达8000多人次。二是自2014年6月以来，在全国12家单位成立了国家古籍保护人才培训基地，各培训基地积极为社会开展了短期古籍保护人才培训工作。三是自2013年起，在国家图书馆成立了国家级古籍修复技艺传习中心，在全国成立了23家古籍修复技艺传习所，继承和发扬了传统古籍修复"师带徒"的教学优势。四是在高校设立了古籍保护专业。国家古籍保护中心已与国内多所高校合作开展了古籍保护硕士教育，着力构建古籍保护学科体系。五是宗教系统古籍保护人才培训效果显著。国家古籍保护中心先后举办了道教、佛教古籍保护培训班，逐步加大了对宗教古籍保护人才的培养力度。六是开展了中华古籍普查文化志愿服务活动。自2015年起，从全国高校招募大学生文化志愿者，协助全国多家古籍收藏单位整理、编目古籍约7.5万种、52万册。

五、古籍保护学科专题研讨

在下午的专题研讨阶段，与会代表重点就"如何建立古籍保护学科体系""如何拓展古籍保护人才培养路径""如何促进古籍保护专业人才的就业"等议题进行了深入交流。参会代表踊跃发言，积极建言献策，全面分析了我国当前古籍保护学科建设过程中存在的问题，就古籍保护学科未来发展的方向和策略达成了诸多共识。

武汉大学刘家真教授重点介绍了自己对古籍保护科学原理与方法的认识，强调了科学研究对古籍保护学科发展的重要作用。她以古籍修复用水为例，反思了水对古籍修复的影响。在古籍修复的调制糨糊、喷洒书页、清洗书页和修书环节中，水都是重要的物质材料，而自来水中含有的有害物质必然不利于古籍的保存，所以古籍修复要采用纯水或去离子水。但在当下国内的古籍保护领域，对古籍修复用水的研究非常薄弱，相关科学理论尚未形成。因此，刘家真教授建议加大古籍保护学科基础理论的研究，要以科研为龙头，带动古籍保护学科的科学化、规范化发展。

北京大学图书馆研究馆员姚伯岳结合自己在北京大学图书馆进行的馆藏

古籍编目经历，简要介绍了北京大学图书馆藏书保护的基本状况，重点介绍了传统古籍保护方法的作用和意义。姚伯岳还专门针对古籍整理过程中版本学与目录学知识的运用、图书馆古文献资源库的建设发表了意见，提出版本学、目录学及现代科技在古籍整理研究过程中的作用，指明了古籍保护学科建设的内容与方法。

甘肃省古籍保护中心副主任宋焱谈道，在国家古籍保护中心的领导下，甘肃省古籍保护中心积极协调全省的古籍保护业务，加强对全省古籍保护行业人才的培训。近年来，已先后承办了两期全国古籍普查培训班，并于2014年顺利入选国家古籍保护人才培训基地。甘肃省古籍保护中心聘请师有宽、何谋忠、曹有林等专家担任古籍修复工作，促进了古籍修复队伍的不断壮大。

辽宁大学丁海斌教授发表了对古籍保护学科归属问题的看法。他倡议在传统文化复兴的时代背景之下，要抓住历史机遇，大力发展古籍保护学科建设。复旦大学图书馆杨光辉副馆长介绍了该校古籍保护人才培养的情况，重点介绍了该校在古籍保护科技运用和文理学科交叉办学方面取得的显著成就。另外，浙江省图书馆古籍部副主任童圣江、郑州工程技术学院文化遗产学院负责人崔勇等嘉宾也在讨论会上作了精彩发言，分别就各单位近年来开展的古籍保护人才培养的情况进行了交流。

六、研讨会总结

会议最后，国家古籍保护中心副主任张志清进行了总结发言。他指出各位专家达成的诸多共识对我国古籍保护学科的长远发展具有重要的指导意义。古籍保护工作是一项责任重大的艰巨任务，而高素质人才的培养又是古籍保护工作的最重要内容。当前，要有效解决我国古籍保护人才匮乏的问题，既要充分发挥高校在人才培养方面的重要作用，也要发挥图书馆在古籍保护人才社会培训方面的作用。希望全国各省市图书馆与相关高校加强合作，在古籍保护学科人才培养模式的探索方面不断突破，以培养实践型、技能型人才为目标，积极创建科学、规范的古籍保护学科体系，为古籍保护学科的繁荣发展做出贡献。

针对国内古籍保护学科和人才培养的现实情况，张志清建议建立完善的学科沟通机制，古籍保护学科建设研讨会要持续召开，以便及时交流工作经验，切实促进古籍保护学科建设水平的整体提升。张志清还就文化部印发的《"十三五"时期全国古籍保护工作规划》作了简要分析。张志清指出,"十三五"时期,国家古籍保护各项工作的力度将逐步加大,国家古籍保护中心也将进一步创造条件,发挥高校在古籍保护教学科研方面的优势,不断加强对高校古籍保护人才培养工作的支持。并积极为高校与图书馆用人单位之间搭建沟通的桥梁,多方面促进高校古籍保护人才的培养与就业,为创建具有中国特色的古籍保护学科体系,为继承中华民族优秀文化,为繁荣社会文化事业做出贡献。

(作者单位:山东艺术学院)

对古籍保护学学科建设的再思考

陈红彦

以政府为主导的全面的中华古籍保护,作为一项功在当代利在千秋的重要国家工程,自2007年拉开序幕,迄今已经走过十年,十年间古籍保护工作的内容在不断拓展,古籍保护人才队伍也在不断扩大。哪些工作内容属于古籍保护的范畴,哪些是在古籍保护工作入职前必须具备的知识储备和工作能力,需要我们进一步思考和完备。

一、古籍保护工作及从业人员

(一)古籍范围的扩展

古籍指的是产生于1912年以前,具有古典装帧形式的书籍,主要指汉文古籍。十年间,出于古籍保护的需要,古籍的范围不断扩展,以已经公布的五批《国家珍贵古籍名录》而言,囊括了汉文古籍、少数民族文字古籍、外文古籍;从载体看,甲骨、简帛、敦煌文献、古籍、地图、石刻文献等几乎无所不包。

(二)古籍保护工作的拓展

古籍保护的方式包括原生性保护和再生性保护。所谓的原生性保护,主要针对古籍本身的保护。十年间全国从事古籍修复的人员增长十倍,抢救修复数量随之大幅增加,为珍贵古籍续命成为更多人参与和关注的事情;在修复的同时,为珍贵古籍制作装具以改善微环境,修建古籍库以改善古籍的保存环境,成为更多收藏单位的共识,并多付诸实践;通过脱酸技术,去除酸化物质,延长古籍生存时间等技术逐渐走向成熟;此所谓原生性保护。与此匹配的古籍工作在采编阅藏的传统业务之外，更多地通过出版、缩微、数字化来增加存储和阅读方式，扩展传播途径，并让珍贵文献化身千百，实现孤本不孤，实现了对原件的间接保护，方便了社会利用：此为再生性保护。近年还扩展了通过展览让古籍走出地宫，使百姓近距离观看古籍的服务，通过讲座、影视、文创等让更多的人认知古籍，更自觉地保护民族文化遗产，增强民族文化自信，提升文明素质，满足社会需求。

（三）古籍保护人才队伍的改善

经过十年的累积，古籍保护人才越来越多，这主要得益于高等院校培养的相关专业人才的注入，新员工入职后的再选择和根据业务发展需要实现的进修，师徒间技艺传承等。通过多措并举，人才不足的状况有了明显改善。

（四）古籍保护人才队伍的现状

以国家图书馆为例，国家图书馆古籍馆现有在编人员141人，其中90%以上具有正规大学本科毕业水平。所涉及的专业有中文（古典文献、汉语言文学、古代文学等）、历史（古代史、近代史、世界史）、地理、宗教、考古文博、少数民族文字、信息情报学、外语、化学、生物、美术史、材料学、制浆造纸、计算机技术等。与其他单位相比，人员数量和专业配比已是令人称羡。

存在的问题是，经过学校教育，拥有不同知识背景的毕业生到工作岗位，由于学校阶段是单一专业，缺少复合型人才，在实际工作中依然无从下手。要将知识融入工作，学有所用，独立承担相关的业务，依然需要较长的继续学习阶段。更有甚者，经过几年的实践，有的人发现自己实在无法胜任这样的岗位，不得不重新选择职业。

就全国而言，以修复人员培养为例，修复人员十年前的增加是由于事业的感召，一些学历史、学信息管理的硕士、博士加入了修复人员的行列，通过培训的方式初步入行，提升了修复队伍的学历层次。而其中一部分人的保护修复的基础及动手操作能力依然欠缺，一些人又陆续改回原来的岗位，未能持续。尽管从事修复的人员目前已近千人，但面临成熟期的考验，或许其中的一部分人还有重新选择职业的可能。

二、古籍保护人才培养与实际工作要求衔接存在的问题

(一)学校教育与从业需求错位

1.学校教育阶段专业选择的盲目性

就目前的教育体制而言,学生高考或研究生考试选择专业时完全凭爱好或者对就业前景的模糊认识,所以在学习阶段,对就业后的专业知识需要无从了解。加之由于越来越艰难的就业选择,就职时所学能为所用已经属于最好的选择,所以学校所学缺乏与工作所需的有效衔接。

2.职业选择的盲目性

就学生选择单位和职业而言,由于就业难,一些毕业生选择与古籍保护相关的岗位首先希望解决户口,其次收入能让自己温饱,学有所用至少不是首要目的,所以就业阶段,学用匹配度高的不多。对目前用人单位选择毕业生而言,经过公务员考试的筛选,经过户籍的淘汰,留下的新员工很多情况下对二十余年寒窗苦读的专业在未来的职业中有多大利用空间并不了解,甚至在进入面试阶段时仍对将要从事的职业一片茫然,入职后几乎是重新学习,不断进行知识重组,并根据需要再进修。对一些实践性、操作性很强的工作更是如此,如古籍修复、古籍鉴定、古籍数字化、古籍出版、古籍保护等。职业生涯需要的知识、能力和学习阶段专业培养的内容衔接空隙较大。

在学校教育与职业需求的错位中,所学非所用,教育资源浪费,与用人单位需求的不满足形成了一道难以逾越的鸿沟。

(二)学校教育阶段学习内容选择的非针对性

1.课程设置的非针对性

目前学校的专业主要对应古典文献(历史文献)、文化遗产、书画修复、考古等,分属于中文、历史等一级学科,教学安排各有侧重,但没有调查相关工作需要什么基础理论与实践的支撑,各个学校的课程安排甚至是根据教学人员的有无,这种脱节造成的困惑显而易见。

2.课程选择的盲目性

囿于教学条件,学生选课更多地根据兴趣和学分要求,鉴定、修复的实践课很多时候只是走马观花,或根本不安排,即便安排也放在临近毕业阶段,造成学

生选择余地不足，入职后普遍感觉知识储备不够。

3.课程设置的僵化性

根据现行教学模式，课程设定和调配缺少灵活性，许多课程多年不变，与实际需求相比存在滞后现象。

近年，为满足古籍保护的需要，各地办学培养古籍人才热情极端高涨。南京市莫愁中等专业学校、金陵科技学院、首都联合职工大学国图分校、中山大学、复旦大学、中国社会科学院研究生院、天津师范大学等院校与原有的北京大学考古文博学院、中央美术学院人文学院文化遗产系中既有的学历教育一起，逐渐形成从中专到硕士、博士研究生的人才培养体系，非常可喜。课程如何设置才能满足古籍工作的需要，如何完备针对古籍保护的学科建设，成为必须解决的问题。

笔者对上述几家教育机构的课程设置进行了初步调研，学校设置的课程主要有政治、外语等通用课程及中国通史、中国美术史、世界美术史、中国古代典籍史、古代汉语、版本目录学、书画修复装裱、古籍装帧、校雠学、民国文献保护、文物摄影、古籍数字化、古籍鉴定、古籍保护、文献编纂学、国画技法、书法篆刻、档案保护技术、古籍信息系统开发、古籍修复、美术基础、印刷工艺、博物馆管理、中国文化史、文化人类学、文物保护技术、博物馆设计初步、博物馆陈列艺术设计、博物馆陈列内容设计、博物馆藏品管理、图书馆学、艺术品收藏鉴定等。针对未来可能的工作应用，其实际操作性显得不足。

(三)用人机构需求

1.学历教育复合型

以国家图书馆古籍馆工作为例，近年入职的年轻同事多为古典文献、历史、文学、化学、美术史、书画修复、考古、古籍修复、材料学等专业毕业，但专业训练的单一性在工作中造成无法全过程贯通，制约整个过程的实现，如学修复、化学等专业的年轻同事对中国古代书籍史和古籍的内容缺乏基本了解，在修复过程中特别是制订修复方案时缺乏自信，付诸文字时难以下笔。需要在学习时增加相关课程的学习。

2.实际操作型

2017年，中国社会科学院研究生院的第一届古籍修复鉴定方向的专业硕士研究生毕业。在学习期间，有五位同学在国家图书馆进行长达五六个月的实习，掌握了初步的修复、数字化、目录制作技能，在入职时很受欢迎。现在五人中有两位择业时与用人单位双向选择,从事古籍修复工作。在调查这几位学生时,他们对几个月的实践课安排比较满意。实践课帮助他们尽早介入了工作,通过实践,能检测个人的专业能力,为选择终身职业打下基础。学生希望实践时间更长些,这样他们就能更熟练地掌握技能,参加工作时可以更加得心应手。

3. 应变和继续学习能力

根据工作单位的需要,在掌握全面的知识、技能背景下,可以较快适应岗位的变化,成为复合型人才,更好适应单位对人员的要求。

三、课程设置对于需求的不足

(一)相对工作需求而言,目前学校教育的课程设计中针对性不足

基于古籍工作的实际需要,从鉴定、编目、读者接待、保护修复、数字化、文化推广来说,目前学校期间的课程欠缺明显,如理论上的管理学、文献学、法律、物理、化学、生物学等基础理论,实践上的库房管理、与读者沟通技巧、数字化设备与数据库构建、档案的建立、展品陈列运输与管理、美术基础、工艺史、藏品复制、计算机操作、标准制定、职业道德等,都是古籍保护所需要的,但学校阶段相关专业很多并不涉及。

(二)实践环节不足

国外学历教育期间,安排专业实践时长远远超过国内,半年到一年的占比例较大。这种安排使得学生能较快地适应工作需要,也方便了用人单位和学生的双向选择,促进更好就业。国内的实践时长及实际效果远远不够,需要加强。

(三)职业需要的跨学科教育薄弱

古籍行业需要的知识背景是复合型的,需要多学科的知识,但是古籍行业招生时多为人文学科,古籍保护机理等知识在这样的专业难以学到,跨界跨学科很难做到。

四、学科建设

(一)古籍保护学的必要性

从上述职业要求中,我们可以认识到,古籍保护是一门综合学科,也是交叉学科,或是边缘学科,不仅需要文史知识以保证对保护对象历史背景的了解,也需要物理、化学知识来对其制作、书写材料进行检测分析,同时还需要与古籍相

关的一些知识，如国外展览的展品运输、展前维护、布展等环节离不开修复师的参与，以确保展品的安全。对过程中涉及的法律、伦理等也必须了解并遵从。其课程设计全面综合，值得我们认真琢磨。

相对而言，我国文献保护与修复的学历教育在课程设置上存在一定的欠缺，北京大学考古文博学院招生时文理兼收，教学兼顾内容的了解和手段的掌握，其他高校招生时多为文史专业，与古籍保护密切相关的历史文献学、考古学与博物馆学、中国古典文献学、材料学等均属于二级学科，分属于历史、中文等不同的一级学科；修复需要的文史法律相关课程和修复过程记录、材料分析等需要的理工科的内容，在学历教育的安排上很难统一。这与我国的学校教育在高中阶段即开始文理分科有关。

如果要适应古籍保护的长久需要，设置古籍保护学学科非常必要。

(二)古籍保护学操作的可行性

经过几十年的准备，特别是"中华古籍保护计划"开展十年来的投入和发展，古籍保护学学科所需的教学科研力量已基本具备，实践与理论结合、用人和育人结合已经形成机制，古籍保护学的学术研究和学术支撑逐步建立起来。设立古籍保护学作为一级学科，已经成为一种发展的需要。整合教学资源，形成古籍保护学学科基本框架，使学科结构更加科学合理，是形成集理论与应用于一体的高级古籍保护人才队伍，使我国古籍保护与世界先进国家接轨所必需的，也是古籍工作者的期待。因此设置古籍保护学学科不但必要，而且可行。

(三)学科下不同方向的设置与就业衔接，增强可操作性

"学以致用"，学科的设置目的在于培养更多的适用人才，适应事业发展的需要。古籍保护学本科阶段作为基础，研究生阶段可以设不同方向，如古籍鉴定整理方向、古籍修复保护方向、古籍数字化方向等，使学生就业时有更明确的方向。

总之，古籍保护任重道远，促进学生在教育阶段尽早入行，对这项宏伟的事业将会形成更好的人才保障。另外，建设古籍工作者进修制度也是行业发展的需要，规定从业人员每年用一定的时间学习新理论、新技术，实现知识结构合理和保护技术更新，将大大提高从业人员的职业素养和知识水平。这也是这个时期急切需要的。

(作者单位:国家图书馆古籍馆)

关于古籍保护学科的认识与实践

孔庆茂

古籍保护是一门全新的综合性的学科，它具有很强的实践性，同时也要求我们从实践出发，并且上升到理论，从专业建设的角度探索古籍保护学科建设的理论问题。

南京艺术学院文物鉴赏与修复专业成立于2005年，至今已经走过十多个年头。我们一直在办学实践中思考、摸索、总结，我主要把我们在办学实践中的做法与想法提出来，以就教于各兄弟院校。

一、课程设置

我们学校的这个专业叫文物鉴赏与修复专业，在教育部最新颁发的学科目录中，是在艺术学门类中，美术学一级学科下，设一个文物保护与修复专业。这是与全国其他高校开设的古籍修复专业不同的地方。这个专业分陶瓷、古籍、书画三个方向，重点在于培养学生对文物的保护修复技能。就古籍修复方向而言，主要由两大板块构成，一是鉴赏，二是修复。鉴赏是修复的基础，着重培养学生对古籍版本的鉴定鉴赏能力，如对版本的鉴定，对古籍文物价值、艺术价值的欣赏能力。基于这种定位，我们的专业办学主要由三大块构成：

一是文物基础课，如古代汉语、中国古代史、中国考古学通论、博物馆学等。主要是为以后的发展打基础的。

二是鉴定课，用一个学年144课时，着重培养学生对古籍版本的鉴定能力，要对各个朝代、各种类别的古籍都能鉴定与判断。围绕古籍保护，我们还要学相关的专业课,如古籍装帧与制作、印刷工艺、造纸工艺、碑刻传拓技术等。

三是修复课,是着重培养修复技能的,分三个阶段。大二时修复课1是初级阶段的修复技能,三个方向都要学。同样,古籍方向不仅学古籍修复,也要学陶瓷修复、书画装裱基础课。大三时学修复技能2、3,限于古籍方向的学生,在前面课程的基础上,从民国时期平装书到线装古籍,要求更高。到大四阶段,还有一个更进一步的修复专题研究,选择年代较早、有较高价值和修复难度的古籍进行修复,也是为毕业展做准备。

我们从2009年起开始招收硕士研究生,2013年起招收博士研究生,都是学术型研究生,重点放在艺术古籍文献的研究与保护上。2016年开始招收古籍保护方向专业硕士研究生,与其他高校不同,我们的专业硕士研究生也是三年制,重点是古籍修复与保护研究。

二、实践环节

文物鉴赏与修复专业的实践性特别强,如果只有理论没有实践,可以说是注定要失败的。因此我们在教学中,特别注重学生的动手实践能力。首先是课堂上的动手实践能力。像古籍修复1、2、3、4系列课程,主要以动手操作为主,老师在课堂上讲的知识,要化为学生的具体动手操作。还有如传拓技术、篆刻也都是实际动手操作的课程。

鉴定课是理论与实践并重的课程。课堂上除讲授各个时代、各种不同形式的版本鉴定的知识之外,还要做大量的鉴定练习,让学生看各种不同时代、不同形式的版本,根据字体版式、纸张、避讳字等来鉴定版本。

其次是课外的实践锻炼。我们的鉴定课有时会到图书馆上,让学生用所学的知识对馆藏的古籍进行鉴定实践,在实践中提高鉴赏能力。每年我们都会结合南京的拍卖会,如江苏真德、江苏凤凰集团古籍拍卖会的预展,让学生现场观摩鉴定古籍。古籍班的同学还承接校内或社会上一些收藏单位古籍的修复工作。也选一部分同学为我校图书馆馆藏古籍做修复,几年来为我校图书馆修复古籍多种。我们现在跟南京栖霞寺也在进行合作,对栖霞寺所藏二三十万册佛经进行版本鉴定和保护修复。

在研究生层次的办学上,因为我们的学生大多经过四年的动手实践,在修复手工技艺上有了一定的训练,研究生阶段着重培养他们的修复技能、技艺,以及对纸张、修复材料等方面的研究。学生有三分之一以上的时间都在动手实践。关于学位论文，要求在修复操作的基础上进行一定深度的理论研究，不能像本科生一样写修复的程序与总结。专业硕士研究生的论文至少要两万字以上。

三、立体办学

经过十多年的努力，我们初步形成了本科、硕士、博士三个层次的立体办学。在本科层次上，主要培养学生古籍修复的动手操作能力，他们的学位论文是关于古籍修复的实践性的论文，要求实践操作上升到理论层面进行总结。

硕士和博士研究生层次，着重写关于古籍版本研究或古籍保护的论文，要求有一定的理论深度。

作为艺术院校的古籍保护专业，与普通高校中文系古文献专业有相同的地方，更要有所区别。普通高校古文献专业的古籍版本研究，着重从目录、版本、校勘、训诂方面进行学术研究；艺术院校虽然也强调目录、版本、校勘，但侧重在艺术学领域，研究古籍的文物价值、艺术价值，研究纸张、刻版工艺、印刷技艺等。我们这几年在这些方面进行了一些探索，比如让硕士研究生研究古籍的字体、纸张、刻工，古代的版画及套印技艺等，让博士研究生做木刻套色水印比较研究与笺纸制作及价值研究等。虽然也取得了一些成绩，如一位硕士研究生的论文《古书竹纸研究》获得江苏省优秀硕士论文奖，但总体感觉还比较单薄、人数少，形不成一个团队。

四、思考与建议

十多年来，我们的学生分布在全国各地，如第一历史档案馆、南京博物院、南京图书馆及中山大学、华东师范大学、南京师范大学等高校图书馆，还有各地拍卖行，都有我们的学生，取得了一定的成绩。

但在办学中，我们还是有不少困惑，相信在座的各位兄弟院校的同行也有同感。在困惑中思考，我们形成了一些不成熟的意见，向各兄弟院校求教。

一是学科属性不明。古籍修复保护这个专业，并不等同于中文系的古文献专业，也不同于图书馆专业。它是一个交叉学科，包含古籍纸张材料工艺、印刷技艺、修复材料及实验等多种学科，这个专业至今没有它明确的身份，我们是放在艺术学门类，美术学一级学科下来招生的。这种归属感觉也不够妥当。如关于纸张制作技艺、关于修复材料实验,都超出了美术学的范畴。

二是缺乏有丰富实践经验的人才。对纸张的保护实验材料分析,需要具有一定的生物、化学知识,对于我们这样的艺术院校来说,缺乏这样的师资,只有外请。目前我们的实验室已经建成使用,但许多设备还不到位,更重要的是缺乏这方面的专门人才,师资力量跟不上。还有关于古籍的刻版技艺、套印工艺等,人才极为匮乏,我们只能到扬州、苏州观摩,无法开设出课程。我们现在跟南京博物院文物保护研究所合作,尽量利用他们的师资和科研设备解决我们的急迫问题。我们与意大利博罗尼亚大学联合培养文化遗产保护与修复专业研究生,也是想利用他们在材料分析、实验等方面的条件,利用他们最新的科技成果,让学生在传统的动手技能之外,学会掌握应用高科技修复的一些技术。

三是生源的困惑。古籍保护是保护古文献的,从这个特点看,最理想的生源应当是中文专业有较好的古文阅读能力的学生,现有的艺术院校的学生在这方面较弱,虽然我们在一年级就开设古代汉语、中国古代史等课程,培养大家的古文字识读能力,但目前看效果仍不够理想。许多学生连古书都看不懂,做版本鉴定和数字化保护就更加困难。

四是师资水平有待提高。大多数老师是近几年新进的年轻教师,缺乏实践经验,理论水平也有待提高。作为综合性、实践性很强的古籍保护专业,这样的师资水平显然是不够的。希望国家图书馆定期举办古籍鉴定修复、数字化等方面的培训,高等学校多培养高水平师资队伍,或组织到日本、美国等先进的国家学习古籍保护的经验,尽快使这门新兴的学科走上正轨。

(作者单位:南京艺术学院)

现阶段古籍数字化人才的培养

葛怀东

古籍保护人才的培养不仅需要长期的专业学习，更需要实践经验的积累。"中华古籍保护计划"实施至今已十年，其间对古籍保护专业人才的培养工作一直持续进行，其重要性日显突出。国家图书馆副馆长张志清在全国古籍保护工作会议上指出，"人才培养一直是国家古籍保护中心的工作重点"。

中华古籍是重要的历史文化遗产，承载着丰厚的历史和文化内涵。而古籍数字化这一新兴技术模式有效地保存了现存古籍资源，并借助信息技术挖掘其中隐含的知识内涵，引领着未来古籍整理及利用的发展方向。近几年随着古籍资源加工及利用的深入开展，专业古籍数字化人力资源的匮乏已成为制约古籍再生性保护发展的瓶颈。因此，完善古籍数字化专业人才的培养已势在必行。

一、古籍保护背景下的古籍数字化人才

作为保护与传承珍贵古籍的重要手段，古籍数字化可以真实、清晰地反映古籍原貌，并借助网络等媒介提供给大众使用，从而促进古籍传播，开创古籍利用与服务的新模式。而古籍数字化人才正是随着古籍整理与古籍数字资源开发而形成的一类特殊的专业人才群体。

古籍数字化具有十分鲜明的跨学科性质。这是因为古籍数字化的重点在于信息技术与古文献学的融合，它不是简单的拼凑或叠加，而是融合原有基础上的提高与创新，并且会随着时代的发展而渐变。从古籍数字化的角度来看，是研究新技术、新环境下的古籍整理的问题；而从信息技术的角度来看，是研究、拓展数

字技术在古文献学中的应用①。

因此,古籍数字化人才主要是指对古文献学、古籍整理与保护、信息技术以及数字化加工流程都比较熟悉或精通的复合型人才。这类人才要以继承和弘扬优秀传统文化为内核,以信息技术为支撑,建构合理的知识结构体系,既能从事古籍整理方面的基础性工作,又能开展数字化古籍的加工,同时还能承担古籍数字资源库的建设及运营管理等。

数字化背景下的古籍数字化人才应具备以下特点:(1)交叉性,即古籍数字化人才在精通信息技术的同时又通晓古文献等相关学科的知识,具有跨学科的知识背景;(2)实践性,即古籍数字化人才应具备实际操作和建设古籍数字资源库的能力,因为古籍数字资源库的开发不仅仅是单纯的理论问题,在具体实施过程中更需要一定的系统集成能力;(3)拓展性,指古籍数字化人才应具备不断更新知识、学习新技术、学习新知识的能力,这是由信息技术发展迅速、变化非常快的特点所决定的。

二、当前古籍数字资源库的建设

古籍的数字化是以保存与普及传统文化为目的,通过利用现代信息技术,对古籍文献进行加工、处理,形成大型资源库,用以揭示古文献中所蕴含的信息资源。经过近30年的不断开发,我国的古籍数字化工作也取得了显著成果。截止到2012年初,我国各级馆藏机构已经拥有超过20亿字的数字化文本及图像格式的古籍,并形成了较为成熟的古籍数字化技术和标准②。目前,国内较系统开展古籍数字化工作的机构主要有三类,即图书馆、学术机构和相关数字化企业。据2010年武汉大学"版本文化遗产保护与开发利用机制研究"课题组的不完全统计,我国大陆地区约有179家单位从事古籍数字化项目的开发,并生成包括古籍书目数据库、古籍全文数据库在内的各类数据库415个③。

古籍书目数据库方面,大部分的古籍馆藏机构都建立了古籍书目数据库。

---

① 葛怀东:《古籍数字化的学科建设》,收入首都师范大学电子文献研究所编:《第二届中国古籍数字化国际学术研讨会论文集》,五洲传播出版社,2011年,第66~72页。
② 梁爱民、陈荔京:《古籍数字化与共建共享》,《国家图书馆学刊》2012年第5期。
③ 李明杰:《中文古籍数字化实践及研究进展》,收入陈传夫编:《图书馆学研究进展》,武汉大学出版社,2010年,第958~1045页。

随着古籍普查工作的全面展开,有关古籍文献类的书目数据库更加完善,如2016年9月"全国古籍普查基本数据库"正式对外发布。全文数据库方面,也涌现了大量古籍数字化成果,较有代表性的包括国家图书馆古籍数字资源库、北京大学数字图书馆古文献资源库、中华书局的中华经典古籍库、中国基本古籍库、大学数字图书馆国际合作计划(CADAL)、文渊阁《四库全书》电子版、瀚堂典藏等。同时,我国港台地区在中文古籍数字化上也取得了一些颇有影响的成果。

2007年《国务院办公厅关于进一步加强古籍保护工作的意见》(国办发〔2007〕6号)中就明确指出,要"规范古籍数字化工作,建立古籍数字资源库"。2011年《文化部关于进一步加强古籍保护工作的通知》(文社文发〔2011〕12号),要求"加快古籍的数字化建设","使古籍保护工作的成果为全社会共享"。这是当前大力推进古籍数字化建设的有利契机。

我们能否适应古籍数字化的发展态势,能否充分利用现代化先进技术加强古籍整理和开发利用,决定于我们是否拥有一支既具有古籍传统专业知识,又能够熟练运用现代计算机技术来整理和开发古籍的人才队伍。因此,古籍数字化人才的培养,对推进我国古籍数字资源建设具有十分重要的现实意义。

三、古籍数字化人才培养的现状

古籍数字化工作是一项系统化工程,涉及多门学科知识。从数字化古籍加工的业务流程来看,古籍数字化不仅涉及传统古籍整理的知识和技能,诸如版本、目录、校勘等,而且还涵盖当前最成熟的信息技术,包括古籍专用OCR自动识别技术、汉字字符集编码、古籍数字化图像处理、元数据标准、数据挖掘、GIS等。因而,配备专业的古籍数字化从业人员是古籍数字资源开发及有效运作的保证。但我们要清楚地看到,当前古籍数字化人才的培养,无论在教育理论和实践上,还是在数量、层次、形式及质量上,都难以与古籍数字资源开发的快速发展相适应。

(一)高等院校对古籍修复人才的培养

古籍数字化是传统学术方法与现代信息技术的结合,涉及古文献学、信息学、计算机科学与技术、现代通信技术等诸多学科领域,从而形成了学科领域应用的广泛性,也造成了学科交叉的复杂性。另外,国内有关古籍数字化方面的教学及教育刚刚起步,尚缺乏较为系统、成熟的可借鉴经验,在数字化人才培养方面较为薄弱。

1.在相关专业开设古籍数字化方面的课程

国内部分高校的中文、历史和图书馆学系在本科层次及研究生层次开设有古籍数字化方面的相关课程，课程内容多以古典文献的数字化应用和数据库资源检索为主(见表1)。

表1　我国相关高校开设的古籍数字化相关课程一览表

学校名称	院系	专业/学科	课程名称	学位层次
金陵科技学院	古典文献系	古典文献学专业	古籍数字化	本科
复旦大学	中国古代文学研究中心	中国古典文献学	古代文献与数字化	硕士研究生
南京农业大学	信息科技学院	图书馆学	古籍的数字化整理	硕士研究生
北京大学	信息管理系	图书馆学专业	中国古籍资源及其数字化	研究生课程进修班
河南师范大学	历史文化学院	历史文献学	数字化时代古籍整理的理论与方法	硕士研究生

2.古籍数字化领域的专业设置及学科建设

2010年，金陵科技学院在原有古典文献学(古籍修复)专业的基础上，又增设文献保护(古籍数字化)方向，在培养目标上明确提出培养具有扎实的文史知识基础与古典文献整理功底，掌握古籍修复的传统技艺与文献数字化技术，能够熟练运用现代化技术手段进行古籍数字化以及开展数字信息服务的高级应用型专门人才。其数字化课程群包括中国古典文献学、目录学、文献数据库设计、数字文本处理、古籍数字化、文献复制技术、图文设计与制作、古籍信息系统开发、编辑出版实务与技能等，开展古籍书目信息著录、古籍数据采集与加工、古籍文本仿真与复制等方面的专业教学。

2007年，首都师范大学设置了数字文献学科，2013年对外招收硕士研究生，培养古籍数字化高层次人才。与此同时，国内几所重点大学也开始招收古籍数字化专业方向的硕士研究生(见表2)。

表2 古籍数字化领域的专业设置及学科建设统计

招生单位	二级学科	专业名称	学位层次
金陵科技学院	中国古典文献学	古典文献学	本科
首都师范大学	中国古典文献学	数字文献学	硕士研究生
南京大学	中国古典文献学	计算机与古籍整理	硕士研究生
山东中医药大学	中医医史文献	中医药文献数字化研究	硕士研究生
北京大学	图书馆学	古籍资源及其数字化	博士研究生
中山大学	历史文献学	历史文献书目控制与数字化	博士研究生
中国中医科学院	中医医史文献	古籍整理与数字化研究	博士研究生
南京中医药大学	中医医史文献	中医药文献信息学及本草学研究	博士研究生
上海大学	信息资源管理	档案信息化与记忆工程	博士研究生

3.短期古籍数字化人才培训

部分高校根据科研和教学的实际需要，也开展了古籍数字化方面的短期培训班。2012年南京大学中华文化研究院开设了古典文献数字化实验班，其目的在于培养运用计算机数字科技整理、保存古典文献的交叉学科人才[①]。

(二)古籍数字化领域的行业培训

2013年5月，由文化部主办、国家古籍保护中心承办的"全国古籍数字化建设与服务工作研讨会"在北京召开，会议明确从《国家珍贵古籍名录》入手，推进中华珍贵古籍数字资源库建设[②]。为保障"中华珍贵典籍资源库"建设顺利进行，国家古籍保护中心于2012年12月、2013年8月与2014年5月先后举办了三期古籍数字化培训班，共培训来自国内26个省、自治区、直辖市的120名学员。国家古籍保护中心还表示将继续举办古籍数字化培训班，从而形成古籍数字化基层人员培训的长效机制，着力造就一批熟悉和掌握古籍数字化业务的骨干，提高古籍数字化人员的素质。

---

① 南京大学中华文化研究院:《古典文献数字化实验班招生简章》(http://zhwh.nju.edu.cn/App_Page/Content/newsdetail.aspx？type=news&id=111)[2012-08-10]。

② 屈菡:《古籍数字化将走向规范化》,《中国文化报》2012年5月23日第2版。

四、古籍数字化人才培养的对策

古籍数字化工作的良性开展关键在于高素质的人才队伍建设。无论是在《国务院办公厅关于进一步加强古籍保护工作的意见》中,还是在"中华古籍保护计划"的实施过程中,都将古籍数字化人才的培养作为重要的工作内容来进行。数字化背景下古籍数字化人才的培养是一项系统工程,要充分发挥政府、高校、数字企业及科研机构在人才培养上的各自优势,构建多元化、互补性的古籍数字化人才培养路径。

(一)发挥国家古籍保护中心等政府部门人才培养的扶持作用

政府部门如国家古籍保护中心应在"中华古籍保护计划"实施过程中,重点加强古籍数字化人才培养的统筹部署与政策扶持,在重大古籍数字化项目的专项资金中,按比例逐年提高对古籍数字化人才培养、培训的投入份额,并通过专项资金等优惠政策,鼓励和引导数字企业加大对古籍数字化人才培训的投入力度。

(二)发挥高等院校人才培养的主体作用

要有针对性地加强我国高等院校在古籍数字化领域特色专业、重点学科的建设,明确古籍数字化的专业定位,提升古籍数字化的教育层次,完善古籍数字化的学科体系,构建一批能够为我国古籍数字资源产业提供技术支撑的学科群。同时,要加强古籍数字化的师资结构调整与师资力量配备,通过研修培训、学术交流、项目资助等方式,重点培养古籍数字化领域的教学骨干。此外,还要提高古籍数字化实践教学水平,建立一批软硬件设施较先进的古籍数字资源实践教学基地。

(三)发挥数字企业人才培养的导向作用

数字企业要根据古籍数字化行业的发展需求,制定科学合理的古籍数字化人才招聘与选拔标准,有效传递古籍数字化人才的需求信号,从而引导我国古籍数字化人才培养的总体方向。同时,数字企业在古籍数字资源产业发展实践中,要合理安排古籍数字化人才的培训,通过组织岗位培训,实施技术攻关,完善技能传授,加大对古籍数字化人才的二次开发,进而构建一支专业性、实践性与开拓性兼备的古籍数字化从业队伍。

(四)发挥科研机构人才培养的支撑作用

要加快建立国家级古籍数字资源产业基地与技术研究中心,依托国家级古籍数字化重大项目,加强古籍数字化领域核心技术研发人才培养。要构建产学研相结合的国家层面古籍数字化人才培养平台,形成科研院所与数字企业高层次人才双向交流制度,对重大古籍数字化或中文信息处理方面的技术开展联合攻关,通过共建科研平台、开展合作教育、共同实施重大项目,大力开发古籍整理研究与文化传承所急需的古籍数字资源库,培养一批高层次、实践型的古籍数字化创新人才。

(作者单位:金陵科技学院)

复旦大学中华古籍保护研究院研究生人才培养

金 超 杨玉良 高明明 杨光辉

复旦大学中华古籍保护研究院(以下简称"研究院"),是在国家古籍保护中心提议和支持下,由复旦大学图书馆、文物与博物馆系、高分子科学系、生命科学学院等院系合力共建的综合学科平台。研究院于2014年11月份成立,经过几年的发展,已经逐步发展成"国家古籍保护人才培训基地""国家级古籍修复技艺传习中心复旦大学传习所""古籍书目数据研究中心""中华古籍保护技术基础科学实验室""版画与家谱制作中心"等机构并行的综合性科研机构。面对国家急需古籍保护专业人才的现状,研究院旨在培养集古籍保护、修复及科学检测为一体的综合性古籍保护人才,保存和传播中华古籍资源与中华文明。接下来我们将从招生情况、专业硕士生培养、博士生培养、学位点建设四个方面,介绍研究院人才培养的基本情况。

一、招生情况

古籍历经几百年岁月的洗礼,虫蛀水浸,需要专业修复师为其"治病续命",而修复者的理念、经验、技法则直接关系到古籍的寿命。传统的古籍修复师,系通过"师傅带徒弟"模式培养传承,精通修复技术,富有实际操作经验,但却缺乏现代科学理论和新材料的支撑。面临这种状况,古籍保护行业急需一批经过严格理论与实践训练,能够将理论知识和修复实践相结合,提出最佳修复方案的新型古籍修复人才。同时,国内古籍的基础研究不够充分且发展缓慢,无论是对古籍载体——纸张的物理、化学机制认识,还是对其内容(文献)的理解与应用,都还存在一定的研究空间。为应对古籍保护高端专业人才的培养需求,研究院与国家古籍保护中心合作,通过融合校内化学系、高分子科学系、生命科学学院等院系的师资,并结合校外优秀修复专家资源,开设了学制两年(2018年起改为三年)的古籍保护与修复方向专业硕士生招生点和学制三年的高分子材料、文献学与古籍保护方向博士研究生招生点。

2015年,研究院开始招收图书馆情报专业古籍保护与修复方向的专业硕士生,该年度招收11人;2016年招收专业硕士生14人,包括1名马来西亚籍留学生,同时与复旦大学生命科学学院联合培养1名微生物方向的博士生;2017年,研究院开始招收博士生(高分子材料方向与文献学方向各1人),并招收专业硕士生13人。

二、专业硕士生培养

古籍保护与修复方向专业硕士生的招生,挂靠在图书馆情报门类下。该方向既要求学生掌握古籍保护与修复的基础理论知识和专业实践技能,又鼓励其学习和运用与纸张检测、存藏环境相关的化学、物理等知识,为修复、整理、保存古籍提供科学依据,致力于培养出一批既具有沉潜专注的职业素养,又能够适应社会信息化、科学化的高层次、应用型、复合型古籍修复专门人才。

(一)导师团队

专业硕士相对学术性硕士而言,更偏重实际操作与应用。研究院为了更好地培养学生理论与实践相结合的能力,实行"双导师制度"——古籍保护理论导师与修复实践导师共同指导学生。校内导师文理兼备,校外导师理论与实践并重,这种师资配备方式,不仅有益于专业硕士生综合能力的培养,而且对古籍保护这一学科的发展颇有裨益。

研究院的校内导师由院长杨玉良院士领衔,积极依托校内资源,除了充分发掘启用复旦大学图书馆自身的优秀师资,同时还从文博、历史、地理、化学、生物等合作院系聘任一批有经验的专家学者,担任专业硕士生导师。其中,理科方向导师有杨玉良院士(高分子凝聚态物理)、唐颐教授(复相催化、分子筛及无机功能材料)、钟江教授(病毒学)、俞宏坤副教授(材料学)、青年副研究员谢守斌(制浆造纸)、青年副研究员余辉(古籍纸张检测)等,文科方向导师有吴格研究馆员(版本目录学与古籍校释学)、沈乃文研究馆员(版本目录学)、杨光辉研究馆员

(古籍保护及藏书史)、陈刚教授(纸质文物保护研究)、李晓杰教授(中国疆域与政区的变迁)、巴兆祥教授(方志学、区域经济发展史、民俗学与旅游文化)、眭骏研究馆员(古籍编目及明清文献研究)、龙向洋研究馆员(中国文献目录数据整理研究)等。此外,研究院还引进和返聘了一批专家,如著名古籍修复和碑刻传拓专家赵嘉福和童芷珍老师,版画大师倪建明先生,具有多年古籍修复经验的复旦大学图书馆退休职工黄正仪老师等。

校外导师与实践基地建设接轨,研究院充分利用实践基地资源,积极聘任专家担任专业硕士生的校外兼职导师。2015年以来,研究院与多家单位接洽,已在扬州线装古籍印刷公司、扬州市图书馆、扬州双博馆、浙江图书馆、上海图书馆、上海通志馆、安徽绩溪冯良才曹素功墨厂等单位建立实践基地,并签署合作培养协议。聘请上海图书馆的陈先行、郭立暄、仲威、张品芳、邢跃华,浙江图书馆的曹海花、阎静书等,扬州中国雕版印刷博物馆的芮名扬、刘向东等为校外导师。

(二)学分要求

古籍保护与修复方向的硕士生,在读期间需修满34个学分,包括学位基础课5分、学位专业课15分、专业选修课7分、政治理论课3分、第一外国语4分,必修环节6分,其中学位课需要达到27分以上。必修环节包括专业实践与社会实践:专业实践主要是在校图书馆、古籍部等校内相关单位进行,重点培养和训练学生的文献修复与编目技能;社会实践的实践单位由导师和学生共同选择,实践结束时由实践单位总结评分。专业实践和社会实践时间都要求不少于3个月。

(三)课程设置

研究院为古籍保护与修复专业硕士生开设的课程,既术业有专又涉猎广泛,既文理兼备又理论结合实践。课程设置主要包括图书情报理论基础、中国藏书史研究、数据资源建设、古籍编目理论与实践、宋元明清版本学、纸张科技检测、古籍修复与碑刻传拓、木板水印等(详见下表)。同时,研究院突破常规培养模式,推行了特色课程教学、实际案例教学、专业教学实践等特色教学模式。

专家课程:聘倪建明先生为院特聘专家,为硕士生开设传统雕版刻印课程,让学生更直观、感性地接触、认识中国传统印刷术的流程;曾在意大利学习文献保护修复的谢守斌博士,开设双面书写材料书籍修复课,让学生初步接触到纤维素、酒精、灰板、弯针、空白投影片、双面印品修复架等西方修复材料和工具,在了解国外修复技术的同时,对中国古籍的修复也有所启发。

特色课程:"古籍编目实践"特色课程已获得研究生院特色课程项目资助,并配合古籍保护方向其他课程导师,开展编目教学实践。除了在课堂上传授编目理论与实践知识,课程导师还带领同学们赴国家图书馆、上海图书馆、扬州双博馆、扬州市图书馆、浙江图书馆、苏州博物馆、嘉业堂藏书楼等地进行实地考察和实习。

实际案例教学:利用普查数据,对复旦大学图书馆馆藏古籍破损情况做调查,展开古籍研究性修复方案及案例的设计,如古籍搬迁、馆藏古籍 GIS 平台展示、古籍破损率调查、古籍保护学社的微信公众号运营等。

专业教学实践:复旦大学"国家古籍保护人才培训基地",致力于为学生创造更多、更丰富的实习机会,增长专业硕士生实践经历,拓宽眼界。研究院专业硕士生在不同专业导师的带领下,分别赴江苏、浙江、安徽、日本、韩国等古籍资源丰富的地区进行考察学习和调查研究。

培养方案专业课程信息

课程性质	课程名称	学分	总学时	开课学期
学位基础课	图书馆学基础	2	36	第一学期
	图书情报学术规范、方法论与论文写作	3	54	第一学期
学术活动	传统写印与雕刻技艺	3	54	第一学期
学位专业课	信息资源建设	3	54	第一学期
	中国藏书史研究	3	54	第二学期
	信息组织与检索	3	54	第一学期
	古籍整理与保护	3	54	第二学期
	古籍编目	3	54	第二学期
	数字图书馆技术	3	54	第二学期
	古籍修复	3	54	第二学期

(续表)

课程性质	课程名称	学分	总学时	开课学期
专业选修课	古籍修复基础实践	3	54	第一、二学期
	信息分析与可视化	3	54	第二学期
	图情前沿与动态	2	36	第二学期
	古籍编目实践 I	2	54	第一学期
	古籍编目实践 II	2	54	第二学期
	古籍编目实践 III	2	36	第三学期
	古籍保护科技基础	2	36	第二学期
	中国古籍修复的理论与实践(中级)	3	54	第三学期
	汉字源流与书法	2	36	第三学期
	传统雕版的刻印	3	54	第一学期
	《古籍特藏破损定级标准》与馆藏古籍破损调查	2	36	第一学期
	古籍版本鉴定	3	54	第一学期
	双面字迹图书档案之装帧与修复(初级)	3	54	第一学期
	双面字迹图书档案之装帧与修复(中级)	3	54	第二学期

(四)论文要求

研究院要求其专业硕士研究生的论文选题贯彻理论与实践相联系的原则，着眼实际问题，面向古籍保护实务，内容应结合古籍修复、文献学、科技检测等多方面知识，在导师指导下独立完成。学生可采用案例型论文、应用基础研究论文、专项调查报告等多种呈现方式，旨在撰写出既有科学数据支撑、有一定文献价值，又具有修复操作性的专业硕士研究生论文。论文审阅由本专业具有高级职称的专家评阅，其中至少有 1 位具有实践经验的本领域校外专家。评审过程中，重点审核研究生运用所学理论与知识解决古籍保护与修复实际问题的能力。

三、博士生培养

不同于专业硕士生培养对实践课程的重视程度，博士生主要以基础理论研究为主。研究院对博士生的培养要求，除全面、系统、深入地掌握高分子材料、文献学与古籍保护相关的基础理论知识、基本研究方法和实验技能外，还须在充分了解学科现状和最新发展动向的基础上，注重培养广阔的学术视野、独到的学术眼光、敏锐的学术嗅觉和深入的分析能力，具备独立解决高分子材料、文献学与古籍保护领域的理论和应用问题，开展原创性研究的能力。

考虑到博士生的研究方向属于交叉学科，研究院同时开设高分子材料、文献学与古籍保护方向的前沿性专业课程：学位基础课，有中国藏书文化史研究、高等高分子化学等；学位专业课，有材料科学计算方法及数值实现进展、古籍目录版本学、古籍校释学研究等；专业选修课，有高分子材料结构性能与古籍保护、古籍目录学专题研究、近代文献学家专题研究、古籍版本学专题研究、《四库全书总目提要》及"续提要"研究、古籍保护科技、高分子反应的统计理论等。博士生修习学分最低25分，学位基础课3分、学位专业课3分、专业选修课6分、政治理论课2分、第一外国语2分、跨一级学科2分、实践4分，其中学位课需达到27分以上。实践环节要求学生至少参加一门研究生相关课程的教学助理或实验指导工作，并积极参与研究院实验室的建设、管理工作。

四、学位点建设

复旦大学学科齐全，古籍保护与文物保护、文化遗产保护等学科接近，已成功自设"古籍保护二级学科"。研究院的工作，既涉及传统的文物保护，文字、音韵、版本、目录、校勘等文献学知识，中国历史、哲学等人文社会科学背景知识及古籍修复、装裱、造纸、印刷等传统技艺，又涉及物理、化学、生物、材料、信息等现代科学领域。研究院还在古籍保护实践中，将古籍保护的研究经验和实绩总结和上升为理论，即古籍保护学，以研究古籍的长期保存与科学保护为主要内容。在现有的学科体系中，古籍保护学显然是一门综合性的交叉学科，需要多学科的平台支持和更广阔的学术视野。复旦大学的学科建设平台支撑条件完备，研究院在古籍保护高层次、复合型人才培养上形成特色并已经具有多学科融合的教学科研团队，这些都为古籍保护博士点建设提供了条件并奠定了厚实的基础。

(作者单位：复旦大学)

评某些材质对古籍长期保存的影响:水、纸板与木材

刘家真

古籍的装具,特别是古籍的内装具及直接接触古籍的纸张、隔板等,对古籍保存具有较大的影响。良好的装具可以在古籍周围构成利于保存的微环境,除具有防潮、防尘、防污、防指印等作用外,还能有效防止环境中的污染空气对藏品的损害。但若装具的材质具有酸性或是含有其他可能给书页带来伤害的杂质,就会加速古籍的损坏。

此外,水也是与维护古籍关联较多的材质。例如修复中,基本少不得水。现在的古籍修复工艺绝大多数是传统的,也就是沿袭古代流传下来的工艺。传统修复的方法与技艺是中国的非物质文化遗产,但所用的材料就是现代的了。人们关注修复用纸的选择,希望尽量能够得到古纸去修复古籍,或是选用与原书相近的手工纸去修复,但却忽视了水这个关键的要素。好像水千百年来都没变,却不了解闪亮、透明的水滴中隐藏了太多看不见的秘密:与古时相比,水的纯度发生了根本的改变,简直是面目全非了。用未经过净化的自来水去修复古籍是不利于古籍的长期保存的。

1 水

水在修复古籍的过程中是用途最广的材料,调制糨糊、喷洒书页、洗书都需要水。水的纯净程度与成分直接影响到修复的效果,以及古籍的长期保存。但从古至今,水的形态虽然没有发生改变,但水的成分变化很大。

水是一种很好的溶剂,由于自然因素和人为因素,水中含有各种各样的杂质。古代的水没有被工业生产污染,主要含有的杂质是来自大自然的污物,包括

悬浮在水上的杂质及微生物,因此经过过滤就可以直接用于修复。

现代的工业污染使得水源不仅含有自然界的污物,还含有大量的工业污染物,其中包括化学性物质与放射性物质。

经过自来水厂的处理,从理论上讲,大部分不溶于水的物质以及有害人体的杂质和微生物基本被清除了,但净水处理中的某些化学品可能残留在自来水中。因此,2012年7月1日起,中国强制执行的饮用水标准,其检测的对象有化学物质、微生物与放射性物质等。其化学物质指标为氟化物、氯化物、砷、硒、汞、镉、铬(六价)、铅、银、硝酸盐、硫酸盐、氯仿、四氯化碳、苯并(a)芘、滴滴涕、六六六。

经过金属管道的长途传输,自来水还可能夹杂管道中的金属微粒等。由此可见,用户直接可用的自来水成分复杂。自来水若直接用作修复用水,这些杂质就会被纸张吸附,为今后书页的保存带来风险。因此,用于修复的自来水需要净化处理。

1.1 修复用水净化方法

目前主要有三类净化方法:一是通过RO逆透纯水机获得纯水(RO纯水并非市场上的纯净水);二是通过离子交换树脂交换柱,净化得到去离子水;三是购买蒸馏水。这三种水的制作成本不同,纯净程度也不同。

(1) RO逆透纯水机

RO逆透纯水机源于美国太空技术,在20世纪90年代引入我国。逆渗透(Reverse Osmosis)是一种薄膜分离技术,依靠逆渗透膜在压力下使溶液中的溶剂与溶质分离的过程来获得纯水。由于逆渗透膜上的微孔极小,采用该技术制备的水为纯水,其特点是去掉了水中的全部电解质与非电解质,即去掉了水中的全部非水物质。

(2) 去离子水(Deionized Water)

普通水含有相当多的杂质离子,如纳离子、钾离子、钙离子、铁离子等阳离子以及氯离子、碳酸根离子或硫酸根离子等阴离子。当普通水通过离子交换树脂交换柱时,水中的阳离子、阴离子与交换柱中的阳树脂的H^+离子和阴树脂的OH^-离子进行交换,使流出来的去离子水不再含有这些杂质。

去离子水虽然用离子交换树脂去掉了水源中的金属阳离子及某些污染物的阴离子,但仍可能有一些有机物以非离子形态存在其中,即去离子水中仍然存可溶性的有机物,这点是与纯水(RO 水)的区别。

去离子水的特点是:去掉了溶于水中的电解质物质,但去离子水中可能含有不能电离的非电解质,如某些溶入水的有机物。这种处理方式的成本低于 RO 纯水。

水的电导率是水传导电流的能力,是电阻率的倒数。常采用毫西门子(mS/cm)或微西门子(μS/cm[microS/cm])作为度量单位。水越纯净,含盐量越少,电阻越大,电导率越小。若电导率低于 0.056 μS/cm,水中其他杂质离子基本都没有了。

我们可以通过水的电导率进一步地辨别通过不同方法净化的水:

高纯水的极限电导率为 0.0547 μS/cm;

去离子水的电导率一般为 0.1~1 μS/cm;

蒸馏水的电导率为 3~5 μS/m;

市售纯净水一般含微量杂质,其电导率为 5~10 μS/cm;

矿泉水中有很多可溶性矿物质,其电导率一般较高,多数为 400~1000 μS/cm;

一般自来水的电导率为 125~1250 μS/cm。

(3)蒸馏水

蒸馏水是指用蒸馏方法制备的纯水。由于水经过一次蒸馏难以除掉一些不易挥发的成分,所以就有了二次蒸馏,也就是重蒸馏水,它的纯度比一般蒸馏水更高。蒸馏水以去除电解质及与水沸点相差较大的非电解质为主,无法去除与水沸点相当的非电解质,所以可能残留某些可以溶于水的有机物。

1.2　洗书用水

直接用自来水洗书是不推荐的,因为里面含有太多有害纸张的成分,会为书的长期保存带来隐患。提倡用净化过的水清洗书,或是用净化过的水配置弱碱性溶液清洗书页。

我国古代有相关实践的记载。最早在唐代的《历代名画记·论装背裱轴》中记载:"古画必有积年尘埃,须用皂荚清水数宿渍之,平案扦去其尘垢,画复鲜明,色亦不落。"明代《装潢志》也提到用皂角水洗书:"如霉气重,积污深,……或皂角亦可。"皂角即皂荚,皂荚果实富含胰皂质,故可以煎汁代替肥皂使用,可见其弱碱性。

一般说来,提高水的 pH 值和水溶液的温度可以提高清除纸张变质产物的能力,但随着溶液的 pH 值的增大及浸泡时间增加,对字画颜色、印刷字迹的影响也会增加。因此,洗书用水的碱性、温度及时间应当依据被洗书页的状况来做不同的处置。

至于究竟什么样的水温是风险的临界点,受本人现阶段研究所限无法回答。但对于洗书用水的碱性,国外文献有所总结[1]。

(1)中性水(pH 值为 6~7)

适于处理的对象:一些对碱水溶液比较敏感的字迹,或是纸张高度脆弱的,或是过度漂白的纸,用中性水洗比较好。若加些中性的碳酸钙、碳酸镁,可以提高清洗纸中酸的效果。

(2)pH 值为 8~8.5 的碱水(稀释后的氢氧化钙水溶液)

适于处理的对象:陈旧但纸质尚强韧的旧书可以经受 pH 值为 8~8.5 的碱水溶液清洗。

需要的药品:使用稀释的氢氧化钙水溶液就可以有较好的脱酸效果,还可以在洗后的纸中添加少量的钙。

配置方法:新鲜的氢氧化钙饱和水溶液与水的比例以 1:1000~2:1000 为宜。

氢氧化钙水溶液就是澄清的石灰水,它属于中强性碱。用生石灰加水就可以配置。但配置时要注意,氢氧化钙的溶解度随温度的升高而降低,溶解过程中会释放出热量。

(3)pH 值大于 8.5 的碱水

适于处理的对象:状况比较好的书页可以考虑用 pH 值为 8.5 以上的碳酸氢钙水溶液处理。经过处理后还可以存储些碱在书页中,缓解日后酸的影响,这种方法是最佳的。

需要的药品:采用碳酸氢钙,它比较容易溶入水。碳酸氢钙(360 mg/L)没有碳酸氢镁的溶解度高,所以碳酸氢钙溶液的 pH 值要低些。氢氧化钙(900 mg/L)水溶液的 pH 值最高,对纸的脱酸处理也是最好的。在配置时请大家注意:碳酸氢钙属微溶性物质,溶解度要比碳酸钙大得多。

澳门同行选择过碳酸氢钙水溶液(7.3 g/L)洗书页,这要比国外文献介绍的浓度更大。随浓度不同,碳酸氢钙溶液的 pH 值范围是 6.36~9。

至于以上这些方法究竟如何选择,建议先从碱性弱的试一试,慢慢摸索,摸索过程中需要注意被处理的书页的强度。

2 纸板的选择

纸板是古籍内装具的用材之一,例如纸盒、书盒或函套内部的衬板等,它对古籍周围的微环境影响很大,若用材含有有害物质,将直接促进书页损坏。

2.1 无酸纸

纸张最大的克星就是酸,它可以将纸张破坏成碎片,同时酸性纸的酸还可以迁移到与它接触的其他纸张上,使本不带酸性的纸也感染酸而缩短保存寿命。因此,酸性纸板不能够作为古籍的装具用材。用作古籍内装具或与古籍直接接触的所有纸张,都需要用无酸纸制成。

按照有酸与无酸,纸张可以分成两大类:酸性纸与无酸纸。

(1) 酸性纸(Acidic Paper)

pH 值小于 7 的纸都是酸性纸,酸性越大,纸张脆性越大,颜色越深。

(2) 无酸纸(Acid Free Paper)

无酸是指纸张的 pH 值为 7 或更高。但强碱同样可以破坏纸张,因此接触古籍的纸张的碱性也不能太高。可以接触古籍的无酸纸,实际上是指中性纸与弱碱性纸,一般碱性纸即弱碱性纸。因此,在文献保护领域,无酸纸包括中性纸与弱碱性纸。

中性纸的 pH 值为 7,有时 pH 值接近 7 的纸也被认为属于中性纸。

弱碱性纸的 pH 值为 7~10,一般为 8.5 左右。美国材料测试学会(American Society for Testing and Materials,ASTM)认为,pH 值为 7.5~10 的纸张,可能保存一千年。根据中国古纸制造工艺的分析,中国古纸制造之初,其 pH 值大约在 8.5 左右,所以可以保存至今,这也印证了这个结论。

2.2 古籍装具或包装用纸基本要求

仅仅以纸张的 pH 值作为其可否用作直接接触古籍的纸品用材的选择标准是不够的,因为以松香-明矾作为胶料,也就是含硫酸铝等酸性物质的纸张,通过加入碳酸钙后也可制成碱性纸。但不建议将这类纸作为接触藏品的包装或装具用纸,因为这类纸里面还含有硫化物和少量的有机酸,当其接触到古籍书页仍然具有破坏作用。接触古籍的纸品材料是不能采用明矾施胶纸的,哪怕它暂时为碱性。

为了能够准确地从化学特性上确定哪类纸能作为接触古籍的安全用纸,除考虑纸张的 pH 值外,还应对纸浆、施胶剂、木质素、碱性缓冲剂及其他不纯净成分有要求。

（1）纸浆：要求纸浆纯净，必须是原始纤维纸浆制成，不得使用废纸浆或回收纸浆。废纸浆是利用使用过的废纸或印刷厂裁切下的纸边为原料，经过机械力量搅拌并经漂白或脱墨处理而制成的纸浆。

废纸浆具有两大弊端：一是其纤维来源于废纸，废纸纤维再次遭受药液侵蚀，或受机械力的损伤，其纤维强度和性能较原始纤维差；二是废纸是过去曾经使用过的，所以纸浆里面会含有很多有害物质，例如油墨、胶黏物、蜡等杂质[2]。废纸浆制成的纸接触古籍后，这些杂质会给古籍纸张带来有害的影响。

（2）施胶剂：接触古籍的纸张，在造纸过程中不得使用酸性施胶剂（硫酸铝等），不得含有硫化物。

（3）木质素：木质素是植物及纸浆中自然存在的物质，它会破坏纸张，使纸张酸性增高或是发黄变脆。含木质素多的纸张容易酸化，若用这类纸接触古籍，其酸性也会迁移到古籍书页上。所以，作为接触古籍的纸张，都需要在造纸过程中将木质素清除。

（4）碱性缓冲剂：接触古籍的纸张要求通过碱性缓冲剂处理和含有一定量的碱性缓冲剂。这类缓冲剂常用的有碳酸钙（$CaCO_3$），它具有中和纸张中及保存环境中的酸性物质的作用。碳酸钙是稳定性良好的碱性物质，在造纸过程中将其加入纸浆中，可使纸张中性化或偏碱性，有助于日后抵消环境中的酸性物质，防止酸破坏书页。

经过3%~5%的碳酸钙缓冲剂处理并含有碳酸钙后，纸张的pH值会提高到8以上。因此，仅用缓冲剂处理但不含有缓冲剂的纸张一般为中性。

（5）其他不纯净成分：要求尽量清除，以减少日后与古籍接触后，有损书页。纸内不允许存在的物质包括荧光增白剂、颜料等。

如果纸张达到以上要求，就会使纸质坚实、强度高，接近中性或具有弱碱性。当它作为古籍的包装用纸或装具材料时，就会保护与它接触的古籍不受酸的侵蚀。

据说这类无酸材料国内正在研制，现在大多来自国外。但国内已经有不少这类材料的代理商，我选取了其中一些可能作为装具的无酸纸，将其成分剖析出来，供大家分析与比较。

表 1 无酸纸举例

	中性黄纸板	无酸黄纸板	蓝灰色无酸瓦楞纸板	防潮无酸瓦楞纸板	文物保存瓦楞纸板
纸浆	纸浆纯净，原始纤维纸浆	纸浆纯净，原始纤维纸浆	原始纤维纸浆	原木纸浆	100%漂白的微晶纤维
缓冲剂	无缓冲剂	3%的碳酸钙缓冲剂处理	各层都经过3%的碳酸钙缓冲剂处理，有足够的碱储存量以提供最大的保护	3%的碳酸钙缓冲剂处理	碱含量（缓冲剂）>3%碳酸钙
酸性施胶剂	无	无	无	无	无
木质素	无	无	无	无	无
纸内不纯物	不掺加任何颜料，不褪色	不掺加任何颜料	无硫化物	无荧光增白剂	不含再生纤维或者木质纤维，不含荧光增白剂
pH值	6.8~7	8.5	8.2~8.5	8.2~8.5	8~9.5
作用	制作无酸纸板、藏品保存盒	制作藏品包装盒、隔层板	制作藏品保存盒、分隔板	表面带有防潮亚克力层，适于在气候潮湿地区制作藏品保存盒	制作藏品保存盒

2.3 古籍装具或包装用纸的标准

目前，国际上提倡使用无酸材料作为古籍的装具，并对这类材料的要求做出了相关规范。

（1）BS EN ISO 9706:2000（英国标准《信息与文献 文献用纸 耐久性要求》）对与纸质文献直接接触的包装用纸要求：纸张pH值应为6~9，有碱保留量，由纤维素纤维构成。

（2）美国国会图书馆对古籍与文物装具的用纸技术标准如下[3]：

①对纸浆的要求：其中包括对纸浆中纤维素和木质素的要求。

②对纸张中添加剂的要求：如应该含有2%~5%碳酸钙，不能含有增白剂等。

③对造纸施胶方法的要求：不能用松香-硫酸铝方法施胶，而必须用中性或

碱性施胶法施胶。

④对纸张不纯物的要求：纸张中必须无金属颗粒、无蜡、无塑料、无游离甲醛、无残余漂白剂、无过氧化物和其他任何会引起纸张降解的化学成分。

⑤对纸张 pH 值的要求：纸张应该呈中性或微碱性。

⑥对纸张机械强度的要求：纸张应该具有较强的拉力和耐折度。

⑦对纸品外观和尺寸的要求：如纸张必须切成直角，必须保持干净、尺寸精确、平整光滑。

⑧对纸品内外包装的要求：内外包装必须写明类型、尺寸、产品编号、生产厂商、生产日期、产品批号、pH 值和相关检测方法。

⑨对纸张颜色和牢固性的要求：满足颜色要求，并且经光照射后不脱色或者脱色较少，水浸试验颜色不扩散，不污染其他物体，白色纸张应按要求保持白度。

(3) 国内的相关标准

近年来，国内同类行业对纸类装具的酸碱性问题也相当关注，并出台了一些行业规范和国家标准。例如：

《档案装具》（DA/T 6—1992）建议："纸类装具应用无酸纸和无酸纸板，pH 值≥7.5。"

《图书馆古籍书库基本要求》（GB/T 30227—2013）中对古籍装具的要求提出以下推荐性意见："书盒、函套的制作材料和文献包纸应采用无酸纸板和无酸纸张制作，其 pH 值应在 7.5~10.0 之间。文献包布应使用无酸材料。"

在实际操作中，博物馆与档案馆均较图书馆发展更快，已经使用无酸材料，至少这个意识在保管人员与修复人员中很强。

我国台湾对选择古籍装具用纸相当重视，见表 2。

表 2　台湾部分博物馆与图书馆对接触古籍的纸品材料的选择

无酸纸衍生物	特点与作用
无酸隔页纸	薄纸，用来隔开或包装古籍或文物
无酸纸板	其厚度与名片或卡纸板相似，制作保护盒或盒底支撑
无酸瓦楞纸板	结构较密实，制作保护盒、框裱中的衬板
无酸卡纸板	制作保护盒或夹裱的材料
蜂巢状纸板	结构强固且轻盈的纸板，制作夹裱的衬板或保护盒

2.4 目前国内用于函套的纸板反思

对于函套内衬板该用什么材料制作,国内考虑得最多的是选用涂上糨糊不易变形,比较容易裁剪,最好不要太重或太硬的材料。对于该材料由什么构成,接触古籍后是否会带来隐患等,考虑得实在不多。

做函套的纸板材料,曾经大量使用马粪纸,现在有使用灰纸板的,也有人推荐采用奥松板,由于奥松板属于木材类,故放在木材类论述。

马粪纸板又称草纸板,呈黄色,是我国最早用来做函套内衬的。灰纸板呈灰色,现在有单位在采用。这两类纸板的共性是:都采用了废纸浆,不可能含有碱性添加剂。因此,这两类纸板都含有大量不利于古籍保存的杂质,古籍与之接触后,不利于长期保存。

此外,作为纸板来说,从结构上看,它们的共性是纸板紧度低、表面吸湿渗透渗出能力强,用糨糊后因为水分浸透而轻易翘曲变形,受潮后容易发霉。因此,其物理性质不如瓦楞纸板。

瓦楞纸板由两层纸间夹了一层或多层瓦楞芯黏合而成,重量轻,能防潮散热,所以其结构性能就比普通纸板要好,更利于做书盒或函套的衬板。无酸瓦楞纸板由于各层都经过3%的碳酸钙缓冲剂处理,有足够的碱储存量抵御环境中的酸性物质,所以更适于做书盒或函套的衬板。在实际工作中,香港同行有采用140~160克的无酸卡纸制作书套的。

3 木材

2013年发布的《图书馆古籍书库基本要求》(GB/T 30227—2013)中对古籍装具的要求提出以下推荐性意见:"古籍宜根据需要制作书盒、函套、包布、束绳、夹板等加以保护;善本宜配置木质书盒。"在这个建议中,书盒、夹板均需用木材制作,有人建议用奥松板制作函套,奥松板也属于木材。在我国,大多数的古籍书柜、书架都用木材制作,可见木材在我国古籍书库应用之广泛,不少的古籍还直接与木材接触。

3.1 木材的优点

木质装具的最大优点是:木材具有吸收和释放湿气的功能,因而当微环境外部的书库温度与相对湿度波动较大时,可以缓解这种变化对保存在密闭木盒或木箱、木柜内部的古籍的不利影响。在无法调控保存环境的温度与相对湿度的古代,木质装具的这个特点可以减轻外界环境对书的影响。但木材吸收和释放湿气的功能极其微弱,无法达到缓解整个书库的温度与相对湿度波动。在空调设施非常普及的今天,木质装具的这个优点就逊色了。

第二个优点是个别木头有驱虫作用。在古代防虫措施少的情况下,这也是一个优点。唐代《历代名画记·论装背褾轴》推荐用白檀木驱虫:"白檀身为上,香洁去虫。"明代《装潢志》推荐用檀香木驱虫,称"檀辟蠹"。清末民初叶德辉的《藏书十约》并不认为樟木可以驱虫,其文曰:"二十年前,余书夹多用樟木,至今生粉虫,无一部不更换,始悔当时考究之未精。"今天大量事实也说明,樟木柜、樟木箱内藏书都有生虫的情况。

3.2 木材的缺点

用木材做装具,弊端要比优势突出,特别是选料不当,就会对古籍带来危害。

(1)大多数木材具有酸性

有研究指出,除了少数树木可能偏中性,如泡桐(pH值:6.7)、桧木(pH值:5.9),大多数树木偏酸性,即大多数木质材料是呈酸性的[4]。大多数木材都会向环境释放出挥发性有机酸,其酸性因树种、生长地、树龄及取材部位而不同,一般pH值在4~6的范围内[5]。美国的相关研究认为,木材向环境释放酸性气体是持续的行为,不论木材存放多长时间都会有酸性气体的释放。若用这些材料做内装具直接接触古籍,或是将古籍直接放在木质柜内或木质隔板上,必然会促进纸张酸化。

表3 不同树种木材的酸性

酸性低的木材	云杉、白杨、桦木、桃花心木、胡桃木
酸性高的木材	桧木(扁柏)、松科、壳斗科

表4 某些树种木材的酸碱值[6]

树种(板材)	樟木	桃花心木	泡桐	栓木	橡木	红桧	柳杉	美国铁杉	胶合板	纤维板
pH值	4.49	5.50	6.70	5.90	4.25	4.35	5.20	5.55	5.20	4.80

我国常用的商品材树种有800多个,这里给出一些有代表性的树木的酸性问题。

泡桐与毛白杨均为我国重要的速生材树种,被大量用于人造板特别是胶合板的生产。表5是对泡桐与白杨的酸性调查[7]。由此可见我国人造板的酸性问题。

表 5　泡桐与白杨的酸性

树种	材部	pH 值
巩义毛白杨	边材	6.28
	心材	5.19
	平均	5.74
北京毛白杨	边材	5.51
	心材	5.66
	平均	5.59
巩义泡桐	边材	5.37
	心材	5.54
	平均	5.36

东北是我国盛产木材的地方，表 6 是我国木材学实验室对东北次生林主要树种木材的酸碱性质的研究。

表 6　新伐材 pH 值与存放时间的关系[8]

树种	材部	(1)*	(6)	(18)	(24)	2	3	4	5	6	7	8	9	10
水曲柳	边材	6.63	6.50	6.33	6.05	5.50	4.94	4.61	4.46	4.39	4.27	4.23	4.16	4.14
	心材	6.40	6.33	6.30	6.36	6.68	6.80	6.88	6.92	7.05	7.09	7.27	7.28	7.48
柞木	边材	6.12	6.01	6.13	5.89	4.67	4.20	3.99	3.95	4.02	4.13	4.00	4.15	4.03
	心材	4.87	4.71	4.73	4.70	4.69	4.86	4.79	4.87	4.95	5.03	4.90	4.95	4.87
白桦	边材	6.86	6.86	6.74	6.67	5.63	5.59	5.61	5.58	5.67	5.74	5.63	5.57	5.23
	心材	6.81	6.89	6.85	6.69	6.07	5.84	5.93	5.84	5.96	5.95	6.00	5.98	5.87
糠椴	边材	6.33	5.93	5.84	5.22	4.59	4.29	4.25	4.20	4.25	4.25	4.30	4.35	4.58
	心材	6.44	6.15	6.14	5.62	4.90	4.65	4.59	4.64	4.68	4.70	4.71	4.74	4.77
小叶杨	边材	6.25	6.19	6.11	6.01	5.49	5.00	4.95	4.96	5.01	4.87	5.23	5.27	5.28
	心材	6.13	6.14	6.19	6.20	6.13	6.16	6.16	6.18	6.18	6.01	6.31	6.38	6.38
胡桃楸	边材	6.12	5.84	5.60	5.00	4.36	4.19	4.17	4.10	4.10	4.15	4.15	4.17	4.10
	心材	4.56	4.57	4.51	4.55	4.59	4.62	4.54	4.55	4.53	4.55	4.59	4.57	4.50

* 括号内数字为小时数，表中所列的 pH 值均为九个试样测定值的平均数。

（2）树脂与色素对书的污染

木材都含有树脂与色素，有的树种含的色素或油脂特别高，做成装具后有污染书页的风险。例如日本学者研究发现，桧木与杉木具有一种气味，尤其是新木材会向周围散发较多的挥发物，这些挥发物对眼睛具有刺激性，强烈时会在铁、铜板上黏附一层油脂性物质。随着木材的干燥，油脂减少了，可是水分还在继续散发，遂导致金属表面产生锈斑。久之，金属就会破烂变形。纸也一样，开始是形成褐色或黄色斑点，再进一步劣化就变成破烂不堪的形状[9]。

我国台湾的学者曾经做过实验，发现红桧与樟木对纸张的污染要比同实验树种严重。我国的古籍工作者也发现了这个问题，著文指出：尽量不使用樟木，因为其挥发性会使书本染上黄斑，反而"污染"了书[10]。

表7 不同木质材料对纸张耐久性的影响[6]

木质材料种类	对纸张的影响		
	物理性能	色差	白度
泡桐	小	小	小
栓木	小	小	小
橡木	大	较小	较小
红桧	大	大	大
樟木	大	大	大
胶合板	大	大	大
纤维板	大	大	大

（3）木质柜架容易发霉

当木材含水量达到20%时，木质柜架就会滋生霉菌[11]。

3.3 人造板材问题

随着森林资源的日益匮乏，高级木材越来越少，也有人采用人造板材制作典藏柜架或是用它作为隔板、衬板等。

人造板材是利用木材在加工过程中产生的边角废料，添加化工胶黏剂制作成的板材。人造板材品种很多，有胶合夹板、木工板、纤维板、蜂窝板、阻燃板（石膏板、硅酸钙板）、铝塑板、美耐板、装饰板、宝丽板等。

人造板材对环境的污染及对古籍的危害比实木还要严重，除木材存在的所有问题外，它还增加了两大新的问题。

一是基础材料就不好。人造板材的原料主要来自森林采伐剩余物(如树枝、梢头、小径材等)及木材加工剩余物(如板边、刨花、锯末等),此外还可利用林产化学加工的废料(如栲胶和水解的剩余物)等。这些材料含有较多的有害成分,做成板材后若直接接触古籍,会对书页带来伤害。

二是使用大量胶料,释放的甲醛会污染室内环境。

人工板材在生产过程中绝大部分采用脲醛树脂或改性的脲醛胶,这些胶是以甲醛为原料生产的,因此胶内会残留有反应不完全的游离甲醛,这就是人造板材产品中甲醛释放的主要来源[12]。甲醛自然释放的时期是3～15年。人造板材中的甲醛释放会随着热压温度和施胶量的变化而变化,将长期影响室内环境质量[13]。

甲醛主要是对人有危害,对纸张的直接危害还没有见到相关论述。甲醛对无机材料中的玻璃、陶瓷釉彩、蚌壳、金属等亦有潜在的危险,例如可以使金属柜架锈蚀等。

有人对这些人造板材污染环境的程度进行排序,指出纤维板、刨花板甲醛排放量最大,对环境污染程度最高。

3.4 木质装具用材的选择与问题规避

在中国、日本,受传统管理习惯影响,使用木质柜架较多。其他国家考虑到火灾风险,多使用金属柜架。我国台湾学者认为:木材的好处主要是有微弱的调湿作用,其实只要空调控制得好,用木头来调湿似乎没有必要[11]。

若必须使用木质装具,则必须趋利避害地选用木材。

我国古代就强调对木质装具的用材选择,但限于当时的科学技术水平,考虑更多的是木材的物理性质,例如选择物理强度高(比重大、硬度高等)的树种的木材以保障装具结实耐用与不易变形。此外,也考虑了木材的驱虫问题,但尚未考虑木材对书页寿命的影响。随着科学技术的发展,今天人们开始认识到这个问题。以下仅就木质装具用材对纸张保存的影响,提出些许建议。

(1)选择树种

我国古代就注重对树种的选择。例如,清末民初的叶德辉指出:"夹板以梓木、楠木为贵,不生虫,不走性,其质坚而轻。花梨、枣木次之,微嫌其重。其他皆不可用。宋、元旧刻及精抄、精校,以檀木、楠木为匣袭之。"这些树种今天大多数属于国家一级或二级保护树种,有些由于历代砍伐利用,已近于枯竭。

日本的书画盒子选用日本桐木制作,有的外面再套纸盒或是漆木盒。日本桐木采用的是泡桐木(酸碱值偏中性),它直接接触到藏品的书页。漆木经久耐用,不易开裂变形,纹理美观,可以凸显出古典气氛,所以做成外匣。

为避免对古籍的危害,无论是内装具还是外装具都不宜选用树脂含量高(易出油)、酸度高、色素高的树种的木材作为装具用材。为降低生虫的概率,应选用不易生虫的树种。

我国的古籍工作人员指出:事实证明楠木是最安全的,而松木、樟木等是最不能用的材料[14]。台湾的古籍收藏专家指出:橡木、红桧、樟木这些常被用于制作典藏柜架的木材,因含有酸性和污染纸张的抽出成分,会造成纸张的色差与强度降低,因此不建议选用。泡桐、栓木酸碱值偏中性,经加速老化后对纸张的损坏与污染较少,建议以这两种树种的木材作为典藏柜用材[6]。

(2)不得选用有缺陷的木材

制作古籍装具的木材,不得选用有缺陷的木材,如腐朽、变色或带有节疤(该位置容易出油)、油眼(油脂囊)、虫眼的木材及髓芯等。

(3)不要使用人工板材

人工板材对馆藏环境的影响及木材本身的问题前面已经分析,不得用作装具用材。

这里需要对奥松板的问题讨论一下。考虑到奥松板可裁剪,特别是涂上糨糊后不变形,有人用它做书套内衬。虽然其物理性质适于做书套,但其化学性质既不利于古籍保存,对书库环境也有污染。

奥松板是用辐射松(又名新西兰松)的锯末加胶做成的密度板,它的危害体现在两个方面:第一,辐射松是松木的一种,具有酸性,因此奥松板必然具有酸性,用它制作内装具,直接接触古籍书页,会加速书页老化。表8是国外对辐射松酸性的分析。

表8 辐射松的树龄与酸性[15]

树龄(年)	pH 值
20	4.08~5.45
25	4.12~5.25
30	3.83~5.70

第二，奥松板采用的胶仍然有甲醛释放的可能，对库内环境有污染。

（4）谨慎选用指接板

指接板由多块木板拼接而成，每块木板都被开齿，然后在开齿部位和小块侧面涂刷胶水，类似两手手指交叉对接，再通过挤压固定。指接板不属于人工板材，被列入实木，有的已被我国古籍书库采用，特别是樟木指接板。这个问题必须引起关注。指接板的问题有三个。

第一个问题是，指接板分有节与无节两种，有节指接板上存在节疤与虫眼，前面已经讲过这类有缺陷的木材不得用于古籍装具。

第二个问题是，樟木指接板仍然属于樟木，樟木的缺点它都有。

第三个问题是，胶黏剂也可能含有甲醛。有人说樟木指接板是用乳白胶（聚醋酸乙烯脂的水溶液）作为胶黏剂，分解物是醋酸，不含甲醛。这个问题本人没有认真调查，所以存疑。

（5）不可将古籍直接裸放到木质柜架上

现在很多单位将古籍直接裸放在木质柜架上，这是不可取的。大多数木材具有酸性，还有油脂问题，对书页很不利。可以考虑采用铺垫弱碱性纸、麻布等，让古籍与木材隔离，减缓风险。

（作者单位：武汉大学信息管理学院）

参考文献：

[1] Effect of Water Washing on Paper and Cellulosic Textiles: An Overview and Update of CCI Research[EB/OL].http://www.docin.com/p-420644171.html.

[2] 程江娜,武书彬,李肇.图像法分析废纸浆中胶黏物和尘埃的研究[J].中国造纸,2010(5):5-9.

[3] 张晋平.文物保藏专用纸品的国际技术标准和测定方法[G]//中国文物保护技术协会.中国文物保护技术协会第二届学术年会论文集.2002:364-365.

[4] 张丰吉,杜明宏.台湾产重要树种化学性质之研究(Ⅳ)[J].中华林学季刊,1990,23(1):19-25.

[5] 蔡斐文.档案典藏概论[EB/OL].[2013-06-01].http://www.ncku.edu.tw/~document/chinese/.../conservation_2.pdf.

[6] 陈俊宇.木质典藏用材对于纸质文物保存性之影响[D].嘉义:嘉义大学,2005.

[7] 张求慧,赵立,金华,等.泡桐和毛白杨的 pH 值与酸碱缓冲容量[J].北京林业大学学报,1995,17(S2):47-51.

[8] 木材学实验室.东北次生林主要树种生材含水率及木材酸碱性质的研究[J].东北林学院学报,1983(1):33-41.

[9] 见城敏子.博物馆文物的环境测定[J].龚德才,译.东南文化,1991(1),279-280.

[10] 史睿,赵大莹.珍贵古籍保护装具讨论会综述[EB/OL].[2013-12-01].http://www.doc88.com/p-

718689271163.html.

[11] 赖玟忻.文物典藏——以"辅仁大学中国天主教文物馆"为例[EB/OL].[2014-02-01].http://www.fuho.fju.edu.tw/sketch/writing/20081025.pdf.

[12] 当心！纤维板中含甲醛[EB/OL].http://www.people.com.cn/GB/paper2515/11801/1063746.html.

[13] 人造板材[EB/OL].ttp://baike.baidu.com/view/2912308.htm.

[14] 文物箱柜囊盒应该用什么材料[EB/OL].http://blog.sina.com.cn/s/blog_50531024010081vf.html.

[15] Radiata pine pH and buffering capacity: effect of age and location in the stem.http://www.revistamaderas.cl/ojs/index.php/remaderas/article/download/544/325.

国内图书馆、档案馆和博物馆微生物种类研究进展

任珊珊

  图书馆、档案馆和博物馆是文化传承和历史研究的重要阵地。从文物资料保存保护的角度来看,三者都对环境提出了较高的要求。在温湿度、空气、光照和生物因素等诸多环境因素中,生物因素中的微生物可以对图书、档案和文物等造成直接且不可逆转的影响。它们可以造成纸张、丝织品等纤维材料载体因机械强度降低而糟朽,可以造成石质文物的片状剥落和粉化,可以造成金属制文物的腐蚀,还能分泌色素遮盖在图书、档案、文物表面,严重影响这些重要资料的保存寿命和使用价值。为了制订有效的保护方案,图书、档案和文物保护工作者们对库房、展厅、阅览室和其他文物保存空间中的空气、物体表面的微生物种类进行了深入的研究,为后续的微生物防治工作提供了科学依据。

1 基于行业的微生物种类研究

  以"图书""档案""博物馆""文物""微生物"等词为关键词,在中国知网期刊文献中进行文献检索,得到工作者们对图书馆、档案馆和博物馆内采样研究后进行微生物种类分析的相关文献39篇。统计发现博物馆行业对此领域开展的研究最为充分,1991—2000年和2001—2010年两个时间段内分别进行了6次和7次研究并发表了论文,进入2011年以后保持着每年3~4篇的论文发表频率,整个行业在微生物种类研究领域共公开发表了29篇论文,为开展抑菌防霉的具体工作打下了坚实的基础。图书馆和档案馆则由于研究工作开展较晚、资料载体种类很少(多为纸质载体)等原因,自20世纪90年代起各发表了5篇相关论文。

从微生物种类鉴定方法及鉴定结果的角度来看,三个行业都已进入了分子生物学鉴定与微生物形态观察相结合的阶段。由于早期受技术所限,研究工作多以形态观察结合微生物生理生化反应的模式开展,往往只能鉴定到生物分类阶元的属甚至是科。随着分子生物学鉴定方法的成熟应用,近年来大部分采样得到的微生物已能鉴定到种这一基础阶元。同时已经有研究团队利用宏基因组和高通量测序技术开展微生物种类鉴定工作[1-3],既减少了微生物大规模培养所需要的时间,又可以得到样品中几乎所有微生物的种类信息,避免了部分微生物由于无法培养等原因造成的漏检现象。

2 基于地理分区的微生物种类研究

依照各地的地理位置、自然和人文地理特点的不同,我国通常被分为七大地理分区,包括华东、华北、华中、华南、西南、西北和东北。因为各地区温湿度、日照时间等环境因素的不同,微生物种类分布各有不同。基于地理区划,对39篇文献进行统计后发现:华东地区江苏、江西、安徽、浙江、上海等省市均进行了相关研究,共发表8篇论文,能较好地代表华东地区微生物种类分布[3-10];华北地区北京、山西、河北等省市均进行了相关研究,共发布9篇论文,能较好地代表华北地区微生物种类分布[1-2,11-17];华中地区河南、湖北和湖南三省均开展了相关研究,并发表了9篇论文,能很好地代表华中地区的微生物种类分布[18-26];华南地区尚未有相关论文公开发表;西北地区陕西、甘肃、青海等省开展了相关研究,并发表了6篇论文,能代表西北部分地区微生物种类分布[27-32];西南地区发表了4篇相关论文,除以四川省泸县博物馆馆藏的一幅清代扇页裱件为分析对象,用扫描电镜对其表面霉菌进行分析外[33],剩余3篇均为重庆中国三峡博物馆对文物库房、展厅中的空气微生物进行分析[34-36],地域过于集中,不能代表整个西南地区微生物种类分布情况;东北地区仅有1篇论文对位于辽宁省集安市的洞沟古墓群内的壁画表面的微生物进行了研究[37];另有陶琴等人对全国纸质档案霉菌的种类和分布进行了调查[38],李景仁曾在1991年对全部藏书霉菌种类进行了统计[39]。

根据现有文献资料统计,华东地区主要优势菌为真菌,其中以曲霉属、青霉属、毛霉属和根霉属的种类和数量最多;其次为细菌,其中大肠杆菌、葡萄球菌等检出较多。特有的微生物种类包括真菌类的花斑曲霉、局部曲霉、肉色曲霉、谢瓦曲霉、刺糙青霉、米舒青霉、椭孢青霉、希尔青霉、卷顶毛壳菌、斑替枝孢和嗜果枝孢等,细菌类的人苍白杆菌、星座链球菌等。这些微生物多从土壤中分离得到。

华北地区文物库房、展厅等位置的主要优势真菌多为枝孢属、链格孢属、曲霉属和青霉属等真菌,优势细菌主要有微球菌属、假单胞菌属、芽孢杆菌属等;而在文物遗址处采集到的菌种有所不同,在北方原址保存的公元5世纪壁画墓发现的主要病害菌为假诺卡氏菌。华北地区特有的菌种为真菌类的阿姆斯特丹曲霉、华丽曲霉、弯头曲霉、无壳曲霉、变灰青霉、查尔斯青霉、点青霉、纠缠青霉、蓝绿边青霉、粒状青霉、平滑青霉、歧皱青霉、瓦克青霉、荨麻青霉、桃色拟青霉和爪哇拟青霉等,特有的细菌有萎缩芽孢杆菌、南极微球菌、氧化吲哚假单胞菌、阿菲波菌属、努卡菌属和厌氧螺菌属等。

华中地区检出较多的优势真菌为曲霉属、青霉属、镰刀菌属和毛霉属等,细菌类的芽孢杆菌属和杆菌属为优势菌。华中地区特有的菌种为真菌类的寄生曲霉、局限曲霉、棕曲霉、橄榄绿青霉、蝶形青霉、噬松青霉、沃特曼青霉、刺孢根霉、刺状毛霉、多变根毛霉、烟草链格孢霉和竹毛壳菌等,细菌类的有多黏芽孢杆菌、蜡状芽孢杆菌、绿脓杆菌和类白喉杆菌等。

西北地区检出的真菌多为青霉属、曲霉属、链格孢属和被孢霉属等,常见细菌有微球菌属、芽孢杆菌属和棒状杆菌属等。西北地区特有的菌种为真菌类的短密青霉、娄地青霉、微紫青霉、匍枝根霉、鲁氏毛霉、多主枝孢、出芽短梗霉和无孢属等。西北地区虽有细菌类微生物检出,但都属于常见菌种。

西南地区的研究工作中,对四川省泸县博物馆馆藏的一幅清代扇页裱件染菌部位进行扫描电镜观察时,发现该菌为球毛壳菌;对重庆中国三峡博物馆文物库房、展厅和临时展厅进行采样检测后发现空气中以微球菌属、芽孢杆菌属、假单胞菌属、葡萄球菌属、棒状杆菌属和不动杆菌属等细菌以及曲霉属、青霉属和根霉属等真菌居多。检出了其他地区未报道的溜曲霉、申克孢子丝菌、木糖葡萄球菌、莱拉微球菌、玫瑰色微球菌、鲍曼不动杆菌、联苏黎世菌和骚动厄氏菌等微生物。西南地区公开发表的相关论文较少,还需要其他省、市、自治区的数据补充。

东北地区只有1篇论文显示曾对辽宁省集安市洞沟古墓群壁画上的微生物进行分析,检出展开青霉、黄曲霉、串珠镰刀菌和交链孢霉,都属于常见霉菌。

3 常见微生物种类

根据已有文献,统计出在全国范围内图书馆、档案馆和博物馆内常见的真菌种类见表1,常见的细菌种类见表2。

表1 常见真菌种类

属名	种名	属名	种名
曲霉属	白曲霉 黑曲霉 黄曲霉 米曲霉 烟曲霉 土曲霉 杂色曲霉 日本曲霉	青霉属	草酸青霉 产黄青霉 产紫青霉 常现青霉 淡黄青霉 岛青霉 黄绿青霉 橘青霉 扩展青霉 圆弧青霉
根霉属	黑根霉 米根霉	毛霉属	总状毛霉
木霉属	绿色木霉 康氏木霉	链格孢属	互隔交链孢霉 细交链孢霉
毛壳菌属	球毛壳	镰刀菌属	串珠镰刀菌 尖镰孢
拟青霉属	宛氏拟青霉	芽枝霉属	腊叶芽枝霉
葡萄状穗霉属	黑葡萄状穗霉	弯孢霉属	新月弯孢霉

表2 常见细菌种类

属名	种名	属名	种名
芽孢杆菌属	地衣芽孢杆菌 巨大芽孢杆菌 枯草芽孢杆菌 苏云金芽孢杆菌	葡萄球菌属	金黄色葡萄球菌 表皮葡萄球菌
微球菌属	藤黄微球菌	假单胞菌属	恶臭假单胞菌
不动杆菌属	约氏不动杆菌		

4 讨论

本文依据公开发表在期刊上的文献,整理了有关国内图书馆、档案馆和博物馆内微生物种类的研究进展。整理过程中发现博物馆行业起步较早,且由于涉及的文物载体包括石质、纸质、丝织品、金属等多个种类,做出的研究相对较多。但三个行业都已经开始使用形态观察与分子生物学鉴定相结合的技术手段,将微生物的种类鉴定到种这一基础阶元。同时也有研究者开始使用非培养的宏基因组和高通量测序技术,减少了微生物培养所需的时间,更重要的是使更多不适宜培养的微生物被检出,完善了微生物病害种类的系统。

依照我国七大地理分区的划分,分析相关论文后发现各分区内部微生物种类有一定的相似性,不同分区之间有所区别,如西北地区检出的优势真菌被孢霉属在其他地区少有检出。各地区都有有别于其他地区的特有微生物,如华东地区检出了斑替枝孢和嗜果枝孢,西南地区检出了联苏黎世菌和骚动厄氏菌等细菌。遗憾的是统计数据还不够全面,华南地区未查到相关论文,无法统计该地区微生物种类;东北地区和西南地区研究工作较为集中,不能代表整个地区的微生物种类分布情况。在此基础上整理出的各地区优势微生物种类和特有微生物种类,有待更多研究工作的进一步验证。

从全国范围来看,检出种类最多的真菌是曲霉属和青霉属;根霉属、毛霉属、木霉属、链格孢属、毛壳菌属真菌虽各自在部分地区成为优势真菌,但在全国范围内常见的种类较少;拟青霉属、芽枝霉属、葡萄状穗霉属和弯孢霉属在各地区都不是优势种类,但都曾检出。细菌中检出种类较多的为芽孢杆菌属和葡萄球菌属,微球菌属、假单胞菌属和不动杆菌属也是常见细菌。

微生物种类的研究工作提高了图书、档案和文物保存保护工作中微生物因素防治部分的系统性和有效性,在环境控制和防霉抑菌剂开发方面都可以起到指示作用,为各地区开展适应性防治工作提供了特异性依据。

(作者单位:国家图书馆)

参考文献:
[1]武发思,苏伯民,贺东鹏,等.山西翼城考古发掘现场遗址表面腐蚀真菌的群落组成分析[J].文物保护与考古科学,2012,21(3):77-83.
[2]颜菲,葛琴雅,李强,等.云冈石窟石质文物表面及周边岩石样品中微生物群落分析[J].微生物学

报,2012,52(5):629-636.

[3]周言君,钟江.古籍纸张表面微生物群落组成的初步研究[J].复旦学报(自然科学版),2016,55(6):707-714.

[4]汪娟丽,李玉虎,肖亚萍.南唐二陵墓室彩画上滋生藻类、苔藓与霉菌的种类鉴定[J].文物保护与考古科学,2012,24(3):72-76.

[5]楼卫,吴健,李东风.跨湖桥独木舟遗址微生物种类及区域分布状况研究[J].文物,2014(7):88-93.

[6]李庚花,宋水琳,李小珍,等.江西省纸质档案有害真菌种类分离与鉴定[J].生物灾害科学,2014,37(4):301-304.

[7]张慧,张金萍,朱庆贵.古旧纸本字画孳生霉斑的鉴定[J].文物保护与考古科学,2016,28(1):108-111.

[8]李生吉,孙恩涛,湛孝东,等.高校图书馆藏书霉菌孳生情况初步调查[J].医学动物防制,2008,24(2):95-97.

[9]肖春玲,龙婉婉,刘良勇,等.图书馆藏书中微生物的研究[J].井冈山师范学院学报(自然科学版),2003,24(5):23-25.

[10]张金萍,奚三彩,周健林.泗阳汉墓埋藏环境中细菌的分析与检测[J].文物保护与考古科学,2005,17(1):36-40.

[11]田金英,王春蕾.北京故宫文物霉菌调查研究[J].北方文物,2002(3):100-107.

[12]姚娜,闫丽,吴若菲,等.早期霉变纸币霉菌分离与鉴定研究[J].中国钱币,2015(6):44-49.

[13]伍望婷,何海平.首都博物馆内空气微生物种属调查[J].中国文物科学研究,2012(1):77-79.

[14]王春蕾,田金英,马淑琴,等.故宫博物院库房的霉菌调查与研究[J].故宫博物院院刊,1997(1):86-91.

[15]闫丽,高雅,贾汀.古代书画文物上污染霉菌的分离与鉴定研究[J].中国文物科学研究,2011(1):78-82.

[16]王宁娟,张立志,王金翠.档案库房空气中微生物生长情况初探[J].中国微生态学杂志,2007,19(1):99.

[17]葛琴雅,李哲敏,孙延忠,等.壁画菌害主要种群之分子生物学技术检测[J].文物保护与考古科学,2012,24(2):14-21.

[18]武发思,苏伯民,贺东鹏,等.长沙铜官窑谭家坡遗迹馆内优势病害真菌的分子鉴定[J].文物保护与考古科学,2014,26(4):47-53.

[19]潘素华,闵国平,余倩,等.襄樊市五县市档案馆霉菌污染调查[J].现代预防医学,2004,31(2):296-298.

[20]周伏忠,陈家昌,解复红,等.三杨庄汉代遗址霉菌污染种类鉴定与分析[J].河南科学,2010,28(12):1552-1556.

[21]张慧,敬岩,晁开,等.墓葬壁画霉菌的分离与鉴定[J].甘肃科学学报,1998,10(2):60-64.

[22]申艾君,王明道,刘康,等.馆藏竹木漆器类文物污染霉菌类群的鉴定与分析[J].河南科学,2011,29(8):923-926.

[23]罗莉.档案库房微生物生存状况调查[J].档案管理,2015(6):92-94.

[24]汤显春,夏克祥,刘海舟,等.曾侯乙墓穴木樟微生物的分离与鉴定[J].微生物学杂志,2003,23(6):7-10.

[25]汪琼,康健,王海华,等.资料室不同年代藏书中霉菌的调查及杀菌方法的比较[J].湘潭师范学院报(自然科学版),2001,23(2):55-58.

[26]曾维政,陈锐,宋少华,等.长沙走马楼东吴竹简蚀斑微生物的研究[J].微生物学杂志,2007,27(5):50-56.

[27]郭爱莲,单昕,杨文宗.陕西长安南礼王村出土壁画的微生物类群鉴定[J].文物保护与考古科学,1997,9(1):39-43.

[28]张兴群,张志军,张孝绒,等.秦俑霉菌区系调查及其危害[J].文博,1999(1):76-80.

[29]郑国钰,马清林.甘肃酒泉、嘉峪关壁画墓霉菌分离鉴定与防治研究[J].文物保护与考古科学,1996,8(1):43-50.

[30]马燕天,汪万福,马旭,等.敦煌莫高窟洞窟内外空气中微生物的对比研究[J].文物保护与考古科学,2011,23(1):13-18.

[31]蔡洪涛.藏书中微生物种类的初步分析[J].青海师范大学学报(自然科学版),1999(1):53-55.

[32]赵凤燕,严淑梅,李华.西安曲江翠竹园西汉壁画墓霉菌分析研究[J].文博,2010(5):82-84.

[33]杨娟.一幅霉变书画的扫描电镜分析[J].电子显微学报,2015,34(5):438-442.

[34]唐欢,范文奇,周理坤,等.重庆中国三峡博物馆临时展厅内空气微生物调查检测[J].中国微生态学杂志,2014,26(4):420-424.

[35]唐欢,江洁,范文奇,等.博物馆文物库房空气微生物污染情况调查[J].职业与健康,2015,31(15):2088-2092.

[36]唐欢,周理坤,王春,等.博物馆展厅人流高峰期空气微生物丰度及多样性调查[J].环境与健康杂志,2016,33(8):707-711.

[37]孙延福,金宝鑫,丁敏.古墓中检出多种霉菌的报告[J].中国卫生检验杂志,1991,1(3):185-186.

[38]陶琴,徐同根,冯惠芬,等.全国纸质档案霉菌种类与分布调查[J].档案学研究,1995(4):185-186.

[39]李景仁.对藏书霉菌种类的调研[J].晋图学刊,1991(1):53-65.

微生物在古籍保护中的"用"与"防"

黄艳燕　周言君

1　前言

据不完全统计,我国馆藏的古籍共 3000 万余册,仅国家图书馆就有 27 万余册中文善本古籍、70 万件特藏、160 余万册普通古籍[1]。目前这些珍贵的文物由于年代久远、保存环境欠佳等原因已经千疮百孔,数量逐年减少。因而,保护珍稀古籍善本、抢救宝贵文物是一项全球性刻不容缓的任务。

古籍保护工作通常可分为古籍善本的修复和古籍损伤的防治两部分,微生物在这些工作中都起着举足轻重的作用。比如,有学者通过筛选具有特殊功能的微生物,高效降解植物中的果胶、木质素等杂质[2],其发酵产物可进一步制成材质好、寿命长的纸张用于善本修复;又如,在古籍损伤防治中,应有针对性地监控一些能产生大量纤维素酶的微生物[3],若任其大量黏附于书籍表面,便会侵蚀纸张,加速古籍的老化,造成不可挽回的损失。这些微生物种类各异、数量繁多,存在于古籍生产、印刷、存储等各个环节中。随着科学技术的日新月异,人们越来越深入地认识到微生物在古籍保护中的重要性,相关研究也愈发增多。

本文中,将能用于保护古籍善本的微生物统称为"有益菌",将能造成古籍损伤的微生物称为"有害菌",并简要地总结了近年来"有益菌"和"有害菌"在古籍相关领域中的科研方向及其成果,为古籍保护提供新思路。

2　有益菌与生物制浆

在古籍善本修复工作中,工作人员常面临一个难题——修复用纸的材质差、寿命短,其性能指标远不及古籍本身的纸张。究其原因,可能是由于现代造纸技术常用强碱处理造纸原料,造成植物纤维的破损,进而降低纸张的材质,缩短其使用寿命。因此,不少人将目光聚焦于较为温和的生物制浆工艺上。

生物制浆是指利用微生物的代谢活动,温和地降解植物原料中的果胶、多糖、木质素等成分,最终得到适合造"长寿纸"的长纤维[4]。这种工艺并非新兴技术,早在人们认识微生物前,聪慧的古代劳动人民就将其用于传统手工造纸中,如中国的竹纸就是一种典型的利用微生物发酵制成的纸[5]。但由于这种方法耗时长、效率低、原料选择性高,无法适用于现代产业化生产。因此,许多研究致力于筛选、基因改造合适的微生物或优化生产条件,来提高生物制浆的效率。

2.1 常见古籍有益菌

目前,能用于生物制浆的大多是真菌,如担子菌纲(Basidiomycetes)的白腐担子菌和子囊菌纲(Ascomycetes)的软腐霉菌,前者多降解木质素,后者大多降解多聚糖。在造纸业中,应用较多的是白腐担子菌,它是一类能产生木质素降解酶(Lignin-modifying enzymes,LMEs)的真菌。有研究证明,经过白腐担子菌预处理的造纸原料,在后续造纸过程中耗能降低,造纸率提高[6]。黄孢原毛平革菌(*Phanerochaete chrysosporium*)是使用较多的一种白腐担子菌,其他还有虫拟蜡菌(*Ceriporiopsis subvermispora*)、云芝(*Trametes versicolor*)和糙皮侧耳(*Pleurotus ostreatus*)等[7-9]。

细菌方面,能降解木质素的多是放线菌目(Actinomycetes)下的链霉菌(*Streptomyces*),其次还有一些假单胞菌(*Pseudomonas*)、不动杆菌(*Acinetobactor*)和梭菌(*Clostridium*)等。有研究发现,这些能降解木质素的细菌能产生功能类似于LMEs的过氧化酶,如 *Streptomyces viridosporus* T7A,*Streptomyces lavendulae* REN-7及 *Clostridium stercorarium* 等[10-12]。

2.2 LMEs 的功能

在生物制浆过程中,主要利用的是微生物产生的LMEs,其主要功能就是降解植物原料中的木质素。将这些微生物产生的LMEs纯化后用于生物制浆,在常温常压下能降解木片中75%~80%的木质素,纸浆得率可高达60%[6]。

除能提高木质素降解效率外,LMEs还有生物漂白的功效。漂白是造纸工艺中的重要一环,常用石灰、氯水等化学试剂去除纤维内的有色杂质。然而,该法不但会损伤纤维本身,还会造成严重的环境污染。由于纤维内主要的有色杂质是木质素,研究人员尝试把LMEs家族中的酶——用于纸浆漂白中。经验证,能用于纸浆漂白的 LMEs 主要是木质素过氧化物酶（Lignin Peroxidase,LiP）、锰过氧化物酶（Manganese peroxidase,MnP）和漆酶（Laccase）这三种[13-15]，通过脱甲基等反应，三者能有选择性地降解木质素，大大提高纸浆的白度。

2.3 细菌纤维素

利用微生物降解植物原料制浆，其根本还是依赖于植物自身的纤维结构，而大多数植物纤维不够均匀纤长，因此，一些造纸专家将目光转向细菌的代谢产物——细菌纤维素（Bacterial cellulose）。1993 年，国外学者发现木醋杆菌（*Acetobacter xylinum*）能产生一类独特的纤维素[16]，他们将其命名为细菌纤维素。这类纤维素与植物纤维素相比，具有以下优点[17-19]：

（1）产率高。微生物生长周期短，繁殖快，因而，可将木醋杆菌在搅拌或静置发酵罐中发酵产生细菌纤维素。该法简便，设备占地少，合成速度快，产率高（每小时产量约为 0.05 g/L），具有大规模生产的潜力。

（2）纯度高。细菌纤维素由于是细菌直接代谢合成，不含半纤维素、木质素等杂质，因此，若用于造纸，后续所需的纯化步骤少。

（3）直径细。细菌纤维素的纤维直径在 0.01~0.1μm 之间，而造纸植物桑皮纤维的直径一般在 8~22μm。

（4）弹性高。细菌纤维素的弹性模数为一般纤维的 10 倍以上，机械性能好。

（5）易降解。细菌纤维素为纯生物制造，可在自然界中直接降解，无污染。

2.4 产业现状及发展前景

目前，一些厂家会直接购买纯化的 LMEs 来进行造纸，但此法成本过高，仅用于一些高档纸生产中；而利用微生物直接发酵纸料，产酶的效率仍是最大的瓶颈之一，整个制浆过程需耗时数周，且原料选择性高；细菌纤维素虽然优点众多，但成本是最大的限制因素。因此，筛选、改良合适的菌种成为工业生产专用菌势在必行。

此外，现今针对有益菌生物制浆的应用研究还多局限于单一菌种，然而，若要完全降解果胶、多糖和木质素等杂质，需要靠真菌、细菌的协作。如果能借鉴一些优质手工纸的发酵工艺，研究其生物制浆过程中的菌群结构，相信会为构建优质生物制浆体系提供很好的指导意见。

3 有害菌与古籍防护

古籍善本用纸多由植物纤维制成，在长期保存过程中会受到许多微生物的侵害。如不能妥善地解决这些问题，古籍将会无声无息地被损毁殆尽，造成难以挽回的损失。过去，人们常常关注于直观可见的霉变（微生物中的真菌），却忽视了一些微观层面上缓慢发生的侵害（微生物中的细菌）。近年来，随着研究技术的发展与完善，人们也逐渐认识到细菌对古籍侵害的重要性。

3.1 常见古籍有害菌

造成书本霉变的微生物主要是来自空气中的霉菌（真菌），主要有：(1) 曲霉属（*Aspergirllus*）；(2) 青霉属（*Penicillium*）；(3) 木霉属（*Trichoderma*）；(4) 枝孢属（*Cladosporium*）等[20]。

由于霉菌对古籍的危害较为直观，关于古籍霉菌的研究相应较多。汪娟丽、李玉虎等人对南唐二陵墓室彩画上滋生的藻类、苔藓与霉菌，利用实验室培养的方式进行分离纯化，鉴定出霉菌为黑根霉（*R. nigricans*）、亮白曲霉（*A. candidus*）、青霉（*P. echinulatum Raper*）等[21]；唐欢等人利用形态特征观察和 rDNA 转录间隔区序列（Internal Transcribed Spacer, ITS）测序分析，鉴定出从图书馆馆藏的纸质书画上分离出来的霉菌属于曲霉属（*Aspergillus*）、根霉属（*Rhizopu*）和木霉属（*Trichoderm*）[22]。

一些细菌能产生纤维素酶及酸性小分子，加速古籍纸张的降解与酸化，在不知不觉间造成不可修复的损伤[23]。目前，对古籍细菌侵害的研究刚刚起步，其种类、机制还未能完全理清。

3.2 有害菌侵害古籍的机制

(1) 生物酶分解古籍纸材[24,25]。有害菌能分泌各种生物酶，将古籍善本中的纤维素、半纤维素、蛋白质、脂肪等高分子物质分解为寡糖或单糖等小分子物质，降低纸张的牢固性。

(2) 酸性小分子酸化古籍善本[24,25]。微生物新陈代谢过程中会产生一些有机酸，主要有柠檬酸、葡萄糖酸、曲酸等，这些产物会使有害菌生长区域周边的 pH 值降低，造成古籍酸化，继而降低纸材的机械强度，使其脆裂。

3.3 有害菌的防治研究

古籍微生物的防护工作中，针对霉菌的防治研究开展较早较全面。南京博物院专门研究过霉菌对纸张化学性能的影响，并指出霉菌能降解纸张的纤维素，降低聚合度，因此在纸质文物的保存过程中防霉尤为重要[26]。

目前的防治主要采用物理防治和化学防治两大类方法。前者包括物理隔离、低温冷冻、真空处理等。刘家真著的《古籍保护原理与方法》一书中就明确指出,若书籍感染霉菌,需尽快隔离,采取冷冻隔离法抑制,局部霉变位置可用酒精、真空吸尘器清除(国际图书馆协会联盟 IFLA 推荐清洁法)[27]。这些物理方法虽然避免了常规的化学试剂杀菌对古籍的损伤,但耗时耗力,人力成本极高,只能针对极少数的珍稀文本进行操作。化学防治包括化学熏蒸、杀菌防腐剂的喷洒等,常见的杀菌防腐剂种类繁多,如氯基杀菌剂、溴基杀菌剂、噻唑啉酮类化合物、有机硫化物等,见效快但对古籍的损害较大[20,28-30]。

3.4 研究难点及发展前景

对于微生物侵害古籍这一现象人们早有认识,但由于微生物的一些特性,相应的保护工作一直未能有突破性的进展,这些特性可简单概括为:

(1)古籍有害菌的组成差异大。古籍善本保存环境不同、纸张材料不同等因素,造成纸表生长的微生物组成差异较大,因而对应的防护措施也不能一概而论,如不加选择任意使用,不但起不到杀菌效果,反而会损坏宝贵的古籍;

(2)有害菌的不可培养性。纸表微生物多来源于周围环境,其中许多有害菌都无法在实验室培养获得,即利用传统的实验室培养方法无法对其进行研究。随着高通量测序技术的发展,不依赖培养技术的微生物多样性测序及环境微生物宏基因组测序技术可解决这一问题。

4 结束语

微生物在自然界中无处不在,无法避免。因而,利用传统的防护措施,结合最新的生物技术手段,对古籍保护中涉及的有益菌和有害菌进行多样性研究、功能剖析,最终加以利用或防控,是现代古籍保护研究中的重要发展方向之一。

(作者单位:复旦大学中华古籍保护研究院)

参考文献:

[1]王沥.古籍修复——图书馆任重道远[J].农业图书情报学刊,2006,18(8):89-90.

[2]JUWON A D, EMMANUEL O F. Experimental investigations on the effects of carbon and nitrogen sources on concomitant amylase and polygalacturonase production by Trichoderma viride BITRS-1001 in submerged fermentation[J]. Biotechnology Research International, 2012:904763.

[3]MAKI M L, BROERE M, LEUNG K T, et al. Characterization of some efficient cellulase producing bacteria isolated from paper mill sludges and organic fertilizers[J]. Int J Biochem Mol Biol, 2011, 2(2):146-154.

[4]池玉杰,鲍甫成.木质素生物降解与生物制浆的研究现状分析[J].林业科学,2004,40(3):

167-174.

[5]陈刚.中国手工竹纸制作技艺[M].北京:科学出版社,2014.

[6]李汉全,何江浔,陈胜军.造纸工业中生物制浆和生物漂白技术研究[J].九江师专学报(自然科学版),2003(6):20-24.

[7]YANG S F, HAI F I, NGHIEM L D, et al. Understanding the factors controlling the removal of trace organic contaminants by white-rot fungi and their lignin modifying enzymes: a critical review[J]. Bioresource Technology, 2013, 141: 97-108.

[8]DONG Y C, WANG W, HU Z C, et al. The synergistic effect on production of lignin-modifying enzymes through submerged co-cultivation of Phlebia radiata, Dichomitus squalens and Ceriporiopsis subvermispora using agricultural residues[J]. Bioprocess and Biosystems Engineering, 2012, 35(5): 751-760.

[9]DONG Y C, DAI Y N, XU T Y, et al. Biodegradation of chestnut shell and lignin-modifying enzymes production by the white-rot fungi Dichomitus squalens, Phlebia radiata[J]. Bioprocess and Biosystems Engineering, 2014, 37(5): 755-764.

[10]GOTTSCHALK L M, BON E P S, NOBREGA R. Lignin peroxidase from Streptomyces viridosporus T7A: enzyme concentration using ultrafiltration[J]. Applied Biochemistry and Biotechnology, 2008, 147(1-3): 23-32.

[11]SUZUKI T, ENDO K, IRO M, et al. A thermostable laccase from Streptomyces lavendulae REN-7: purification, characterization, nucleotide sequence, and expression[J]. Bioscience Biotechnology and Biochemistry, 2003, 67(10): 2167-2175.

[12]POEHLEIN A, ZVERLOV V V, DANIEL R, et al. Complete genome sequence of Clostridium stercorarium subsp. stercorarium strain DSM 8532, a thermophilic degrader of plant cell wall fibers[J]. Genome Announcements, 2013, 1(2): e0007313.

[13]李华钟,章燕芳,华兆哲,等.黄孢原毛平革菌选择性合成木质素过氧化物酶和锰过氧化物酶[J].过程工程学报,2002,2(2):137-141.

[14]BAJPAI P, ANAND A, BAJPAI P K. Bleaching with lignin-oxidizing enzymes[J]. Biotechnology Annual Review, 2006, 12: 349-378.

[15]MICHEL F C, DASS S B, GRULKE E A, et al. Role of manganese peroxidases and lignin peroxidases of Phanerochaete chrysosporium in the decolorization of kraft bleach plant effluent[J]. Applied and Environmental Microbiology, 1991, 57(8): 2368-2375.

[16]WATANABE K, ETO Y, TAKANO S, et al. A new bacterial cellulose substrate for mammalian cell culture[J]. Cytotechnology, 1993, 13(2): 107-114.

[17]周伶俐,孙东平,吴清杭,等.不同培养方式对细菌纤维素产量和结构性质的影响[J].微生物学报,2007,47(5):914-917.

[18]SHAH N, ULLSLAM M, KHATTAK W A, et al. Overview of bacterial cellulose composites: a multipurpose advanced material[J]. Carbohydrate Polymers, 2013, 98(2): 1585-1598.

[19]CHAO Y, ISHIDE T, SUGANO Y, et al. Bacterial cellulose production by Acetobacter xylinum in a 50-L internal-loop airlift reactor[J]. Biotechnology and Bioengineering, 2000, 68(3): 345-352.

[20]朱艳静.纸品的防霉防腐与抗菌[C]//中国造纸化学品工业协会.'2008(第十五届)全国造纸化学品开发应用技术研讨会论文集.2008:105-106.

[21]汪娟丽,李玉虎,肖亚萍.南唐二陵墓室彩画上滋生藻类、苔藓与霉菌的种类鉴定[J].文物保护与考古科学,2012,24(3):72-76.

[22]唐欢,王春,范奇奇,等.馆藏纸质书画文物上霉菌的分离与鉴定[J].文物保护与考古科学,2015,27(2):40-46.

[23]张磊,吴兴泉.绿色木霉产纤维素酶降解各种废纸效果研究[J].中国西部科技,2010,9(26):12-13.

[24]陶琴.霉菌对档案的危害及其防治技术研究进展[J].档案学通讯,2013(6):90-93.

[25] WANG K H, ZHOU X G, WU L M, et al. Study of the mildewproof activity of three components of plant and influence test on paper and pigments[J]. Sciences of Conservation and Archaeology, 2012, 24(3)：67-71.

[26]张慧,张金萍,朱庆贵.霉菌对纸张化学性能影响的研究[J].中国造纸,2015,34(3):31-34.

[27]刘家真.古籍保护原理与方法[M].北京:国家图书馆出版社,2015.

[28]刘家真.纸质藏品防治虫霉技术的评价[J].国家图书馆学刊,2015(6):71-82.

[29]郑冬青,张金萍,王鹤云,等.几种常用馆藏文物防霉剂的抑菌效果比较研究[J].文物保护与考古科学,2014.26(1):42-45.

[30]郑冬青.馆藏文物防霉纸的研究[J].博物馆研究,2013(1):93-96.

在校学生参与高校图书馆古籍修复工作方案初探

——以北京师范大学图书馆为例

葛瑞华　刘　璐

近年来,古籍修复与保护越来越受到重视,在国家古籍保护中心的领导下,国家级、省级古籍保护中心及各地传习所等相继成立,古籍修复与保护工作稳步而有序地开展,从业人员也越来越多,古籍修复与保护的力量日渐增强。

相对于我国浩瀚的古籍藏量,现有修复力量仍然不足,高校图书馆问题尤为突出。一些高校虽然也拥有可观的古籍藏量,但在从事古籍修复与保护的工作人员数量上,却无法与藏量相近的公共图书馆相比。充分发挥在校学生在高校图书馆古籍修复中的作用就显得尤为重要。

一、在校学生参与古籍修复工作现状

根据调查可知,这几年不少高校都开展了勤工助学工作,为的是培养学生自立自强精神,增强学生实践能力,帮助学生顺利完成学业。国家也有相关的政策支持,如国务院于 2007 年 5 月 23 日发布的《国务院关于建立健全普通本科高校、高等职业学校和中等职业学校家庭经济困难学生资助政策体系的意见》(国发〔2007〕13 号),以及教育部、财政部于 2007 年 6 月 26 日联合印发的《高等学校学生勤工助学管理办法》(教财〔2007〕7 号)。各高校依据国家的这些政策,都逐渐地开展了勤工助学工作,对象是全日制在籍注册学生。从事勤工助学的学生,称作"学生工"或者"学生助理"。经过几年的运作,勤工助学工作开展得越来越成熟,在校学生在学校各岗位中发挥的作用也越来越显著。根据笔者调查,截止到 2018 年初,国内高校在校学生参与图书馆工作的不在少数,但参与图书馆古籍修复与保护工作中的却并不多见。除目前已知的中山大学图书馆、厦门大学图书馆、北京师范大学图书馆之外，其他如清华大学图书馆、复旦大学图书馆、南京大学图书馆、浙江大学图书馆、四川大学图书馆、云南师范大学图书馆等都没有在古籍修复与保护的工作中引入学生。

在已经开展勤工助学工作的几所大学里，中山大学图书馆修复岗位招聘的学生助理不参与具体修复，主要从事辅助工作，如文档整理、办公室整理、吸水纸剪裁等。厦门大学图书馆招聘的学生助理主要参与阅览外借部门普通图书的修复，效果很好，但并未参与古籍修复。北京师范大学图书馆这几年古籍修复与保护工作引入了学生助理，效果较显著。下文根据在校学生参与古籍修复工作的实际情况，从学生助理如何选择、具体的工作内容及如何管理这几个方面整体介绍这一工作的实施情况，旨在为解决高校图书馆古籍修复工作人员不足的问题提供一种方法。

二、在校学生参与古籍修复工作实况

(一)学生选择

古籍修复工作要求从业人员热爱古籍，热爱古籍修复与保护工作，有一定的相关专业基础，做事踏实、细心、认真负责。除此之外，动手能力强也是非常必要的条件。

从这几年的情况来看，申请图书馆古籍修复岗位的学生多为古籍与传统文化相关专业的硕士研究生，具有古籍专业背景知识。古籍修复工作者可根据学生递交的简历做出初步筛选，比如有的学生曾经有过一些古籍修复实践或者接触过书画装裱工作，可以说有一定古籍修复基础，是比较难得的，在选择时要着重考虑。如果同批申请古籍修复岗位的学生均无相关基础，那就根据其专业背景、社会实践经验评估其是否适合这个岗位，先不做筛选。

初步筛选以后，进入面试阶段。首先与面试学生分别谈话，请学生谈一谈选择古籍修复岗位的原因，以及他们对这个岗位的认识，对古籍修复行业的认识，期待通过这个岗位能学到什么。最后工作人员会告诉应试者如果应聘成功，其具体的工作内容。谈话时间大约十五分钟。谈话全部结束以后，会集中考查一下应试者的动手能力，方法是教缝一本线装书。工作人员准备好待缝仿真古籍线装书，从线的长度开始，对缝制手法、穿眼顺序、结尾方法进行详细讲解，边操作边讲解,步骤可重复演示,整个演示过程中可以自由提问,直至缝书完成。然后请应试者上手缝。从缝书的过程中可以非常清晰地判定谁更适合古籍修复的实践工作,综合前面的初筛、谈话,基本可以做出选择。

选择以上流程确定古籍修复岗位学生助理的原因是,从申请者的简历和谈话中可以看出其是否热爱古籍工作,对这个行业是否有初步的了解,这些都是从事古籍修复工作的首要条件。从教缝一本线装书,则可以看出其动手能力。从这几年的情况来看,学生们动手能力的差距还是比较大的。动手能力是从事修复工作的必要条件,且动手能力强的话,在以后的修复工作中上手就快,也为工作人员的教授节省时间,提高工作效率。

(二)学生工作内容

1. 协助建立古籍修复档案

每种古籍在修复前后都要建立详细的修复档案,修复档案包含的内容很多,如记录待修古籍的基本信息,包括题名、馆藏索书号、财产号、版本信息、函册卷页的确切数量、函套的形式;还要记录待修古籍的破损情况,包括对每种破损情况的描述,每册每卷古籍的页码信息等;修复后的古籍同样需要完善的修复档案。古籍修复档案一般要求纸质版和电子版均有。修复档案内容繁琐,建立起来耗时较长,比如单是点查修复前后古籍书页数量就会耗费大量的时间。实践证明,对学生助理进行专门培训后,可将这项工作交由学生完成。修复档案还包含修复文献的版本信息,这也是选择文史专业学生助理的原因之一。北京师范大学图书馆安排学生助理协助完成古籍修复档案,大大提高了图书馆工作人员的工作效率。

2. 简易古籍修复工作

一般来说,图书馆古籍五级破损的情况还是非常多见的。如北京师范大学图书馆有相当一部分古籍书衣破损脱落,装订线断开,换皮订线一直是古籍修复工作人员长期从事的工作内容之一。由于此项工作较易上手,经过工作人员的培训,学生助理基本可以独立完成。

3. 书页修补工作

随着学生对古籍修复工作逐渐熟悉,可以适当安排书页修补工作。先从最简单的调制糨糊开始,教会每种方法的具体做法,并要求其独立操作。接着根据古籍修复的基本原则和具体方法,指导其溜口、补洞。由于每种破损古籍的修补方法均有不同,且有一定难度,必须在图书馆古籍修复工作者的带领下完成。这项工作耗费馆内工作人员的精力较多,通过北京师范大学图书馆这几年的情况看,在安排古籍修复的具体实践时,可以安排相对没有那么精细要求的工作,更有利于提高工作效率。

4.其他工作

古籍修复工作中除了必备的古籍修复档案的建立、修复的具体实践,还包括其他一些工作。比如对馆藏古籍破损情况的摸底工作,工作量巨大,可以与图书馆古籍普查结合在一起,在开展普查工作时将古籍的破损情况一并记录。学生助理可以协助完成这项工作。如北京师范大学图书馆学生助理在工作人员的带领下,完成了馆藏善本古籍的清点工作,大大加快了普查速度,并对善本库古籍破损情况进行了一次彻底的摸底调查。图书馆的古籍修复工作与部门内部其他工作、馆内其他部门工作是分不开的,跟古籍修复与保护相关的,主要有馆内古籍修复工作者主持参与的工作,在需要时均可安排学生助理从事。比如北京师范大学图书馆古籍修复岗位的学生助理还参与了本馆2015年、2016年、2017年的"世界读书日"的活动,主要负责古籍刷版的演示、指导、讲解,还有瓦当、画像砖的拓印演示、指导。这样的工作经过一到两周的培训就可以完全交给学生助理,大大缓解了活动当日人力不足的压力,为活动的圆满成功提供了有力的保障。

(三)学生管理

学生助理的管理,应以高校学生资助管理中心或其他相关部门的具体规章制度为依据,结合实际工作性质和内容制定具体的管理方案。

1.日常管理

古籍修复离不开古籍,古籍修复岗位学生助理会经常跟从工作人员出入古籍书库,所以除日常考勤外,还需登记书库的出入情况。如果工作比较紧急,学生助理的到岗安排要及时做出调整。工作人员可以制作表格,统计学生助理的工作时间,方便管理。

2.工作安排

古籍修复工作经常需要两人及多人配合,那么需要配合的工作就要安排在两名学生助理同时在岗的时间。比如装订线染色,需要把线轴解开,再放入染色水中,待上色干燥以后再重新缠回到线轴上。再如古籍书页的酸碱度测试,也是要两人配合完成。如果只有一名学生助理在,工作人员可以安排修复档案的建立、古籍复制书影的扫描等独立性较强的工作。另外,古籍修复工作还有一定的延续性,比如修补好的书页需喷水、撤潮等,工作人员应根据具体工作步骤安排指导学生助理的工作。

3.工作评价及酬劳

工作评价,可根据学生工作量的完成、修复实践的实际情况,以及学习技艺的快慢程度,对其做出综合评价。评价不只用于工作酬劳,还可为其以后的职业选择提供参考。一个学期的学生助理工作完成以后,基本可以了解该学生的兴趣和能力,如果学生将来无意从事古籍修复与保护工作,那么一学期内熟悉了古籍修复与保护工作的内容、流程和一些基本技艺后,基本已经足够。可以建议其在以后的实习中尽量多做选择,也可以选择自己最感兴趣的工作实习,为以后从业做好准备。如果未来有志于从事古籍修复与保护工作,则建议其在古籍修复与保护工作岗位实践两学年以上。这样的实践对于他们以后的从业会有极大的帮助。

酬劳应依据学校的政策及馆里的评优等级,也可以依据学生助理的修复水平有所浮动,这样更有利于他们提高积极性,提高工作质量。

三、在校学生参与古籍修复工作的意义

与公共图书馆相比,高校图书馆可以利用在校学生这个庞大的资源,有针对性地开展各方面的工作。将在校学生引入高校图书馆的古籍修复工作,不但可以补充修复力量,提高工作效率,还可以为在校学生提供理论与实践的平台,帮助他们掌握古籍修复技能。

(一)学生助理人力资源源源不断

大学生完成学业一般需要3~5年的时间,在读研究生通常也有3年的时间,而且一届接连一届,源源不断。从这方面来讲,在校学生的资源是很充足且连续的。而且在校学生必须遵守学校的规章制度,加上对本身能力的要求,一般情况下都能够对自己严格要求,保质保量完成岗位所规定的任务。在校学生参与古籍修复与保护工作,能够大大缓解古籍修复岗位人员不足的问题,提高古籍修复的工作效率。

（二）专业背景有利于开展工作

在选择古籍修复岗位学生助理时，其专业背景是很重要的考虑因素。比如古典文献学、古代汉语、文字学、版本学等专业跟古籍息息相关，了解古籍的装帧形式，准确鉴别古籍版本信息，是从事古籍修复工作的重要前提。相关的专业背景有利于图书馆工作人员安排工作，学生对具体工作的认知也更透彻，更有利于提高工作效率。

（三）对未来古籍修复力量的有利补充

在校学生参与古籍修复与保护工作，不但补充了高校图书馆古籍修复工作的力量，提高了古籍修复工作效率，而且对于学生本身来说，更是获得了理论与实践结合的机会，学到了古籍修复与保护的一些技能。近几年，越来越多的高校毕业生选择图书馆、博物馆的古籍修复与保护工作，他们在校期间的经历能够提高其工作积极性，帮助他们更好更快地投入到工作中。即使毕业生没有从事古籍修复与保护方面的工作，也可将已知的古籍修复与保护的理论和技能传播给更多的人，为古籍修复与保护工作起到宣传作用。从这方面讲，在校学生参加图书馆古籍修复与保护工作，对未来古籍修复力量是非常有利的补充，意义重大。

四、应用与展望

这种模式在北京师范大学图书馆已经展开应用，从实际应用情况来看，达到了预期目的，充分发挥了在校学生的作用，有效地补充了修复力量，提高了图书馆古籍修复的工作效率。

在实际工作中，也存在着一些问题，如按照学校规定，在不影响学习的提前下，学生助理一般每周参加工作三次，每次三个半小时。对于古籍修复来说，这样零散的时间太过短暂且不连贯，而且时间的不确定性也给工作安排带来了不便。再者，工作过程中必须教授技能、安排工作，会对工作人员的本职工作造成一定影响，尤其对修复人数并不多的图书馆而言更是如此。

鉴于这种情况，在以后的工作中，笔者认为可以配合院系的教学工作，将古籍修复与保护的理论知识嵌入古典文献学等相关课程中，让学生在课堂上对古籍修复与保护的相关理论预先了解，对古籍修复的工作内容、流程等有个初步认识。这样，图书馆工作人员在选择学生助理和教授相关理论知识时能节省一些时间。还可以利用古籍修复与保护的课堂，让学生参与古籍修复岗位学生助理工作内容的设计,根据建议有针对性地开展工作,安排更合适的工作内容,使学生的实践学习更充分、更深入,更有效地开展工作,将古籍修复与保护的理念更深入地推广到全校师生当中。

(作者单位:北京师范大学图书馆)

参考文献:

[1]廖利香.澳大利亚维多利亚大学图书馆学生工管理工作及启示[J].科技创新导报,2014(25):196-197.

[2]林秋芸.高校图书馆勤工助学初探[J].农业图书情报学刊,2008(6):190-192.

[3]张静.高校图书馆学生工的管理与组织[J].浙江高校图书情报工作,2008(4):41-43,48.

[4]邓菁,邓秀琼.论高校图书馆学生工的管理[J].成都航空职业技术学院学报,2010(4):90-92.

[5]刘媛,鄂丽君.美国高校图书馆学生工管理工作及启示[J].图书馆建设,2013(6):58-62.

"整旧如旧"原则在古籍修复工作中的应用

——以《克复堂记》的修复工作为例

施文岚

《克复堂记》一书是湖南图书馆馆藏善本，2015年经笔者修复。由于该书各册书品不一，破损严重，修复过程中遇到不少棘手的技术问题，涉及古籍修复工作原则和技术方法，值得认真探讨。

一、《克复堂记》一书的基本情况

（一）《克复堂记》简介

《克复堂记》是湖南长沙湘乡颜氏的一套家用账簿，共有五本，记载了颜家于道光二十九年（1849）至咸丰三年（1853）五年里的一应财产与实物收支情况。原书未署名，据书中所夹"颜兴祥亲批"原存字据推断，户主疑为颜兴祥。从书写字迹推断，除"颜兴祥亲批"字据之外，该账簿应为颜家账房先生一人所记。

（二）《克复堂记》的书品

《克复堂记》原书为六眼订线方式。由于五本账簿购买时间不一，其尺寸不一样，分别为（单位：厘米）：26.4×22.3×1.5、25.6×24.5×1.8、25.8×24.5×1.6、26.4×22.3×1.1、26.5×22.5×1.3。账簿的书皮为2毫米厚的古色纸。书页纸张也比较厚，是稻草纤维比例占多的棉料"浏阳二贡"。书页厚度近1毫米，这样的纸张纸质松软，极易受墨，适合用毛笔蘸墨书写。书皮上从右至左竖行书写，右书"克复堂记"，中书年月如"道光贰拾玖年立"，左书"出入流水"。账簿书页为粗蓝单线边框，分上下两栏，每栏为16小竖行。书页的中缝上鱼尾处印有寓意财富的"堆金积玉"四字。账簿内有一些书页上贴有2厘米×4厘米或3厘米×4厘米的大小不等的红色小标签,是为账目标目,大多已褪色成黄色,有的已经脱落,随意夹在书页里。书名、账目一律用黑墨书写,楷书,字迹工整,颇见功力。五本账簿均严重破损,尤其是前后几页几乎被蠹虫蛀成纸条状,有的甚至被磨损成絮状。五本账簿均未标示页码,每本账簿内都有不少书页被人为撕毁。

(三)《克复堂记》的价值

《克复堂记》虽为账簿,实际上是颜家的家庭经济档案,记录了当时颜家的经济收入和生活状况。据账簿记载,当时颜家有田有地有山林,既出租土地,又经营商户,开有不少粮仓、店铺。家中长年有不少长工、零工,每年都收取大量租谷。账簿所记进进出出的粮、油、盐、菜、药、茶等品种繁多,数额庞大。如仅现存账目标签所示,就有"仓谷数""收入上租谷数""赊入上店数""田笋转数""收桐茶桃数""家内谷仓数""长工数""零工数"等。还有许多个人借、还款债务明细,以及自家家用开销登记。其中"家仓"就有"垭田仓""敏东曾仓""敏东庄房大仓""敏东庄房细仓""敏东聂仓""敏东谭仓""浅塘仓""团田仓"等八个。道光二十九年,"敏东曾仓谷数"第一项记载当年的结余数为"旧存陆拾壹石壹斗",可见其谷仓积谷不少。颜家还开有商号兼典当行"祥泰宝号",其账目记载:"(道光三十年)正月初三日开部大发①,收颜先惠谷钱仟六百文……""二月初二日,大吉,收单重高谷钱壹拾伍仟文……"账簿还反映颜家放高利贷并经营典当。如账簿第一册载:"李有道(道光)三十年十二月二十日该(欠)钱陆佰文,(咸丰)三年十二月三十日收钱仟文。"三年收取利息四佰文。同册载:"(二月初三日)同日,曾纪顺退耕钱伍拾仟四十文,兑先典项钱拾贰仟文,又付典项利扣钱捌佰文。"

账簿同时也从侧面反映出当时的社会经济关系和民众的生活状况。例如"逃荒会数"一项记载:"(咸丰二年)二月十一日,开去柳廷献、王昌富等共男女大小壹仟叁佰二十八名□□□米贰石□□开去钱贰仟文□□伙食钱陆佰八十文。"这就反映出当时灾民很多,且地方官府设有"逃荒会",当地富人或为"逃荒会"灾民捐钱捐米。

由此可见,《克复堂记》虽为家用账簿,实为经济史料;虽只记录一家之财产,

---

① "开部大发"疑为"开簿大发"之误,即新年伊始,打开账簿记录第一笔收入时,在日期下面写上的一句吉祥话,以图好兆头。下文"二月初二日,大吉"亦是此意。

实际在一定程度上反映了社会经济状况。《克复堂记》可说是一部研究鸦片战争之后中国乡村社会经济形态的珍贵地方文献。

二、《克复堂记》的整理和修复过程

(一)慎重制订修复方案

要修复这五本尺寸各不相同、破损严重而又有重要保存价值的账簿，首先要慎重地制订好周密的修复方案。

1.总则：坚持"整旧如旧"的修复原则，不接书背，保持原书尺寸各不相同的品相。

2.修复材料：已缺失的账簿书皮，根据原书皮的颜色，选择相同厚度的古色纸做书皮。另外四本磨损的书皮上有书名，修复后保留。补纸，根据原书页的种类、厚度、帘纹和颜色，采用0.6毫米厚的黄色的"浏阳二贡"。

3.染色：修复过程中根据书页的颜色，对护页的托纸和溜口绵纸进行染色。染色原料选用黄色国画颜料。

4.修补方式：鉴于破损原因大多为虫蛀，破损程度特别严重，且每本账簿都有人为撕毁的页面和脱落或断裂的小标签，决定采用手工修复——补洞、托裱与溜口。已磨损成絮状的四张护页，需要全页托裱。被撕毁页需用空白纸补上。脱落、残破的小标签待修复好后，贴回原有位置。

5.装订方式：保留原书的装订方式，六眼订线，书皮为筒子皮。

(二)把握好各修复环节

修复这样一部破损严重又没有页码和章节的善本古籍，修复细节很重要，稍有不慎，就会铸成不可挽回的大错。

首先，要掌握并仔细记录页码编排规律。由于原书没有页码和章节，内容也不连贯，弄不好就会是一本"乱账"，因此页码千万不能编错、编漏。其次，要挑选质地和品相相似的补纸补洞、接页。再次，要控制好用水。有蓝色版框的地方，相对容易处理，不怎么洇墨。但是在修复过程中还是要严格控制水的使用，以防书页吸水过多，造成版框、栏线和用墨汁写的字迹受到意外洇染。最后是修复小标签并找对原位置粘贴好。小标签是该账目的小纲目，对账目来说尤为重要。已断裂的小标签须收齐残片拼好，修复完整。有好几张小签条不知是从哪本账簿里脱落下来的，必须按照小标签的标示，再根据账簿的内容与当年记账的时间、地点、人物,记账先生所用毛笔画出的圈圈等各种蛛丝马迹,顺藤摸瓜,一般可以找到原位置。还有原来贴有标签的地方大多会留下与该标签同等大小的印迹,如果标签和账簿上的内容一致,那无疑是该标签的原位置了。

(三)修复过程中的几个技术要领

1.第四本账簿(咸丰二年)与第五本账簿(咸丰三年)的前后四张护页均记有账目,但已经磨损成絮状,必须保证完整地从原书页上取下来,再托在托纸上。面对呈棉絮状的书页,需戴上口罩,以免自己的呼吸吹动摊平的书页。上浆水的时候,有的絮状绒毛会速度极快地蜷缩在一起,很难再摊平,因此必须用笔尖轻轻点上去,让它们慢慢地滋润开来。

2.第五本账簿(咸丰三年)的封面已板结成块状,上面仿佛涂了一层蜡,和护页胶着在一起。我首先用热湿毛巾敷,但揭不开。然后用蒸笼蒸,效果也不好。最后边蘸热水边搓,才把有文字的部分完整地保留了下来。

3.账簿内有的书页的天头写有文字,有的地脚也写有文字,对于这种情况,裁剪书页时只能用剪刀一页页剪齐,不能一刀切。如用刀切,就很容易切掉顶着天头和地脚写的文字,那就严重地损坏了账簿资料的完整性,造成不可挽回的错误。这一点绝不能图一时的省事而大意。

三、基于《克复堂记》修复工作的几点思考

(一)修复工作必须严格遵守"整旧如旧"原则

纸质文物——古籍,是祖先留给我们的不可再生也不可替代的文化精粹。"整旧如旧"的意义就在于对古籍原样的尽力保存,即保存文献的全部信息,包括内容信息、版式信息、纸张信息、装帧信息、文献流传过程中的历史信息,完整保存其"文物性、资料性、艺术性"①。例如,保留《克复堂记》五本长宽不一样的装帧形式就是保存其装帧信息。装帧形式反映了不同时代古籍的装帧风格和特点。具体讲,从书页的连接方式、折叠方法到书衣的形式和丝线型号及单双股丝线的使用都打上了时代和地域的烙印。这五本账簿长宽尺寸不一样,正是因为当时记账的时间跨度达五年。如果我们现在修复时接书背,使五本账簿尺寸一样了,看似整齐、美观了很多,但是账簿的时代特征就看不到了,反而弄巧成拙,

---

① 国家古籍保护中心编印:《古籍修复技术培训讲义》,2009年。

影响了它的文物性。

著名古典文献学家、版本学家赵万里先生在《赵城金藏》展览座谈会上曾说："过去本馆装修的观点是将每一本书完全改为新装,此办法始而觉得很好,其后则发现它不对,一本书有它的时代背景,所以决定不再改装,以保持原样。"《赵城金藏》经修复人员十年的辛苦修复,焕然一新,作为资料是保留下来了,但其文物性却遭到了一定程度的损害。因此,古籍修复工作的"整旧如旧"原则,也应该包含多方面的内容①。

现实中,众多修复实例所表现出来的问题大多是出于良好的愿望,但由于没有从古籍的文物性入手,结果并没有产生好的结果。因此,修复人员必须牢记修复古籍只能从"保持"入手,切不可随意"创新"②。在制订修复方案时,一定要经过慎重考虑,仔细敲定,才可动手修复。

(二)"整旧如旧"尤其要重视细节处理

修复工作是一个细致活,要达到"整旧如旧"的效果,每一道工序、每一个细节都很重要,要求我们审慎对待。修复人员不能在修复古籍的同时,又对古籍产生二次伤害。例如在修复古籍时,是一页一页、一本一本地修还是几页、几本同时摊开修,这似乎是个工作细节,但这个细节绝不能小看。像《克复堂记》这样既没有章节、页码数据,内容又不连贯的古籍,只能一页一页、一本一本地修复,修完一本再修第二本。如果贪多图快,将几本账簿的书页同时放在一叠吸水纸里,就很容易混淆。笔者在修《谭延闿手札》时,就很有体会。该书是将谭延闿平时随意书写的二百多封短信一张一张地用糨糊贴在托纸上,本身没有什么顺序,修复时只有将信纸编上号码,在托纸上它原有的位置也编上同样的号码,再取下来。修复好了这一页,剪页锤平,贴回原来的位置后,再着手修复第二页,这样才能保证它原有的位置不会改变。又如,裁剪书边时是用刀子切还是用剪子剪也是一个细节。像修复《克复堂记》这样的天头、地脚有文字的古籍,为了完整地保留其天头、地脚的内容信息,就绝不能一刀切,而只能用剪刀一页一页地剪。

---

① 杜伟生:《阐释〈古籍修复技术规范与质量要求〉》,收入国家图书馆古籍馆编:《古籍保护新探索》,浙江古籍出版社,2008年。
② 张平:《浅析古籍修复的基本原则》,收入国家图书馆古籍馆编:《古籍保护新探索》,浙江古籍出版社,2008年。

(三)善于从实践中总结"整旧如旧"经验

理论必须联系实践,实践也必须不断总结提高。坚持"整旧如旧",还必须不断从实践中总结经验与教训。例如溜口绵纸的颜色,以前我们都没染色,不管什么颜色的书页,都是用白色溜口绵纸条溜口。折好书页后,垛在一起,书口就发白,有些刺眼。将溜口绵纸染成与原书页同样的颜色,就协调多了。此外,我们以前都是用切得很整齐的绵纸条溜口,溜出来的都是整整齐齐的书口。这不仅给下一个锤书的环节增添了不少麻烦,还直接影响了修复质量。用一张绵纸溜口,然后沿着书口撕下绵纸,这样撕下来的绵纸纤维就和书页紧密黏在一起了,没有整齐划一的接口,这样锤起来,既节约锤书时间,又保证了修复质量。

(作者单位:湖南图书馆)

论"开化纸"的工艺恢复

杨光辉　孙红旗　陈　刚　黄宏健

浙江开化纸,是明清宫廷用纸,皇家抄写档案及内府刻书大量使用开化纸。由于历史原因,清道光(1821—1850)后(一说同治[1862—1874]后),开化纸销声匿迹,迄今技艺中断百余年。浙江开化县十分重视开化纸传统工艺的挖掘与研究,2009年将开化纸制作技艺申报为浙江省第三批非物质文化遗产保护项目。2015年起,复旦大学中华古籍保护研究院研究团队相继与开化县"开化纸传统技艺研究中心"、广州市《广州大典》中心合作,开始参与开化纸传统工艺恢复项目研究,但项目在开化纸的样本选取、研究资金和人力资源的配置上,与开化纸的重要性及研究进程不相匹配。本文从开化纸的历史文化价值、开化纸传统工艺研发现状、中国传统手工纸与日本"和纸"存在差距、对开化纸传统技艺的传承与发展的几点建议等四方面展开论述,呼吁对开化纸的研发加大投入,为早日造就当代中国国家"纸"名片创造条件。

一、开化纸的历史文化价值

开化所在的衢州府"贡纸"始于唐宋,盛于明清,史称"藤纸"。《明一统志》卷四三记载:"藤纸,开化县出。"(《四库全书》本)明陆容(1436—1497)《菽园杂记》卷一三云:

> 开化等县,人以造纸为业。其造法采楮皮蒸过,擘去粗质,糁石灰,浸渍三宿,踩之使熟。去灰,又浸水七日。复蒸之,濯去泥沙。曝晒经旬,舂烂,水漂,入胡桃藤等药,以竹丝帘承之。俟其凝结,掀置白上,以火干之。白

者,以砖板制为案桌状,圬以石灰,而厝火其下也。

文中对开化纸的制作有简略的记载。卷一二又说:

> 浙之衢州民,以抄纸为业。每岁官纸之供,公私糜费无算,而内府贵臣视之,初不以为意也。闻天顺间,有老内官自江西回,见内府以官纸糊壁,面之饮泣,盖知其成之不易,而惜其暴殄之甚也。(《四库全书》本)

可见明代衢州开化纸制造之不易及上贡后内府使用情景。清代许多重要书籍为开化纸抄本或刻印本,如《康熙字典》《古今图书集成》《全唐诗》《芥子园画谱》《渊鉴类函》《四库全书》等[1]。清曾国藩日记载:"至莫子偲(即莫友芝,清代著名藏书家)处,观渠近年所得书,收藏颇富。内有汲古阁开化纸初印《十七史》,天地甚长。"[2]晚清民国时期著名藏书、刻书家陶湘(1871—1940)嗜好开化纸本书籍,号称"陶开化",其收藏大都被辽宁省图书馆、天津图书馆和日本京都大学收藏。

开化纸纸质细腻洁白,帘纹不显,温软柔润,薄中见韧。清康熙间开化县教谕姚夔《藤纸》诗曰"金溪一夜捣成雪,玉版新添席上珍",即是形容开化纸的。开化纸历经沧海桑田,名称各异,通常称"开化纸"(产地说)、"藤纸"(原料说)、"榜纸"(用途说)、"桃花纸"(因有桃花斑而获此"美称"),可以说,开化纸曾是中国古纸之杰出代表。现在通行的手工纸——宣纸,其产地安徽,曾要从开化买纸。清何绍基《重修安徽通志》卷八五记载:"纸,唐宋时土贡。……《府志》称:府虽有纸,无佳者。往往市自开化间。"(清光绪四年[1878]刻本)

瑞典亲王卡尔1933年访华时,曾对比瑞、中两国的纸张,说:"清乾隆时代,开化纸已登峰造极。有清中叶,有连四纸价廉工少,于是开化纸成为古物。中国因创纸最早,故古代文化亦极早。瑞典现代造纸颇发达,纸质虽优,但工料之细尚不及中国之开化纸。瑞典纸在欧洲为第一,能印五彩套版。欧洲人均谓中国纸不能印五彩画,只能用颜色绘画,其实不然。本人在北平故宫博物院所见之殿版书,系用开化纸所印,其五彩图画,完全用最白之开化纸所印成,数百余年不退色,且鲜明如初绘。……中国造纸如加以改良,将来与瑞典纸业互相携手,共谋纸业之发展,促进东西文化,乃一有价值之事业也。"[3]

---

[1] 魏隐儒称开化纸精印书"是清代书籍刻印的楷模"。见《古籍版本鉴赏》,北京燕山出版社,1997年,第89页。

[2] 《曾国藩日记类钞》,安徽人民出版社,2013年,第216页。

[3] 《中国纸之光荣》,《申报》1933年9月9日第13版。

但是，不仅开化纸没有能再现，中国造纸业亦没能像瑞典亲王期待的那样与瑞典"互相携手，共谋纸业之发展"。1940年，张元济先生谈到"开化纸"时说："昔日开化纸精洁美好，无与伦比，今开化所造纸，皆粗劣用以糊雨伞矣。"①

二、开化纸传统工艺研发现状

为了恢复中断百余年的传统手工纸代表——开化纸的制作工艺，自2012年开始，开化县民间艺人黄宏健潜心研试开化纸，2013年成立"开化县开化纸传统技艺研究中心"，在技艺上寻求突破，但纸张帘纹、韧性、光洁度等技术难题有待攻克。

2015年5月，国家图书馆、国家古籍保护中心相关领导表示，将视开化纸技艺恢复情况，在开化成立"中国古籍保护修复指定用纸单位"和"中国古籍修复南方中心"，对古籍进行翻印、刻印，直接面对市场。北京大学著名文化学者龚鹏程教授建议以"开化纸"为品牌，谋划建设高品位的"中国纸文化园"。

在北京大学文化资源研究中心杨子文先生及国家古籍保护中心王红蕾女史贤伉俪的牵线下，2015年9月17日，开化县与复旦大学中华古籍保护研究院签署了战略合作框架协议，聘请原复旦大学校长、中科院院士杨玉良先生担任开化纸传统技艺研究中心高级顾问，拟在开化建立院士、专家工作站和纸张恢复实验基地。复旦大学将该项目列入古籍保护科学技术教育部重点实验室（筹）建设计划，在技术上全力支持开化纸技艺的恢复与改进。

2015年10月，开化纸传统技艺研究中心（院士工作站）项目选址设在开化县华埠镇原皂角小学，项目列入2016年县政府投资项目计划。研究中心于2017年3月24日正式启用。

2016年1月22日，开化县政府与复旦大学中华古籍保护研究院正式签署开化纸传统制作工艺研究的合作协议，确定两年研究任务和目标。县财政每年设立专项资金100万元，用于征集开化纸实物进行采样比对等。通过田野调查和

---

① 沈津在《清内府刻开化纸印本〈御制诗〉第三集》一文中说："清代的内府刻本，用纸也非一种，今日所见即有罗纹纸、开化纸、连史纸、将乐纸、台连纸、竹纸等，其中尤以开化纸最好也最难得。……我在写《顾廷龙年谱》时，发现顾师日记一九四〇年三月十二日，载有顾师谒张元济先生事。张在谈及拟印《册府元龟》时说到了开化纸。老先生说：'昔日开化纸精洁美好，无与伦比，今开化所造纸，皆粗劣用以糊雨伞矣。昔时开化纸之稍粗者，书估谓之榜纸。'张还说：'此种开化纸为写榜之用，故名之曰开化榜纸。'榜纸比开化纸厚实，颜色较深，属次开化纸一等的纸。"（《书林物语》，上海辞书出版社，2011年，第95页）

造纸原料检测,对开化纸传统制作工艺进行研究。同时,借鉴其他相近的手工纸造纸工艺,在对造纸原料充分检测和试验的基础上,对开化纸工艺进行恢复研究,并造出性能特征与古纸相近的新一代开化纸。

通过开化县本地的努力,开化纸的恢复工艺虽取得了一些进展,但尚属民间研发,经费、人员、设施、技术匮乏,缺乏科学检测标准,严重制约了研究进程。

复旦大学中华古籍保护研究院开化纸工艺恢复研究团队由杨玉良院士牵头,由专门研究手工纸的文博系陈刚教授,研究院古籍研究专家杨光辉研究馆员、眭骏研究馆员及化学博士余辉青年副研究员,生物学家钟扬教授团队及微生物学家钟江教授团队等组成,与开化县开化纸传统技艺研究中心联合,共同研究以开化纸为代表的传统造纸工艺及相应的关键环节的检测方法(将与上海质量技术监督局合作),以便为古籍保护找到合适的专门用纸,在手工纸的制造工艺上赶超目前世界公认的日本"和纸",为纸张发明国正名,亦为纸张类的文创产品提供原料保障。

三、中国传统手工纸与日本"和纸"存在差距

公元610年,高丽僧人昙征将造纸术献给日本摄政王圣德太子,造纸技术正式传入日本。一千多年来,日本的手工造纸在吸取中国、朝鲜造纸经验的同时,形成了自身的特点。美国著名的纸史学者亨特(D. Hunter)在其《日本、朝鲜、中国造纸游记》中,将日本纸称为"东方最高级的手工纸"。英国的纸史学者克莱普顿(R. H. Clapperton)也有类似的说法。世界各地的博物馆、图书馆进行文物保护修复所用的手工纸目前基本是日本"和纸"。[①]

日本手工纸的三大原料为楮、三桠、雁皮,与我国常用的造纸原料之一竹纤维相比,它们具有纤维长、纤维素含量高、强度大的特点,而且处理方便。

日本手工纸制造业在近代也受到西方机械抄造的"洋纸"的冲击,生产户数已由1901年的68562户,锐减为2016年的250户左右(数据由小津和纸的专家提供)。手工纸制造作为一项重要的非物质文化遗产,其急剧衰落引起日本政府和民间的重视。从20世纪70年代开始,日本政府和民间采取一系列措施,有效地减缓了手工和纸消失的速度,使之在经历衰退期之后进入了较为平稳的发展

---

① 陈刚:《日本和纸经历衰退期后平稳发展》,《中国文化报》2013年12月27日。

状态。其具体措施包括:

(一)将有代表性的造纸组织或个人指定为"重要无形文化财"(即所谓的"人间国宝"),记录造纸工艺并提供一定财政补助。针对传统造纸技术价值的多样性和各自特点,将另外一些造纸组织或个人分别指定为"选定保存技术""重要有形民俗文化财""需加以记录的无形文化财"等进行登录,以便全方位、多层次保护。

(二)加强对传统工艺的记录保存及出版,包括对各地和纸制造情况的调查和科学研究。日本很重视对和纸实物样本(纸谱)的出版。如关义城在20世纪50年代出版的《古今东亚纸谱》《古今和纸谱》及后来的《古今色纸之谱》,收集了从奈良时代(相当于中国的唐代)开始的大量实物样本,为广大专业人员了解纸张发展的全貌提供了很好的实物资料。1973年,每日新闻社又发行了《手漉和纸大鉴》,收集了当代各种手工纸实物,部分配有造纸法的介绍与图片,对了解某一时期手工纸的面貌有很大帮助。

(三)加强交流展示平台建设。如:(1)1963年成立的全国手漉和纸联合会,是为了加强手工造纸业者之间的相互交流与协调而成立的行业性组织;(2)和纸研究会,属于昭和时期研究古籍、手工纸与印刷的专家所组成的团体;(3)1989年成立的和纸文化研究会,每月举办一次相关文献讲读及会员报告,组织参观活动和对纸乡的考察,编辑和纸文化研究丛书,发行会刊《和纸文化研究》,每年举办一次公开演讲会等。

(四)加强对传统造纸工艺的科学研究,尤其是传统工艺的改变对和纸耐久性的影响,以及环境因素对和纸耐久性的影响。

可以说,正是日本政府与民间的共同努力,保证了"和纸"在世界手工纸领域的独尊地位。

四、对开化纸传统技艺传承与发展的几点建议

开化纸工艺恢复项目具有重要的历史文化意义与潜在的实用经济价值。开化纸工艺一旦恢复,对国际手工纸行业的影响力不可估量,对实施"中华古籍保护计划"、增强民族文化自信都有着重大的意义。正如广州市前市长陈建华先生在"杨玉良院士开化纸工作站启动仪式"上所说:"泱泱中华,纸类琳琅满目,独缺

开化纸一张。历史上的'开化纸'纸寿可达千年,正是我们梦寐以求的印刷用纸。"①因为他在印制编撰十年的《广州大典》时,没有满意的印刷用纸,最后只好用特种制币纸,所以对印刷用长寿纸有特殊期待。制作不到十年的《中华再造善本》,有些纸张已经出现黄斑乃至酸化,严重影响其保存寿命。可以说,没有合适的修复用纸,"中华古籍保护计划"乃至修复古籍会成为空话,甚至造成再次伤害。可见,长寿古籍保护用纸——开化纸的恢复再造,不仅对恢复传统手工艺有借鉴意义,而且隐藏着巨大的市场期待,可带动一系列衍生行业的发展。

恢复开化纸,期盼得到国家层面的高度重视与支持,将开化纸恢复工艺项目列入国家"十三五"期间的一百项规划项目之一"中华古籍保护计划"的实质组成部分,使之成为国家级的文化建设工程,在政策、资金上支持该项目的实施。具体措施建议如下:

(一)建立"开化纸国家级科学保护数据库"。允许收藏开化纸的藏书机构(如故宫博物院、国家图书馆、辽宁省图书馆及各级收藏单位)对开化纸本藏书进行科学检测,以便获得第一手的科学数据,为建立"开化纸国家级科学保护数据库"做贡献,并为全面恢复开化纸的工艺提供实物数据,亦可为建设"中华古籍纸张国家级数据库"做准备。对于没有检测力量的单位,允许具有科学检测力量的团队进驻检测,在保证文物安全的前提下获取相应的数据,藏书机构不应以文物保护的种种借口不予合作。

(二)进行国际国内宣传推广。在开化纸工艺的恢复过程中,考虑适时在开化召开由国家高层参加的"开化纸国际研讨会"。寻求国家图书馆、故宫博物院和复旦大学图书馆等收藏单位的参与,在开化、北京、上海等地举办开化纸古籍善本巡展。利用国家孔子学院的平台,将开化纸古籍善本精品在全球孔子学院进行巡展,向世界展示明清时期的中国最高的造纸水平(开化纸本的古籍往往亦代表当时印刷的最高水平,如五色套印的《芥子园画谱》等),让世界领略中华传统工艺与文化的魅力。

(三)高起点规划开化纸国家文化产业园。在开化纸传统技艺恢复研究的同时,谋划建设"中国纸文化园"。以开化纸为核心,拓展、衍生多元化格局。可考虑建设开化纸刻印撰写古籍陈列馆、中国古籍保护修复用纸研究与检测中心、开

---

① 李啸、徐祝安:《技艺中断百年之后,"御用"开化纸行将归来》,"衢州新闻网"2017-04-03。

化纸个性化书籍印制销售中心等,做成无污染、高效益、高品位的世界性手工纸文化园和纸张研究高端学术交流基地。

(作者单位:复旦大学中华古籍保护研究院开化纸工艺恢复研究团队)

参考文献:

[1] 孙红旗.国楮[M].杭州:浙江文艺出版社,2015.
[2] 刘仁庆.论开化纸[J].纸和造纸,2012,31(6):74-78.
[3] 王传龙."开化纸"考辨[J].文献,2015(1):15-23.

"高校古文献资源库"的建设与发展

姚伯岳

一、建设历程

"高校古文献资源库"的规划和设计发轫于 2000 年"北京大学数字图书馆古文献资源库"的建设。"北京大学数字图书馆古文献资源库"由北京大学图书馆负责建设,由中国高等教育文献保障系统(China Academic Library and Information System,CALIS)提供技术支持,于 2000 年 9 月开始筹备,到 2003 年底初步建成,面向国内外广大读者提供服务,其发布平台为"秘籍琳琅"[①](图1)。

图 1 "秘籍琳琅:北京大学数字图书馆古文献资源库"主页

---

① 网址为 http://rbdl.calis.edu.cn/aopac/indexold.jsp。

在此基础上，CALIS 随即又提出建设"高校古文献资源库"的设想，从 2004 年 4 月立项起步，迄今已发展成为高校范围内全球规模最大的网络型中文古籍联合书目数据库，在社会上产生着日益广泛的影响。

(一)"高校古文献资源库"的一期建设

高校图书馆是我国公共图书馆系统之外，收藏中国古籍数量最大的图书馆系统。高校图书馆处在为学校教学、科研服务的第一线，古籍的收藏和利用为其重要的工作内容。因此，尽快实现馆藏古籍书目信息的数字化和网络化，实现古文献资源的共建共享，是许多高校图书馆在网络化时代面临的迫切任务。

基于此种考虑，2004 年初，由北京大学图书馆牵头，联合南京大学图书馆、北京师范大学图书馆、四川大学图书馆，筹划建立包含多个高校图书馆古文献资源的数字图书馆或数据库，并以"高校古文献资源库"为项目名称。这一想法得到了 CALIS 的积极支持。同年 6 月，"高校古文献资源库"被批准列为 CALIS "十五"建设项目"专题特色数据库"中的一级资助项目。从 2004 年 6 月项目开始实施到 2006 年 9 月 20 日项目一期验收，经过各成员馆两年多的紧张工作和艰苦努力，"高校古文献资源库"的建设取得了如下成效：

(1) 建立了我国第一个高校校际古文献资源库。"高校古文献资源库"验收时，4 个参建馆提交古籍元数据量 202449 条、书影和全文图像数量 5467 幅、电子图书 1 万余册。

(2) 设计开发了基于新型元数据标准的网络型古籍联机编目系统，系统设计合理，实用高效。借助该著录系统，在项目实施后不到两年的时间，4 个参建馆就都迅速完成了各馆所藏古籍的计算器回溯编目工作。

(3) 推出了具有古文献特色的检索服务平台——"学苑汲古"①(图 2)，检索途径多种多样，系统运行良好。

(4) 制定了一套适用的古文献数字化标准，包括古籍元数据规范、古籍著录规则、古文献数字加工标准。

"高校古文献资源库"在验收通过并正式对外开放服务后，得到社会的普遍好评，并受到国内外高校图书馆的关注，许多高校图书馆迫切希望加入，所以此后又酌情增加了香港中文大学图书馆、华东师范大学图书馆、吉林大学图书馆 3

---

① 网址为 http://rbsc.calis.edu.cn:8086/aopac/jsp/indexXyjg.jsp。

个成员馆。截止到 2010 年 9 月底,该库已成为包含 7 个成员馆共 31 万条古籍元数据、2.6 万幅书影和全文图像、1 万余册电子图书的网络型古文献数据库。

图 2 "学苑汲古:高校古文献资源库"一期主页

(二)"高校古文献资源库"的二期建设

2010 年 9 月 20 日,CALIS 三期建设正式启动。鉴于"高校古文献资源库"前期建设的成功进行和突出地位,以及许多高校图书馆不断主动申请加入该资源库的现实需求,该项目成为 CALIS 三期建设的重点建设项目,并制定了新的目标:"联合更多的收藏古籍有一定规模的高校图书馆,扩大建设高校古文献书目与全文图像资源库,尽可能多地反映我国高校古籍收藏情况,在为参建馆提供馆藏古籍回溯编目服务的基础上,建立全文图像加工与共享服务机制,促进高校图书馆馆藏古籍的编目整理与资源共享,在读者与图书馆之间建立方便快捷的沟通管道。"

经过各成员馆卓有成效的努力,到 2012 年 4 月 27 日项目验收时,"高校古文献资源库"成员馆增加到 24 个,古籍元数据达 63.8 万条,书影和全文图像 24 万幅,电子图书 8.35 万册(图 3)。复旦大学图书馆、吉林大学图书馆、四川大学图书馆还利用"高校古文献资源库"发布平台"学苑汲古",率先开展了在 CALIS 高校成员馆范围内三馆馆藏普通古籍的文献传递服务。

在此之后,又有中国海洋大学图书馆、美国华盛顿大学东亚图书馆、加拿大英属哥伦比亚大学亚洲图书馆、美国哈佛大学哈佛燕京图书馆 4 个馆陆续加入进来,资源库中的数字资源也在不断增加。截止到 2017 年 5 月底,"高校古文献资源库"已经拥有海内外28所高校图书馆成员馆,包含67万余条古文献书目记录、30万幅书影图像和8.35万册电子图书。随着时间的推移,这些数字还在不断地增加。

图3 "学苑汲古:高校古文献资源库"二期主页

"高校古文献资源库"28个成员馆一览表

序号	图书馆	序号	图书馆
1	北京大学图书馆	15	山东大学图书馆
2	清华大学图书馆	16	苏州大学图书馆
3	中国人民大学图书馆	17	郑州大学图书馆
4	北京师范大学图书馆	18	河南大学图书馆
5	复旦大学图书馆	19	厦门大学图书馆
6	华东师范大学图书馆	20	中国海洋大学图书馆
7	南京大学图书馆	21	内蒙古大学图书馆
8	南京师范大学图书馆	22	宁夏大学图书馆
9	中山大学图书馆	23	浙江师范大学图书馆
10	四川大学图书馆	24	香港中文大学图书馆
11	武汉大学图书馆	25	澳门大学图书馆
12	南开大学图书馆	26	美国华盛顿大学东亚图书馆
13	吉林大学图书馆	27	加拿大英属哥伦比亚大学亚洲图书馆
14	辽宁大学图书馆	28	美国哈佛大学哈佛燕京图书馆

二、建设机制

（一）组织管理

作为 CALIS 三期重点建设项目的"高校古文献资源库"二期建设，在充分吸收一期建设经验的基础上，进一步完善了对项目的管理，成立了以北京大学为首、联合主要高校成员馆作为核心的项目管理组；在项目管理组下又设立业务工作组，具体负责制订建设方案，拟订相关规范和标准，对参建馆予以相关技术指导和业务培训，进行质量监控，协调资源建设，以保证项目的顺利实施和圆满完成。

（二）资源建设

资源建设包括元数据加工和书影、全文图像及电子图书的数字加工。

元数据由参建馆依据统一的元数据标准著录，并提交至项目中心数据库存贮。考虑到古籍版本的多样性，各馆古籍元数据的提交不以查重为前提，不进行数据合并，系统的设计也不支持成员馆之间的数据合并。

元数据的建设在采取联机编目方式的同时，充分整理利用各参建馆已有的古籍数字化成果，尽可能地将各馆已有的各种格式电子化古籍书目数据批量导入到"高校古文献资源库"系统中，然后由各馆逐条进行校对修改。

元数据的建设是"高校古文献资源库"二期建设的重点内容之一，项目管理组鼓励各参建馆提供古籍书影图像的扫描、上传和链接，并予以相应的经费补贴。书影一般只选择古籍的卷端、内封、牌记页等少数几个页面进行扫描，每书原则上不超过 3 幅。

全文图像的格式与书影相同，但反映文献内容更为全面，通常用于书画、舆图或尺牍原件等作品。扫描工作由各参建馆进行，所得书影图像和全文图像则由各馆利用"高校古文献资源库"古籍著录系统上的"图像编辑"工具提交并与相应的元数据挂接，也可以批量提交到项目组集中加工和上传、链接。

电子图书的提供基于两种情况：一种是由图书馆主动进行古籍全文数字化而提供的电子图书，一种是过去应读者具体要求进行全文数字化复制而产生的电子图书。电子图书的提交和挂接与书影图像和全文图像类似，也是由各馆利用"高校古文献资源库"古籍著录系统上的"电子图书编辑"工具提交并与相应的元数据挂接，也可以批量提交到项目组集中加工和上传、链接。

（三）服务机制

"高校古文献资源库"提供给各参建馆一个富于古文献特色的服务平台，并采取以下共享服务机制：

（1）参建馆可以上传、修改、复制、删除、下载本馆的元数据。

（2）参建馆可以检索、浏览、套录其他馆的元数据，借以生成本馆元数据，但无权修改和删除其他馆的元数据。

（3）书影的中精度图像随元数据对全社会开放，参建馆古籍编目员则可以浏览其他馆各种精度的书影和全文图像、电子图书。

（四）技术支持

在项目管理组的领导下，由业务工作组负责组织、建立和完善相应的标准规范，包括古文献元数据规范和著录规则、古文献数字加工规范、古文献全文图像的共享服务机制，同时建立质量监控机制，保证数据质量。

CALIS 为参建馆提供古文献资源加工、管理和服务诸系统，并根据项目业务工作组提出的各项需求，及时完成对系统的修改、完善和维护工作。

三、建设特点

（一）数据资源体量庞大

（1）目前国内收藏古籍规模较大的高校图书馆大都已加入"高校古文献资源库"中，今后还会有更多的海内外高校图书馆加入进来。"高校古文献资源库"的体量将不断增大，越来越广泛地反映高校图书馆系统的古文献资源收藏。

（2）"高校古文献资源库"的建设宗旨之一，就是全面反映每一个参建馆完整的古籍收藏，所以要求参建馆尽可能提交本馆全面完整的古籍书目记录。随着参建馆的日益增多，该资源库也必将成为一个名副其实的系统而完备的高校馆藏古籍联合目录数据库。

（3）"高校古文献资源库"内容不仅仅限于书目数据，同时还包含了大量的古籍书影图像和古籍全文电子图像等，已超出联合目录的范畴，具备了一个古文献数字图书馆的雏形。

（二）数据创建灵活便捷

（1）"高校古文献资源库"具有最大的包容性，它对书目记录的详细程度乃至著录格式不做硬性规定，允许各成员馆提交反映其现有编目质量和水平的元数据，尊重各馆现有的工作成果，大大降低了成员馆的准入门槛，便于更多的高校图书馆随时加入。

(2)"高校古文献资源库"不合并各馆的记录，既保持了各馆数据的独立性，也省去了各成员馆在上载元数据之前对其他成员馆数据的查重工序，使得一馆数据的整批导入成为可能，极大地加快了资源库的建设速度。

(3)系统支持CNMARC格式、Excel格式、XML格式元数据的导入和导出，实现了同一系统内部或不同系统之间元数据格式的相互转换，便于成员馆古籍元数据的批量上载，也为今后各成员馆分别建立各自的古文献资源库创造了便利条件。

(4)"高校古文献资源库"中对书目记录的著录系以每个藏本为单位，资源库中所有的书影图像，也是分别挂接在每一条这样的书目记录之上，反映的是某馆某个具体藏本的面貌。这样的设计，有助于各馆编目人员及读者比较和鉴别版本，统一认识，提高各馆古籍书目记录的规范性和准确性。

(5)为了减轻元数据录入的工作量和促进各成员馆之间古籍元数据的借鉴利用，"高校古文献资源库"古籍著录系统允许对所有的古籍元数据进行套录，并为之设计了专门的套录功能。

(三)检索功能完备多样

(1)针对用户需求精心设计的"高校古文献资源库"发布系统"学苑汲古"，向读者提供了一个具有简单检索、高级检索、浏览、索引等完备功能的新型检索系统。

(2)"学苑汲古"允许在单个成员馆范围内进行检索，使得"高校古文献资源库"兼具单个成员馆本馆古文献书目数据库的功能。

(3)"学苑汲古"的高级检索方式提供了各种检索途径的单独和组配检索。其中许多检索途径如责任者时代、出版年代、出版地、出版者、版本类别、装订方式等是专门设计的，并且允许单一途径的检索。这一设计冲破了现有电子书目检索体制的束缚，极大地提高了数据库的使用效率，赋予了检索结果以很高的学术价值，成为学者治学的得力助手(图4)。

(四)服务方式公益性强

(1)"高校古文献资源库"为公益性数据库，其书目记录及中精度书影图像向全社会开放，电子图书也在参建馆范围内免费共享，这就使得古籍数字化的受

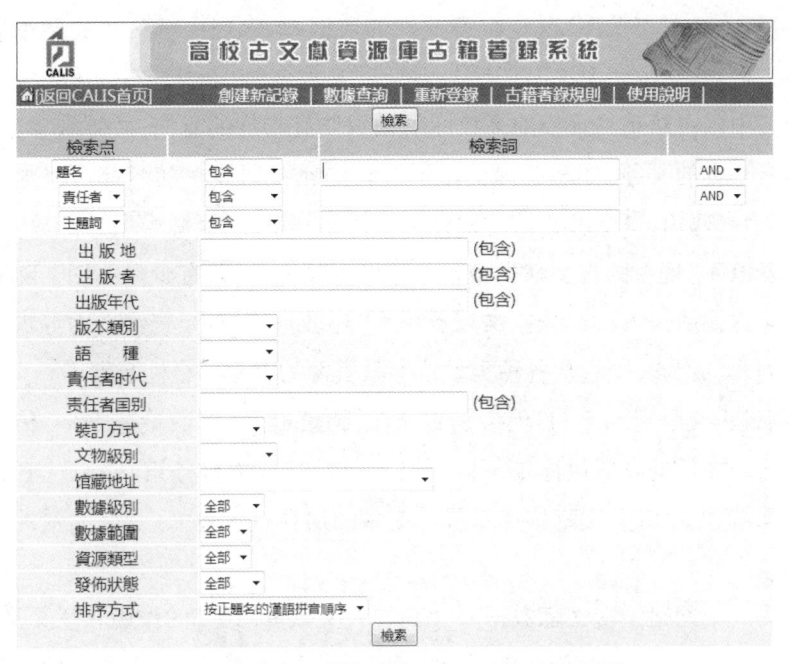

图 4 "高校古文献资源库"著录系统的检索界面

益人群大为扩展,使得高校图书馆所藏古籍资源得到更加充分的利用。

(2)"高校古文献资源库"在二期建设中新增的文献传递功能,赋予了"学苑汲古"更加丰富的内涵,使各高校图书馆馆藏古文献的共享机制真正开始落实,开创了古籍服务工作的新篇章。

四、未来发展

"高校古文献资源库"已经搭建了一个网络型古籍联合编目平台,为在全世界范围内开展高校间广泛的古籍联合编目、摸清中文古籍收藏情况创造了必要的条件;同时它还将向数字图书馆的方向发展,努力为全社会读者利用中国古籍创造各种便利条件。

"高校古文献资源库"是一个可持续发展的建设项目,因为它是一个动态的网络型书目数据库,它的许多成员馆如北京大学图书馆、中国人民大学图书馆、吉林大学图书馆、郑州大学图书馆等,都将它作为本馆古籍编目的工作平台;它的成员馆在不断增加,各种数字资源的数量也在不断地增加;它的各种书目数据都在经历不断的修改和完善,质量将逐步提高;今后它还要在其发布平台"学苑汲古"上增加与用户的交流互动功能,随时吸纳读者和用户的批评建议。

"高校古文献资源库"是一个开放性的数据库,表现在:第一,成员馆数量的开放。"高校古文献资源库"的建设方针是"自愿参加,合作共享,开放服务",海内外收藏中国古籍稍具规模的高校图书馆只要有参加的意向,并签署参建协议,承诺履行一定的义务(如愿意提交馆藏古籍的元数据等),随时都可以加入该资源库,成为参建馆,享受参建馆的种种优惠待遇。第二,资源类型的开放。"高校古文献资源库"现在的古文献类型基本是以古籍为主,兼有少量舆图。随着古文献数字化建设的深入,"高校古文献资源库"还准备将拓片、契约文书等古文献类型逐步列入,成为一个囊括各种类型古文献资源的大型综合性数据库。

"高校古文献资源库"目前参加古文献传递的图书馆数量还不多,传递范围还不够广。今后的发展目标是争取所有成员馆都成为服务馆,并通过 CALIS 文献传递系统和 CASHL 文献传递系统等更多的途径进行更为广泛、大量的古文献传递活动。

作为一个网络型古文献数据库,"高校古文献资源库"的作用和意义是:

(1)通过数据库的建设,初步摸清了高校古籍收藏状况,使得高校古籍数字化和保护工作的开展有数据可依,有数字资源可考。

(2)可以帮助读者方便地了解海内外高校范围内古文献的收藏情况,有助于满足读者对古籍的文献传递需求,促进古籍的流通利用。加速珍贵古籍为大众所共享,促进古文献的整理与利用,为中国古籍走向世界、弘扬中华传统文化提供重要的文献保障。

(3)对于那些尚不具备单独开发古文献数据库条件的高校图书馆来说,"高校古文献资源库"提供了一个现成的工作平台,帮助其尽快实现馆藏古文献的各种类型数据数字化,并成为这些数字资源的保存空间和展现窗口。

(4)实现了各成员馆之间的古文献联合编目,有助于古文献书目数据的完善和规范。

(5)有助于古籍的保护,引导读者更多地阅读电子版古籍,间接地保护古籍原书,减少其在使用中造成的损坏。

(6)在研究和应用工作中培训培养古籍整理、古籍数字化人才,为高校全面开展古籍保护整理工作提供人才保障。

"高校古文献资源库"的建设,既有对海内外高校图书馆所藏中国古文献资源的系统整合效应,也有对成员馆古籍整理工作的促进和规范作用,同时也为国家各类古籍整理项目在各高校图书馆的顺利实施创造了有利条件。如能继续得到来自各方面的支持,加上自身的努力,"高校古文献资源库"必将取得更为辉煌的成绩,成为一个富于古文献特色、内容丰富、功能完备、理念先进、占有重要地位的全国性甚至世界性的高校古文献数字图书馆!

(作者单位:天津师范大学古籍保护研究院)

参考文献:

[1]姚伯岳,沈芸芸."高校古文献资源库"的扩大建设及其意义[J].大学图书馆学报,2012(3):54-58.

[2]姚伯岳."高校古文献资源库"检索功能综述[J].数字图书馆论坛,2009(6):42-46.

[3]姚伯岳."北京大学数字图书馆古文献资源库"的建设[J].数字图书馆论坛,2006(12):12-17.

"互联网+"古籍数字化*

谢 昱

中文古籍数字化研究始于20世纪70年代末期的美国,至今已有四十年的历史。中文古籍数字化在理论研究、技术研究、实践研究等方面取得了累累硕果,但也存在着许多问题,也有大量的研究论文提出了解决这些问题的对策。随着互联网的飞速发展和广泛运用,"互联网+"已经融入我们的生活和工作中,改变了我们身边很多的传统领域,并引发了经济社会的认知模式和创新思维模式的大转变。2012年11月,易观国际董事长于扬在第五届移动互联网博览会上率先提出了"互联网+"的理念,并认为在未来,所有产业的产品和服务都将被互联网所改变①。2015年3月5日,李克强总理在第十二届全国人民代表大会第三次会议上作政府工作报告,明确提出要制订"互联网+"行动计划②。本文在总结前人研究成果的基础上,探索如何建立互联网古籍数字化模式。

一、国内外中文古籍数字化研究概述

中文古籍数字化的研究,最早开始于20世纪70年代末期计算机发达的美国。早在1978年,美国人P.J.艾凡赫(P.J.Ivanhoe)运用计算机编制了《朱熹大学

---

* 本文系河南省科技攻关项目"河南省现存古籍保护研究"(项目编号:162102310059)研究成果之一。
① 周婷:《"预言者"于扬》,凤凰财经网(http://finance.ifeng.com/a/20150701/13811904_0.shtml)[2015-07-01]。
② 李克强:《政府工作报告——2015年3月5日在第十二届全国人民代表大会第三次会议上》,人民出版社,2015年。

章句索引》《朱熹中庸章句索引》《王阳明大学问索引》《王阳明传习录索引》《戴震孟子字义疏证索引》，标志着中文古籍数字化的开端①。20 世纪 80 年代计算机技术的发展，给图书文献的数字化带来了全新的机遇。随着数字化进程的开展，国外各图书馆也开始计划将古代中文典籍数字化。1980 年大英图书馆开始采用 MARC 磁带建立"古版书简明标题目录"（ISTC），其中包括部分中文古籍书目。1982 年，美国国会图书馆开始计划以最新技术的光学磁盘来储存图像②。随后，美国国会图书馆、哈佛大学哈佛燕京图书馆等典藏机构开始将中文古籍进行数字化处理，开发建立了各具特色的中文古籍数据库③。日本东京大学图书馆自 1986 年开始进行数字化工作。1998 年，日本国立国会图书馆制定了《国立国会图书馆数字图书馆计划》，该计划对传统文化和珍贵典籍十分重视，并优先选择中文古籍数字化项目④。

我国中文古籍数字化的实践工作早在 20 世纪 80 年代初就已起步，最早利用光盘技术存贮古籍并建立中文古籍全文检索系统的是港台地区。早在 1983 年台湾"中央图书馆"就开始建立古籍善本书目数据库，"中央研究院"受到委托，全面规划"数位典藏计划"。中文古籍数字化在我国大陆发展，是在 20 世纪 90 年代中期以后。这一时期一些大的出版单位、学术机构和商业公司介入了中文古籍的数字化工作，使中文古籍数字化的规模迅速扩大⑤。而有关中文古籍数字化的理论研究却始于 90 年代，从 1992 年李致忠的《略谈建立中国古籍书目数据库》⑥到 1997 年刘炜的《上海图书馆古籍数字化的初步尝试》⑦，标志着中文古籍数字化的实践工作开始进入初步的理论研究中。这 20 余年的研究，虽然取得了一系列令人瞩目的成果，但还没有形成一定的理论体系，目前还没有一部专门关于中文古籍整理数字化的著作问世。截止到 2016 年 5 月，以"古籍数字化"为检索词，通过中国知网检索，共检索到与古籍数字化相关的期刊论文 372 篇，其中

---

① 毛建军：《国外中文古籍数字化资源概述》，《当代图书馆》2006 年第 4 期。
② [英]雪嶋宏一著，姜振儒编译：《英国古籍书目数据库——ISTC》，《河北图苑》1993 年第 3 期。
③ 石光莲、郑伟伟：《中国古籍文献数字化研究综述》，《重庆图情研究》2014 年第 3 期。
④ 薛理桂：《珍藏文献数位化之发展现况与展望》，《"国立中央图书馆"台湾分馆馆刊》第 4 卷第 1 期，1998 年。
⑤ 王立清、董梅香、肖卫飞：《港台地区古籍数字化现状分析及启示》，《图书情报工作》2006 年第 8 期。
⑥ 李致忠：《略谈建立中国古籍书目数据库》，《北京图书馆刊》1992 年第 1 期。
⑦ 刘炜：《上海图书馆古籍数字化的初步尝试》，《图书馆杂志》1997 年第 4 期。

10年前发表的期刊论文只有63篇,主要着重于古籍数字化的定义、古籍数字化的成果、古籍数字化存在的问题以及对策等方面的研究。通过检索中国期刊网2012年至2016年的期刊,以"互联网"和"古籍数字化"两个检索词,检索到的期刊论文为0篇,可见将古籍数字化和互联网这两个新兴的研究领域结合在一起,将成为前沿科学的一个新的研究方向。

通过分析归纳,检索到的古籍数字化文献研究主题主要集中在以下几个方面:

古籍数字化的进展与现状(50篇)。很多学者从不同角度对古籍数字化的进展和现状做了总结和回顾。如:吴家驹[1]、吴夏平[2]、郝淑东、张亮、冯睿[3]、潘德利[4]、王立清、董梅香、肖卫飞[5]等分地区对中国大陆和港台地区的古籍数字化进程进行了介绍;陈立新[6]、孟忻[7]、刘安琴[8]等分类型对国内科研院所、高校图书馆、公共图书馆和一些致力于古籍数字化的商业机构在古籍数字化建设过程中所做出的努力和贡献做了介绍;李弘毅[9]、陈阳[10]、王敏[11]等则分阶段介绍了古籍数字化的发展进程。

古籍数字化的基础理论(11篇)。古籍数字化概念与内涵的界定是古籍数字化研究和开发的核心问题。我国古籍数字化的基础理论研究成果主要是对古籍数字化的概念进行界定。2000年李运富在《谈古籍电子版的保真原则和整理原则》[12]一文中首次提出了"古籍电子化"的概念。随后,彭江岸的《论古籍的数字化》[13]、李明杰的《中文古籍数字化基本理论问题刍议》[14]、郝淑东等的《古籍数

---

[1] 吴家驹:《中文古籍数字化的进展与主要成果述评》,《南京师范大学文学院学报》2004年第3期。
[2] 吴夏平:《古籍数字化与学术研究》,《贵州教育学院学报》(社会科学版)2007年第6期。
[3] 郝淑东、张亮、冯睿:《古籍数字化的发展概述》,《情报探索》2007年第7期。
[4] 潘德利:《中国古籍数字化进程和展望》,《图书情报工作》2002年第7期。
[5] 王立清、董梅香、肖卫飞:《港台地区古籍数字化现状分析及启示》,《图书情报工作》2006年第8期。
[6] 陈立新:《古籍数字化的进展与问题》,《上海高校图书情报工作研究》2003年第2期。
[7] 孟忻:《古籍数字化的现状与发展方向》,《中国索引》2008年第1期。
[8] 刘安琴:《我国图书馆古籍数字化的发展现状及其思考》,《当代图书馆》2006年第1期。
[9] 李弘毅:《浅论古籍数字化的发展阶段》,《上海高校图书情报学刊》2002年第2期。
[10] 陈阳:《古籍数字化发展状况概述》,《电子出版》2003年第8期。
[11] 王敏:《我国古籍数字化之探析》,《四川图书馆学报》2005年第6期。
[12] 李运富:《谈古籍电子版的保真原则和整理原则》,《古籍整理研究学刊》2000年第1期。
[13] 彭江岸:《论古籍的数字化》,《河南图书馆学刊》2000年第2期。
[14] 李明杰:《中文古籍数字化基本理论问题刍议》,《图书馆论坛》2005年第5期。

字化的发展概述》①、毛建军的《古籍数字化的概念与内涵》②等文章,从不同角度对古籍数字化的基本概念进行了界定,说明研究者已认识到古籍数字化理论问题的重要性。

古籍数字化技术研究(100篇)。有关古籍数字化技术处理层面的理论研究主要涉及对汉字的处理、OCR光学字符识别技术研究、中文古籍全文检索技术研究、书目数据库技术研究、古籍元数据的研究等。具有代表性的有:林仲湘等的《论古籍整理用计算机字库中的字形处理》③、包铮的《让古籍数字化成为可能——古籍数字化处理技术》④、刘博的《大规模古籍数字化之汉字编码选择》⑤、吴茗的《GIS技术在古籍数字化资源建设中的应用》⑥、杨贤林的《古籍整理中数字化技术的应用实践与展望》⑦、李致忠的《略谈建立中国古籍书目数据库》、姚伯岳等的《古籍元数据标准的设计及其系统实现》⑧,还有徐健、肖卓⑨、秦淑贞⑩、周秦⑪、王运堂、李勇慧⑫等学者发表的论文。

古籍数字化资源的开发与建设(73篇)。在过去的古籍数字化工作中,资源重复建设已是一个引起诸多非议的突出问题。因此对数字化资源的合理开发与建设成为研究者近期的关注热点之一。有代表性的如毛建军的《国外中文古籍数字化资源概述》、《国内科研院所古籍数字化资源的建设》⑬、《基于实践层面的古籍数字化开发层次的再认识》⑭等论文,李国新的《中国古籍资源数字化的进展

---

① 郝淑东、张亮、冯睿:《古籍数字化的发展概述》,《情报探索》2007年第7期。
② 毛建军:《古籍数字化的概念与内涵》,《图书馆理论与实践》2007年第4期。
③ 林仲湘、李义琳、林亦:《论古籍整理用计算机字库中的字形处理》,《广西大学学报》(哲学社会科学版)1996年第2期。
④ 包铮:《让古籍数字化成为可能——古籍数字化处理技术》,《数字与缩微影像》2003年第4期。
⑤ 刘博:《大规模古籍数字化之汉字编码选择》,《科技情报开发与经济》2006年第5期。
⑥ 吴茗:《GIS技术在古籍数字化资源建设中的应用》,《图书馆学刊》2016年第4期。
⑦ 杨贤林:《古籍整理中数字化技术的应用实践与展望》,《图书馆学刊》2014年第3期。
⑧ 姚伯岳等:《古籍元数据标准的设计及其系统实现》,《大学图书馆学报》2003年第1期。
⑨ 徐健、肖卓:《古籍数字化中的汉字录入与显示》,《图书与情报》2006年第6期。
⑩ 秦淑贞:《论古籍书目数据库规范化》,《中国图书馆学报》1997年第1期。
⑪ 周秦:《古籍书目数据库建设浅议》,《图书馆工作与研究》1997年第2期。
⑫ 王运堂、李勇慧:《关于善本古籍书目数据库建设的回顾与思考》,《中国图书馆学报》1999年第2期。
⑬ 毛建军:《国内科研院所古籍数字化资源的建设》,《图书馆建设》2007年第2期。
⑭ 毛建军:《基于实践层面的古籍数字化开发层次的再认识》,《数字与缩微影像》2007年第2期。

与任务》[1],黄玮夏的《古籍文献数字化与数字图书馆建设》[2]。近年来的研究者更侧重于对古籍资源的深度开发,如徐清等学者的《古籍数字化资源的深度开发》[3],马创新、曲维光、陈小荷的《中文古籍数字化的开发层次和发展趋势》[4],王立清的《中文古籍数字化研究》[5]等。

古籍数字化存在的问题及对策研究(41篇)。目前很多学者都提出,我国的古籍数字化工作主要存在技术问题、人才问题、重复建设和统筹问题、标准问题、经费问题等。其中有代表性的论文如:徐变云的《数字图书馆进程中的古籍数字化发展现状研究》[6],牛惠萍、张琳的《对我国古籍数字化相关问题的研究》[7],苏文珠的《古籍数字化所面临的问题及对策》[8],厉莉的《古籍数字化的现状及对策》[9],赵瑞生、赵雪云的《我国中文古籍数字化管理的问题与对策》[10],高娟、刘家真的《中国大陆地区古籍数字化问题及对策》[11]等。

此外,还有古籍数字化在各行业或专题方面的研究,包括:关于民族文献(14篇),如包和平的《关于我国少数民族古籍资源数字化建设探讨》[12]等;关于农业文献(9篇),如常春、潘淑春的《农业古籍数字化项目的建设意义和SWOT分析》[13]等;关于中医文献(31篇),如杨继红的《中医古籍数字化资源建设概述》[14]等。

二、"互联网+"古籍数字化规划设计

古籍数字化是对现存古籍或古籍内容的再现和加工,属于古籍整理的范畴,是古籍整理的一部分。如上所述,古籍数字化已经走过了初期的研究发展阶段,

---

[1] 李国新:《中国古籍资源数字化的进展与任务》,《大学图书馆学报》2002年第1期。
[2] 黄玮夏:《古籍文献数字化与数字图书馆建设》,《情报科学》2010年第8期。
[3] 徐清、石向实、王唯:《古籍数字化资源的深度开发》,《图书馆情报工作》2017年第3期。
[4] 马创新、曲维光、陈小荷:《中文古籍数字化的开发层次和发展趋势》,《图书馆》2014年第2期。
[5] 王立清:《中文古籍数字化研究》,国家图书馆出版社,2011年,第25页。
[6] 徐变云:《数字图书馆进程中的古籍数字化发展现状研究》,《图书情报研究》2012年第3期。
[7] 牛惠萍、张琳:《对我国古籍数字化相关问题的研究》,《当代图书馆》2006年第1期。
[8] 苏文珠:《古籍数字化所面临的问题及对策》,《河北科技图苑》2007年第3期。
[9] 厉莉:《古籍数字化的现状及对策》,《江西图书馆学刊》2002年第1期。
[10] 赵瑞生、赵雪云:《我国中文古籍数字化管理的问题与对策》,《北京档案》2010年第10期。
[11] 高娟、刘家真:《中国大陆地区古籍数字化问题及对策》,《图书馆学报》2013年第4期。
[12] 包和平:《关于我国少数民族古籍资源数字化建设探讨》,《图书馆建设》2003年第4期。
[13] 常春、潘淑春:《农业古籍数字化项目的建设意义和SWOT分析》,《情报杂志》2005年第11期。
[14] 杨继红:《中医古籍数字化资源建设概述》,《现代情报》2008年第5期。

这一阶段取得了巨大的成绩，但也存在许多不可忽视的问题，如：数字产品质量良莠不齐，大量数据难以共享；古籍数字化的认识和定位不准确，基础性建设滞后；古籍原典被损坏的风险在不断增加；数据垃圾增多，如果任其发展，不仅浪费大量人力、物力、财力，而且必将直接影响到传统文化的传播质量。

为了避免以上情况发生在古籍数字化工程建设中，应从"互联网+"视角研究古籍数字化工程，充分利用互联网开放、平等、互动的特性，利用整合后的古籍文献工作者人力资源，把分散的古籍资源整合到"古籍数字化网络平台"，为分散在各地区、各行业的研究人员提供全新的、开放式的研究资料，满足其不同的学术研究的需求，为科研工作者提供更好的服务，同时避免重复建设、重复投入，优化资源配置，最终实现图书馆人梦寐以求的资源共建共享。研究人员的最新研究成果也要回传到网站，使过去"藏在深闺"的那些珍贵典籍能直接地、通俗易懂地展现在社会公众面前，满足他们对古籍的认知和欣赏需求，进而提升其对中华现存文化遗产的自豪感，为中华传统文化的传播提供一个良好的平台。

三、总结与展望

2007年以来开展的"中华古籍保护计划"，是有史以来规模最大的古籍保护工程，2020年将基本完成全国古籍普查登记工作。这一次的全国古籍普查登记的数据，加上全国文物系统少量可移动文物普查登记的古籍数据，将较完整地反映出国内现存古籍的真实情况，为"中华古籍保护计划"的其他工作打下坚实的基础。古籍再造及数字化工程的有序开展将向世人揭开全国现存古籍的神秘面纱，实现习近平同志的让"书写在古籍里的文字""活起来"的愿望，为广大文史学者及爱好者提供丰富的古籍信息，从而更好地传承中华传统文化。

从图书馆学科意义上讲，全国古籍普查平台的建设是在"互联网+"背景下，将分散的古籍资源，由分散在各地各收藏单位的古籍整理人才整合在全国古籍普查平台上，供分散在各个专业的研究者共同使用，实现全国古籍资源的共建共享，使得图书馆学的资源共建共享理论得以践行。

现存古籍保护是一项长期的系统工程，还有许多问题有待解决。古籍保护工作应该兼顾保护和利用的双重目的，走标准化、规范化的道路，需要古籍收藏单位与古籍整理研究人员、数据库建设人员、文史类研究人员通力合作，各单位、各类人员共建共享，才能构建理想的古籍保护工作模式。同时应该从国家文化

发展战略的高度筹划古籍数字化,重点关注以下几个方面:

第一,古籍是中华民族的共同遗产,不应该以小团体利益阻碍"中华古籍保护计划",影响古籍资源共建共享目标的实现。

第二,加强古籍收藏单位、古籍整理研究单位、出版发行单位之间的协作。

第三,整合各专业人才,形成合力,设计好、完成好古籍数字化工作。

(作者单位:河南省图书馆)

浅谈高校纸质档案数字化过程中的原件保护

——以南京艺术学院综合档案室为例

李 燕

在全社会数字化背景下,高校纸质档案数字化管理受到越来越多的关注,但在蓬勃开展的数字化实践中,也暴露出一些值得注意的问题,尤其是忽视对档案原件的管理保护。

笔者于 2014 年 12 月至 2016 年 2 月参与南京艺术学院(以下简称"南艺")综合档案室档案整理修复及档案扫描工作,经历了档案纸质原件的提取、出库、拆卷、整理、修复、扫描、录入、复原装订、入库等全套工序,其间遇到了各种威胁档案纸质原件的问题。在此,笔者结合实践经验及文献调研,对纸质档案数字化过程中存在的破坏档案纸质原件问题进行探讨,并针对主要存在的问题提出几点建议,为档案工作者提供参考。

一、南艺综合档案室数字化建设情况

南艺综合档案室于 2014 年 3 月至 2016 年 2 月开展档案数字化扫描工作期间,根据档案重要程度、破损状况和利用率大小,先后扫描早期学生入学登记表、学生成绩表、教师履历表、各类表彰与嘉奖材料及毕业生登记表等 36 份,共计 4510 张。在此期间共修复老档案 19 份,计 1981 张。

档案主要存在目录标签脱落、照片脱落、铁质装订物生锈、档案折叠褶皱、纸张边缘断裂、胶水发黄变质等问题,威胁档案的保管和再利用。因此,延长档案寿命、减少档案磨损、方便档案利用,成为馆内业务中的一项重要任务。

（一）南艺综合档案室档案的载体形式

南艺办学历史悠久,其前身是创办于1912年的上海图画美术院。南艺自创校以来,先后经历上海美术专科学校、华东艺术专科学校几个阶段,形成了大量档案史料。除纸质档案外,还有大量磁带、CD、VCD等资料。其中纸质档案主要有早期学生登记表、成绩单、毕业学生学籍表、毕业证书及教师登记表、干部档案等材料。

（二）南艺综合档案室纸质档案的特点

南艺纸质档案在纸张、装订形式、书写工具和字迹保存状况等方面有自身鲜明的特点。纸张方面,在以使用进口工业化纸张为主的大环境下,南艺办学历史过程中留存下来的纸质档案多为机器纸,纸张整体粗劣,发黄变脆。

装订形式主要有:(1)粗棉绳合订。档案以案卷为单位,使用硬皮卷将卷内文件用棉线合订。(2)铁丝订。铁丝大部分已生锈,以致书页松散。(3)粘胶订。胶水变质发黄老化,使书页松散。(4)订书钉与棉线合订。

档案字迹主要有铅字印迹(含打字机、印刷机)及毛笔、铅笔、钢笔、圆珠笔书写笔迹等。书写字迹受外界环境影响,发生了不同程度的褪色和变色。

（三）南艺综合档案室工作人员及数字化设备

南艺综合档案室现有专职工作人员2人,另配备兼职修复学生1~2人、学工助理5~6人,人员流动性大,缺乏专业档案数字化人员。有4台扫描仪,其中专业高速扫描仪2台、平板扫描仪2台。高速扫描仪中,佳能 DR-6030C 最大可扫描 A3 幅面,最大扫描分辨率 600dpi,在 A4/200dpi 情况下,速度可达每分钟 80 页;佳能 DR-M160 最大可扫描 A4 幅面,最大扫描分辨率 600dpi,在 A4/200dpi 情况下,速度可达每分钟 60 页。平板扫描仪中,佳能 Flatbed Scanner Unit 201（FB201）最大可扫描 A3 幅面,最大扫描分辨率 600dpi;佳能 Flatbed Scanner Unit 101（FB101）最大可扫描 A4 幅面,最大扫描分辨率 1200dpi,但无法独立使用,必须用适配器连接佳能 DR 系列扫描仪使用。在档案数字化实际操作过程中,工作人员根据档案文件的数量多少、幅面大小、是否装订、是否有照片等情况,灵活使用以上4台扫描仪。

（四）南艺综合档案室纸质档案数字化扫描中存在的主要问题

在南艺综合档案室纸质档案数字化实践工作中,笔者发现操作过程中存在一些损害档案原件的问题。比如领取文档时信息填写不完整,登记张数、年代等重要信息时容易发生错误。

页面修整时,如修复技术不完善,易造成档案原件的"保护性破坏",常见有以下几种破坏情况:(1)常见的档案装订物为回形针、大头针和订书针等,这些装订物由于材质、年代久远等因素而严重锈蚀,若拆除方法不当,易损害档案原件;(2)档案中的圆珠笔和铅笔书写字迹经长期保存,原本已出现不清晰的现象,修复时若遇水潮湿,字迹极易晕染;(3)早期档案材料上包含照片等重要材料,若修复方式不当,易损坏照片原件;(4)由于年代久远,档案经过各种复杂环境,档案上照片脱落,留下发黄变质的胶水,如果不及时去除或方法不当,会对档案原件造成极大损害;(5)胶水在长期使用中发生变质,目录标签脱落,修复时若不慎,会导致文件编号丢失、错乱,无法归档;(6)档案上的照片老化脱落,威胁档案的完整性。

此外,扫描工作主要由学工助理完成,学生流动性大,专业能力不强,经常会遇到以下问题:(1)扫描场地小,人员混杂,威胁档案原件的安全;(2)扫描人员盲目追求速度,忽视质量,造成重扫、漏扫、错扫等状况;(3)扫描动作不规范,扫描时翻动幅度大,直接破坏档案原件;(4)扫描后档案原件顺序排列混乱。

在成果管理方面,南艺综合档案室的保存条件相对较好,具有现代化烤漆密集档案架、温湿度测量仪、温湿度调节设备等,其中烤漆密集档案架具有成本低、防虫效果好、不易变形等特点,但早期管理人员疏于管理,馆内温湿度存储条件无法达到规定要求。

(五)南艺综合档案室保护档案原件的主要措施

针对上述问题,南艺综合档案室从直接接触档案原件的文档领取、页面修整、分类扫描、档案装订、档案管理几个环节入手,具体流程严格按照相关要求处理。

在文档领取方面,严格按照相关要求填写入出库登记表,内容包括档案名称、年代、张数、借书人、借书目的、归还时间等重要信息。

在页面修整方面,遵循文献修复的"整旧如旧、整旧如新、可逆性、最小干预、适当性、安全性"等几大原则,同时制作详细的文献修复档案。采取的主要修复措施有:(1)在不损害纸质档案前提下拆除铁质装订物,拆散的书页和封面都要安放妥当,不可丢失和散乱。(2)避免水直接接触档案原件,防止字迹晕染,吸水纸及时更换,防止发霉。(3)用塑料薄膜隔绝照片和吸水纸,避免直接使用吸水纸,防止吸水纸粘连照片。(4)清除页面上原有的变质胶水时,先用热毛巾敷,再用牙医刀轻轻刮干净。(5)因未扫描的文档绝大多数标签遗失,对其重新统一编号、命名。(6)用适量小麦淀粉制作糨糊,重新粘贴照片。(7)对破损书页的修补要根据具体破损情况而定,例如处理书口破损的办法有溜口、连补带溜和溜口衬等几种①,修补虫蛀及鼠啮的方法基本相同,用补纸将缺损之处补全即可。补纸最好选用边缘部位,求其稍厚、整齐,与书页边缘相吻合②。补纸应用相似的机制纸代替,以求颜色相宜、厚薄相宜、纸质相宜。

在分类扫描时,将馆藏中年代久远、纸张字迹发生变化、涉及著名人物并且利用率高的部分率先进行数字化,相对保存完好的后续逐步数字化,对服务对象有特殊需要的档案专门数字化,确保此项工作的有效性。此外,还定期对学工助理进行培训,在增强其档案原件保护意识的同时提高其专业技能。

在档案装订方面,原有档案多采用回形针、订书针等装帧形式,时间一长铁质装订物易发生变质,影响档案原件,故根据实际情况,将部分装帧形式改为线装。

在档案管理方面,对扫描装订后的文档做好文字与电子记录,与未扫描修复的档案分开放置,盛装在无酸盒中重新上架,并藏于特定档案收藏室。管理员定期检查馆内保存条件,将温度控制在 14℃~24℃,相对湿度为 45%~60%。

二、对高校档案数字化过程中原件保护的思考

(一)结合工作实际,保护、利用优先

每所高校的档案都有不同特点,因此,在开展档案数字化加工之前,必须结合高校实际情况制订切实可行的计划,将利用率较高的档案如学生花名册、学籍卡、成绩单等学籍类档案及年代久远、涉及著名人物、具有学校特色的历史档案优先进行数字化处理,相对保存完好、利用率较低的档案逐步定期数字化,对服务对象有特殊需求的档案专门进行数字化。

(二)加强安全管理,增强安全意识

把保护档案原件的安全意识贯穿到数字化的各个环节,如完善档案出库前的登记检查,制作档案数字化处理专用出库登记表,出库时履行交接手续,认真填写出库档案的名称、数量、张(页)数、出库时间、接收人等信息,并要求相关交

---

① 朱赛虹:《古籍修复技艺》,文物出版社,2001年,第95~96页。
② 朱赛虹:《古籍修复技艺》,第99页。

接人员签字确认。

(三)规范修复技术,提高修复质量

档案修复前,修复人员应拍照并记录被修复档案的名称、纸张、年代等,以及它在内容、装帧等方面的特点,还有文件数量、页数起讫,以便装订时逐页核对。还需要记录档案破损情况,以及所采用的修复方法、这些方法是否合宜、最后修复效果等。档案修复遵循"整旧如旧、整旧如新、可逆性、最小干预、适当性、安全性"等原则。扫描工作完成后,应尽可能地按原貌进行复原装订,力求保持原有档案的真实性和完整性,切勿随意改变装帧形式。在档案修复完成后,结合修复照片制作一份标准详细的修复报告。

(四)规范扫描流程,提高工作效率

对于已整理好的档案,按照年度、文件顺序号进行扫描,扫描过程中保证扫描质量。工作人员事前先将需要扫描的档案资料整理一遍,并按照入出库登记表,核对件数是否准确。对完成扫描的档案原件要进行检查,包括检查文件顺序。确定装订顺序无误后,按原样复原装订,无法复原装订的档案应根据实际情况,在最小干预原则下选用最佳装帧形式。

(五)加强馆藏建设,建立标准体系

高校档案馆应积极借鉴先进单位的馆藏建设经验,根据实际情况,并按照相关要求,合理为档案数字化工作增加经费投入,购置计算机、专用服务器、专业扫描仪等现代化设备,为数字化工作提供物质保障。同时,在日常管理中避免因保存不当造成档案损坏情况的发生。

(六)加强职业培训,提高业务素质

高校学工助理流动性大,不好把握,档案馆负责人有责任加强监督管理,提高工作人员对档案原件保护的重视意识;此外,高校可以通过对兼职档案人员进行数字化档案知识理论培训,定期开展学术交流、专题讲座等,增加他们对各个工作环节的了解,不断提高他们的专业技能,使馆内纸质档案数字化扫描工作顺利进行。

总之,高校纸质档案数字化过程中任何不当操作都会给档案纸质原件带来不同程度的损害。对高校纸质档案数字化过程中存在的问题,还需要高校档案工作者认真对待,积极寻找解决办法,采取相关措施。

(作者单位:复旦大学中华古籍保护研究院)

参考文献：

专著

[1]朱赛虹.古籍修复技艺[M].北京:文物出版社,2001.
[2]林明,周旖,张靖,等.文献保护与修复[M].广州:中山大学出版社,2012.
[3]潘美娣.古籍修复与装帧[M].上海:上海人民出版社,2013.

期刊

[1]刘家真.我看档案保护的管理策略与技术方法[J].图书情报知识,2006(1):50-52,84.
[2]程熙,刘婷.档案数字化扫描中的问题及对策[J].兰台世界,2011(30):18-19.
[3]张彤.档案数字化扫描过程中的常见问题分析[J].黑龙江档案,2012(3):90.
[4]高娟,刘家真.中国大陆地区古籍数字化问题及对策[J].中国图书馆学报,2013(4):110-119.
[5]胡原林.对纸质档案数字化建设的几点认识[J].黑龙江档案,2013(6):24-25.
[6]任媛.档案数字化扫描工作的问题及思考[J].黑龙江档案,2014(4):42.
[7]吕新.数字化档案馆建设中存在的问题及对策[J].档案天地,2014(S1):59-61.
[8]张艳荣.高校档案扫描操作实务探析[J].兰台世界,2015(5):62-63.
[9]王运锋,张年瑞.简论新时期高校档案数字化建设[J].黑龙江史志,2015(9):164-165.

《中华古籍总目》五部分类表及类分释例

李致忠　李国庆

编制说明

1. 本文为落实《中华古籍总目》"分省卷"编目任务而撰写。

2. 本文包括《五部分类表》和《类分释例》两大部分。

3. 《五部分类表》包括经、史、子、集、类丛，凡五个部分。在据以类分古籍时，遵循"依书设类"原则，根据所录古籍品种多寡，可以对本分类表中所设类目进行增减或调整。

4. 《类分释例》对《五部分类表》中设置的各级类目作简要阐释和举例。

5. 本释例旨在为各分省卷编目类分提供某些示范，但限于水平，在类目设置及释文举例等方面难免存在一些不足和错误，尚祈方家及同人在参考借鉴时予以补正。

五部分类表

经部

丛编类

易类
　类编之属

经文之属

传说之属

图说之属

文字音义之属

分篇之属

专著之属
　　易例之属
　　古易之属
书类
　　类编之属
　　经文之属
　　传说之属
　　文字音义之属
　　分篇之属
　　书序之属
　　专著之属
　　逸书之属
诗类
　　类编之属
　　经文之属
　　传说之属
　　分篇之属
　　三家诗之属
　　诗序之属
　　诗谱之属
　　专著之属
　　文字音义之属
　　逸诗之属
　　摘句之属
周礼类
　　经文之属
　　传说之属
　　文字音义之属
　　分篇之属
　　专著之属

仪礼类
　　经文之属
　　传说之属
　　文字音义之属
　　分篇之属
　　专著之属
　　图研之属
　　逸礼之属
礼记类
　　经文之属
　　传说之属
　　文字音义之属
　　分篇之属
　　专著之属
大戴礼记类
　　传说之属
　　分篇之属
　　逸礼之属
三礼总义类
　　类编之属
　　通论之属
　　名物制度之属
　　图研之属
　　通礼之属
　　杂礼之属
　　目录之属
乐类
　　类编之属
　　乐理之属
　　律吕之属

春秋左传类
 经文之属
 传说之属
 文字音义之属
 专著之属
 释例之属
春秋公羊传类
 经文之属
 传说之属
 文字音义之属
 专著之属
春秋穀梁传类
 经文之属
 传说之属
 文字音义之属
 专著之属
春秋总义类
 类编之属
 经文之属
 传说之属
 文字音义之属
 专著之属
孝经类
 类编之属
 经文之属
 传说之属
 文字音义之属
 专著之属
四书类
 类编之属

 大学之属
  正文
  传说
 中庸之属
  正文
  传说
 论语之属
  正文
  传说
  文字音义
  专著
  古齐鲁论
 孟子之属
  正文
  传说
  文字音义
  专著
 总义之属
  传说
  文字音义
  专著
群经总义类
 石经之属
 群经之属
 文字音义之属
 授受源流之属
小学类
 类编之属
 文字之属
  说文

注解	春秋纬之属
音释	孝经纬之属
六书	论语纬之属
部目	总义之属
总义	
字书	**史部**
通论	**丛编类**
古文	**纪传类**
字典	正史之属
字体	别史之属
音韵之属	**编年类**
韵书	通代之属
古今韵说	断代之属
等韵	**纪事本末类**
注音	类编之属
译语	通代之属
训诂之属	断代之属
群雅	**杂史类**
字诂	类编之属
方言	通代之属
谶纬类	断代之属
类编之属	外纪之属
河图之属	**载记类**
洛书之属	**史表类**
谶之属	类编之属
易纬之属	通代之属
书纬之属	断代之属
诗纬之属	**史抄类**
礼纬之属	类编之属
乐纬之属	通代之属

断代之属
史评类
　　史学之属
　　史论之属
　　考订之属
　　咏史之属
传记类
　　总传之属
　　　历代
　　　断代
　　　郡邑
　　　家乘（家传、谱牒）
　　　姓名
　　　人表
　　　君臣
　　　儒林
　　　文苑
　　　技艺
　　　忠孝
　　　隐逸
　　　列女
　　　释道仙
　　别传之属
　　　年谱
　　　事状
　　　墓志
　　日记之属
　　杂传之属
　　科举录之属
　　　总录

　　　历科会试录
　　　恩科录
　　　历科乡试录
　　　诸贡录
　　职官录之属
　　　总录
　　　历朝
政书类
　　类编之属
　　通制之属
　　仪制之属
　　　通礼
　　　杂礼
　　　专志
　　　纪元
　　　谥法
　　　讳法
　　　科举校规
　　邦计之属
　　　通纪
　　　营田
　　　赋税
　　　贸易
　　　俸饷
　　　漕运
　　　盐法
　　　钱币
　　　户政
　　　荒政
　　　衡制

  邦交之属   断代
  军政之属   方志之属
   兵制   通志（各省总志）
   马政   郡县志（府州县志）
   保甲   专志之属
   团练   古迹
  律令之属   宫殿
   刑制   寺观
   律例   祠庙
   治狱   陵墓
   判牍   园林
   法验   书院
  考工之属   杂志之属
   营造   水利之属
   杂志   山川之属
  掌故琐记之属   山志
  公牍档册之属   水志
职官类   合志
  官制之属   游记之属
   通志   纪胜
   专志   纪行
  官箴之属   外纪之属
诏令奏议类   防务之属
  诏令之属   海防
  奏议之属   江防
时令类   陆防
地理类   舆图之属
  类编之属   坤舆（世界地图）
  总志之属（全国总志）   全国（全国地图）
   通代   郡县

山图
　　水图
　　道里
　　军用
　　园林
　　建筑宫殿
　　陵寝
金石类
　类编之属
　总志之属
　　目录
　　图像
　　文字
　　通考
　　题跋
　　杂著
　金之属
　　目录
　　图像
　　文字
　　通考
　　题跋
　　杂著
　钱币之属
　　图像
　　文字
　　杂著
　玺印之属
　石之属
　　目录

　　图像
　　文字
　　通考
　　题跋
　　义例
　　字书
　　杂著
　玉之属
　甲骨之属
　陶之属
目录类
　类编之属
　通论之属
　　义例
　　考订
　　掌故琐记
　　藏书约
　总录之属
　　史志
　　官修
　　私撰
　　地方
　　氏族
　　汇刻
　　征访
　　禁毁
　　提要
　　题跋
　专录之属

子部

丛编类
总论类
儒家儒学类
  类编之属
  儒家儒学之属
    经济
    性理
    鉴戒
    家训
    女范
    蒙学
    劝学
    俗训
道家类
  类编之属
  老子之属
  庄子之属
  其他道家之属
墨家类
阴阳名纵横家类
兵家类
  类编之属
  兵法之属
  操练之属
  武术技巧之属
  兵器之属
法家类
  类编之属

  法家之属
农家农学类（综合论农之书入此）
  类编之属
  农学之属
  田家五行之属
  耕作之属
  农具之属
  作物之属
  蚕桑之属
    综论
    养蚕
    种桑
  园艺之属
  灾害防治之属
  养牧之属
  兽医之属
医家类
  类编之属
  医经之属
    内经
    难经
  医理之属
    阴阳五行
    脏象骨度
    病源病机
    综合
  伤寒金匮之属
    伤寒论
    金匮论
  诊法之属

脉经脉诀
其他诊法
针灸之属
　经络腧穴
　针法灸法
　通论
推拿按摩外治之属
本草之属
　历代本草
　本草药性
　食疗本草
　本草杂著
方论之属
　历代方书
　单方验方
　成方药目
　总论
温病之属
　瘟疫
　痧症
　疟痢
　其他瘟疫病症
内科之属
　通论
　风痨臌膈
　虚劳
　虫蛊
　其他
外科之属
　外科方

通论
五官科之属
　眼科
　耳鼻喉科
　附：祝由
妇产科之属
　广嗣
　产科
　通论
儿科之属
　痘疹
　惊风
　通论
养生之属
医案之属
医话医论之属
杂著之属
杂家类
　杂学之属
　杂说之属
杂著类
　杂考之属
　杂品之属
　杂纂之属
　杂记杂编之属
　　杂记
　　杂编
小说家类
　杂事之属
　异闻之属

琐语之属
　　谐谑之属
天文历算类
　　类编之属
　　天文之属
　　历法之属
　　算书之属
术数类
　　类编之属
　　数学之属
　　占候之属
　　命书相书之属
　　相宅相墓之属
　　占卜之属
　　阴阳五行之属
　　杂术之属
艺术类
　　类编之属
　　书画之属
　　　书法
　　　绘画
　　　书画
　　画谱之属
　　篆刻之属
　　乐谱之属
　　棋弈之属
　　游艺之属
谱录类
　　类编之属
　　器物之属

　　饮食之属
　　花草树木之属
　　鸟兽虫鱼之属
宗教类
　　道教之属
　　　道藏
　　　类编
　　　经文
　　　戒律
　　　威仪
　　　方法
　　　众术
　　　表章赞颂
　　　劝诫
　　　修炼
　　　符箓
　　　杂著
　　佛教之属
　　　大藏经
　　　汇编
　　　经藏
　　　　宝积部
　　　　般若部
　　　　华严部
　　　　涅槃部
　　　　阿含部
　　　律藏
　　　论藏
　　　　释经论部
　　　　宗经论部

密藏
　　金刚顶部
　　杂咒部
　　杂经
撰述
　　章疏部
　　　　律疏
　　　　论疏
　　　　密教经轨疏
　　　　义章
　　论著部
　　　　天台宗
　　　　贤首宗
　　　　律宗
　　　　禅宗
　　　　净土宗
　　纂集部
　　史传部
　　音义部
　　目录部
　　杂撰部
　　其他（按：包括语录等）
疑伪
民间宗教之属
　　一般民间宗教
　　宝卷
基督教之属
伊斯兰教之属
其他宗教之属

集部
楚辞类
别集类
　　汉魏六朝别集
　　唐五代别集
　　宋别集
　　金别集
　　元别集
　　明别集
　　清别集
总集类
　　类编之属
　　通代之属
　　断代之属
　　郡邑之属
　　氏族之属
　　酬唱之属
　　题咏之属
　　尺牍之属
　　谣谚之属
　　课艺之属
　　域外之属
诗文评类
　　类编之属
　　诗评之属
　　文评之属
词类
　　类编之属
　　别集之属

总集之属
　　词话之属
　　词谱之属
　　词韵之属
曲类
　　诸宫调之属
　　杂剧之属
　　　汇编
　　　杂剧
　　传奇之属
　　　汇编
　　　传奇
　　散曲之属
　　　汇编
　　　散曲
　　俗曲之属
　　　汇编
　　　俗曲
　　曲选之属
　　弹词之属
　　宝卷之属
　　曲韵曲谱曲律之属
　　曲评曲话曲目之属
小说类
　　类编之属
　　话本之属
　　文言之属
　　短篇之属
　　长篇之属

类丛部
类书类
　　通类之属
　　专类之属
丛书类
　　杂纂之属
　　辑佚之属
　　郡邑之属
　　家集之属
　　自著之属

附：新学类表

史志类
　　诸国史之属
　　别国史之属
　　政记之属
　　战记之属
　　帝王传之属
　　臣民传之属
政治法律类
　　政治之属
　　制定之属
　　律例之属
　　刑法之属
学校类
交涉类
　　公法之属
　　外交之属
　　案牍之属

兵制类
 陆军之属
 营垒之属
 海军之属
 舰船之属
 枪炮之属
 子药之属
农政类
 农务之属
 蚕务之属
 树艺之属
 畜牧之属
 农家杂务之属
矿物类
 矿学之属
 矿工之属
工艺类
 工学之属
 汽机之属
 杂工之属
 杂艺之属
财经类
船政类
格致类
算学类
 数学之属
 几何之属（形学）
 代数之属
 三角八线之属
 曲线之属

 微积之属
 算器之属
重学类
电学类
化学类
声学类
光学类
气学类
 气学之属
 水学之属
 火学之属
 热学之属
 器具之属
天学类
地学类
 地理学之属
 地志学之属
全体学类
动植物学类
 动物学之属
 植物学之属
医学类
 诊疗之属
 方药之属
 卫生之属
图学类
 图算之属
 测绘之属
幼学类
游记类

报章类　　　　　　　　　　　其他之属
议论类　　　　　　　　　**杂撰类**
　　通论之属　　　　　　　　　杂记之属
　　论政之属　　　　　　　　　小说之属
　　论兵之属　　　　　　　**丛编类**

类分释例

一、经部

五部类表首先是经部。十三经、四书、小学及章句、笺、注、阐释经义等古籍入此。

（一）丛编类

凡汇录两种以上经部之书为一书并各自保持独立形态者，称为经部丛编。例《五经白文》、清纳兰成德《通志堂经解》、清阮元《宋本十三经注疏》等入此。

（二）易类

《周易》乃六经之首。《庄子·天运》："（孔）丘治《诗》《书》《礼》《乐》《易》《春秋》六经。"凡《周易》及其传注、阐释、研究之著述入此。

1. 类编之属

凡汇录两种以上易类之书为一书并各自保持独立形态者，称为易类之类编。例清孙堂《汉魏二十一家易注》、清张惠言《张皋文笺易全集》、清方申《方氏易学五书》等入此。

2. 经文之属

指《周易》只有经文（或称正文、白文）而无传注者，例《易经白文》、明陈凤梧篆书《周易》等入此。

3. 传说之属

凡传注《周易》之著作，例春秋时卜商《子夏易传》、战国时秦吕不韦《周易吕氏义》等入此。

4. 图说之属

凡以图解易之著作，例宋刘牧《易数钩隐图》、元钱义方《周易图说》等入此。

5.文字音义之属

凡研究《周易》文字音义之著作,例三国魏王肃《周易王氏音》、清顾炎武《易音》等入此。

6.分篇之属

《周易》的内容包括经和传两部分:六十四卦,三百八十爻,附卦辞、爻辞为经;上彖、下彖、上象、下象、上系、下系、文言、说卦、序卦、杂卦称十翼为传。

凡研究《周易》经、传各篇之著作,例宋吕祖谦《周易系辞精义》、清庄存与《系辞传论》等入此。

7.专著之属

凡研究《周易》有所发明、有所建树之著作,例晋孙盛《易象妙于见形论》、清纪磊《汉儒传易源流》等入此。

8.易例之属

凡考究汉儒之传,以发明易之本例者(分类例说,或一类为一例,或一类为数例),例三国魏王弼《易略例》、清惠栋《易例》等入此。

9.古易之属

《周礼·春官·大卜》:"掌三易之法,一曰《连山》,二曰《归藏》,三曰《周易》。"凡研究《连山》《归藏》等古易者,例晋薛贞《归藏》、宋朱元升《三易备遗》、清马国翰辑《连山》等入此。

(三)书类

《尚书》乃六经之一。凡《尚书》及其传注、研究之著作入此。

1.类编之属

凡汇录两种以上书类之书为一书并各自保持独立形态者,称为书类之类编。例清洪良品《龙岗山人古文尚书四种》等入此。

2.经文之属

指《尚书》只有经文(或称正文、白文)而无注疏者,例《书经白文》、明陈凤梧篆书《尚书》等入此。

3.传说之属

凡传注《尚书》之著作,例汉伏胜《伏生尚书》、清孙奇逢《书经近指》等入此。

4.文字音义之属

凡研究《尚书》文字音义之著作,例晋徐邈《古文尚书音》、清杨国桢《书经音训》等入此。

5.分篇之属

《尚书》分今古文。西汉初年《今文尚书》存二十八篇,包括《尧典》《皋陶谟》《禹贡》《洪范》等。《古文尚书》,也称《逸书》,较《今文尚书》多十六篇,只存篇目。现在通行的《十三经注疏》本《尚书》,是《今文尚书》和《古文尚书》的合编。

凡研究《尚书》各篇之著作,例汉刘向《洪范五行传》、晋范宁《古文尚书尧典注》、清丁晏《禹贡集释》等入此。

6.书序之属

凡以书序为研究对象之著作,例宋蔡沈《书序注》、清刘逢禄《书序述闻》等入此。

7.专著之属

凡研究《尚书》有所发明、有所建树之著作,例清阎若璩《古文尚书疏证》、清胡廷绶《尚书今古文五藏说》等入此。

8.逸书之属

凡搜集、研究《尚书》之逸文者,例清江声辑《尚书逸文》、清王仁俊辑《尚书佚文》等入此。

(四)诗类

《诗经》乃六经之一。凡《诗经》及其传注、研究之著作入此。

1.类编之属

凡汇录两种以上诗类之书为一书并各自保持独立形态者,称为诗类之类编。例明钟惺《古名儒毛诗解十六种》、清陈奂《陈氏毛诗五种》等入此。

2.经文之属

指《诗经》只有经文(或称正文、白文)而无注疏者,例《诗经白文》、明陈凤梧篆书《毛诗》等入此。

3.传说之属

凡传注《诗经》之著作,例汉毛亨《毛诗注》、清王夫之《诗经稗疏》等入此。

4.分篇之属

《诗经》保存了西周初年到春秋中期的作品,共三百零五篇,分风、雅、颂三部分。

凡研究《诗经》各篇之著作,例唐颜师古《毛诗国风定本》、清庄述祖《毛诗周颂口义》等入此。

5.三家诗之属

汉初传《诗经》的有鲁、齐、韩三家,都立于学官,置博士弟子。鲁诗源于申公,齐诗源于辕固,韩诗源于韩婴。又有《毛诗》一家,自称子夏所传,不立学官。东汉马融、郑玄等推重《毛诗》,遂流行于世。而鲁、齐、韩三家渐亡,韩诗只存《外传》。在魏晋以前古籍中常有三家遗说。

凡研究鲁、齐、韩三家诗之著作,例汉申培《鲁诗传》、汉后苍《齐诗传》、清臧庸《韩诗遗说》等入此。

6.诗序之属

以诗序为研究对象之著作,例宋朱熹《诗序辨说》、清郝敬《毛诗序说》等入此。

7.诗谱之属

以诗谱为研究对象之著作,例汉郑玄《新刻诗谱》、元许衡《许氏诗谱抄》等入此。

8.专著之属

凡研究《诗经》有所发明、有所建树之著作,例宋蔡卞《毛诗名物解》、清洪亮吉《毛诗天文考》等入此。

9.文字音义之属

凡研究《诗经》文字音义之著作,例晋郭璞《毛诗拾遗》、清段玉裁《诗经小学》等入此。

10.逸诗之属

凡搜集、研究《诗经》之逸文者,例明胡文焕《逸诗》、清郝懿行《诗经拾遗》等入此。

11.摘句之属

凡摘取《诗经》文句进行研究之著作,例明庄元臣《古诗猎隽》等入此。

(五)周礼类

《周礼》内容讲的是职官,然职官之序亦属礼,历为三礼之首。凡传注、研究周礼之书入此。

1.经文之属

指《周礼》只有经文(或称正文、白文)而无注疏者,例九经正文本《周礼》、明陈凤梧篆书《周礼》等入此。

　　2.传说之属

　　凡传注《周礼》之著作，例汉杜子春《周礼杜氏注》、清俞樾《周礼平议》等入此。

　　3.文字音义之属

　　凡研究《周礼》文字音义之著作，例汉郑玄《周礼郑氏音》、清杨国桢《周礼音训》等入此。

　　4.分篇之属

　　《周礼》原名《周官》，也称《周官经》。分《天官》《地官》《春官》《夏官》《秋官》《冬官》六篇。西汉时河间献王得《周官》，缺《冬官》，补以《考工记》。凡研究《周礼》各篇之著作，例宋王安石《考工记解》、清辛绍业《冬官旁求》等入此。

　　5.专著之属

　　凡研究《周礼》有所发明、有所建树之著作，例汉郑玄《答周礼难》、清王鸣盛《周礼军赋说》等入此。

　　(六)仪礼类

　　《仪礼》乃三礼之一。是书为春秋、战国时代一部分礼制文献的汇编。凡传注、研究《仪礼》之著作入此。

　　1.经文之属

　　指《仪礼》只有经文(或称正文、白文)而无注疏者，例十三经经文本《仪礼》、明陈凤梧篆书《仪礼》等入此。

　　2.传说之属

　　凡传注《仪礼》之著作，例汉班固《仪礼班氏义》、清吴廷华《仪礼章句》等入此。

　　3.文字音义之属

　　凡研究《仪礼》文字音义之著作，例宋张淳《仪礼识误》、清杨国桢《仪礼音训》等入此。

　　4.分篇之属

　　《仪礼》今传十七篇，乃汉郑玄注别录本，包括《士冠礼》《士昏礼》《士相见礼》《乡饮酒礼》《乡射礼》《燕礼》《大射》《聘礼》《公食大夫礼》《觐礼》《丧服》《士丧礼》《既夕礼》《士虞礼》《特牲馈食礼》《少牢馈食礼》及《有司彻》。凡研究

《仪礼》各篇之著作,例汉何休《冠礼约制》、晋孔衍《凶礼》、清毛奇龄《昏礼辨正》等入此。

5. 专著之属

凡研究《仪礼》有所发明、有所建树之著作,例清江永《仪礼释例》、清胡匡衷《仪礼释官》等入此。

6. 图研之属

凡研究《仪礼》图之著作,例宋杨复《仪礼图》、清张惠言《仪礼宫室图》等入此。

7. 逸礼之属

凡搜集、研究《仪礼》之逸文者,例清诸锦《补飨礼》等入此。

(七)礼记类

《礼记》乃三礼之一。是书采自先秦旧籍编定,为西汉人戴圣所编,共四十六篇,亦称《小戴礼》。凡《礼记》及其传注、研究之著作入此。

1. 经文之属

指《礼记》只有经文(或称正文、白文)而无注疏者,例九经正文本《礼记》及《礼记白文》等入此。

2. 传说之属

凡传注《礼记》之著作,例汉马融《礼记马氏注》、清任启运《礼记章句》等入此。

3. 文字音义之属

凡研究《礼记》文字音义之著作,例晋范宣《礼记范氏音》、清陈寿祺《礼记郑读考》等入此。

4. 分篇之属

《礼记》今传四十六(一说四十九)篇,包括《曲礼》《檀弓》《王制》《月令·春夏》《月令·秋冬》《曾子问》《文王世子》《礼运》《礼器》《郊特牲》《内则》《玉藻》《丧服小记》《大传》《少仪》《明堂位》《学记》《乐记》《杂记》《丧大记》《祭法》《祭义》《祭统》《孔子闲居》《经解》《哀公问》《仲尼燕居》《坊记》《表记》《奔丧》《问丧》《间传》《中庸》《缁衣》《三年问》《投壶》《儒行》《大学》《深衣》《冠义》《昏义》《射义》《燕义》《乡饮酒》《聘义》及《丧服四制》。凡研究《礼记》各篇之著作,例汉蔡邕《月令章句》、明杨慎《檀弓丛训》、清戴震《深衣解》等入此。

5.专著之属

凡研究《礼记》有所发明、有所建树之著作,例清孔广牧《礼记天算释》、清谈泰《王制井田算法解》等入此。

(八)大戴礼记类

西汉人戴德别有《礼记》,称《大戴礼》。凡《大戴礼》及其传注、研究之著作入此。

1.传说之属

凡传注《大戴礼记》之著作,例清汪照《大戴礼注补》、清俞樾《大戴礼记平议》等入此。

2.分篇之属

《大戴礼》凡八十五篇,其中四十七篇亡,存三十八篇。包括《主言》《哀公问五义》《哀公问于孔子》《礼三本》《礼察》《夏小正》《保傅》《曾子立事》《曾子立孝》《曾子本孝》《曾子大孝》《曾子事父母》《曾子制言》《曾子疾病》《曾子天圆》《武王践阼》《卫将军文子》《五帝德》《帝系》《劝学》《子张问入官》《盛德》《明堂》《千乘》《四代》《虞戴德》《诰志》《文王官人》《诸侯迁庙》《诸侯衅庙》《小辨》《用兵》《少间》《朝事》《投壶》《公符》《本命》《易本命》。凡研究《大戴礼》各篇之著作,例宋王应麟《践阼篇集解》、清庄述祖《明堂阴阳夏小正经传考释》、清徐世溥《夏小正解》等入此。

3.逸礼之属

凡搜集、研究《大戴礼》之逸文者,例清刘学宠《大戴礼逸》、清马国翰《孔子三朝记》等入此。

(九)三礼总义类

凡综合研究三礼之著作入此。

1.类编之属

凡汇录两种以上"三礼"之书为一书并各自保持独立形态者,称为礼类之类编。例清李辅耀《读礼丛抄》、清宋世荦《确山所著书》等入此。

2.通论之属

凡综合论述三礼之著作,例汉戴圣《石渠礼论》、清陈廷敬《三礼指要》等入此。

3.名物制度之属

名物制度指名号物色之规则。《周礼·天官·庖人》:"掌共六畜、六兽、六禽,辨其名物。"例清金鹗《求古录礼说》、清焦循《群经宫室图》等入此。

4. 图研之属

凡研究三礼图之著作,例汉郑玄《三礼图》、宋聂崇义《新定三礼图》等入此。

5. 通礼之属

通礼指以三礼为主体,进行贯通解释,重订次序,而兼辑历代礼制的书,例清秦蕙田《五礼通考》、清顾广誉《四礼权疑》等入此。

6. 杂礼之属

杂礼指私人撰著家礼、乡礼及谈礼仪的书,例题宋司马光《书仪》、宋朱子《家礼》、明黄佐《泰泉乡礼》等入此。

7. 目录之属

凡属三礼之书目,例汉郑玄《三礼目录》、清胡匡衷《郑氏仪礼目录校正》等入此。

(十)乐类

《乐》乃六经之一。凡《乐》及其传注、研究之书入此。

1. 类编之属

凡汇录两种以上乐类之书为一书并各自保持独立形态者,称为乐类之类编。例明朱载堉《乐律全书》、明李文察《李氏乐书四种》等入此。

2. 乐理之属

凡乐理之书,例汉刘德《乐元语》、明李文察《乐记补说》等入此。

3. 律吕之属

凡乐律之书,例汉刘歆《钟律书》、清童能灵《乐律古义》等入此。

(十一)春秋左传类

《左传》乃"春秋三传"之一,也称《春秋左氏传》或《左氏春秋》,专门阐释《春秋》。相传为春秋时鲁左丘明所撰,性质本为编年体春秋史,记自鲁隐公元年(前722)至鲁悼公四年(前464)间春秋各国史事。凡《左传》及其传注、研究之著作入此。

1. 经文之属

指《左传》只有经文(或称正文、白文)而无注疏者,例十三经经文本《左传》、清孙琮《左传选》等入此。

2. 传说之属

凡传注《左传》之著作,例战国时吴起《春秋左氏传吴氏义》、清洪亮吉《春秋左传诂》等入此。

  3.文字音义之属

  凡研究《左传》文字音义之著作，例三国魏嵇康《春秋左氏传嵇氏音》、清杨国桢《春秋左传音训》等入此。

  4.专著之属

  凡研究《左传》有所发明、有所建树之著作，例后蜀冯继先《春秋名号归一图》、清李调元《左传官名考》等入此。

  5.释例之属

  凡分类例说(或一类为一例，或一类为数例)之书，例晋杜预《春秋释例》、清徐经《春秋书法凡例附胡氏释例》等入此。

  另有摘句成书者，例宋胡元质《左氏摘奇》、清徐经《左传精语》等亦入此。

  (十二)春秋公羊传类

  《公羊传》乃"春秋三传"之一，也称《春秋公羊传》或《公羊春秋》，专门阐释《春秋》。相传为战国时齐人公羊高所撰。凡《公羊传》及其传注、研究之著作入此。

  1.经文之属

  指《公羊传》只有经文(或称正文、白文)而无注疏者，例十三经经文本《春秋公羊传》、清孙琮《公羊传选》等入此。

  2.传说之属

  凡传注《公羊传》之著作，例汉何休《春秋公羊传解诂》、清惠栋《公羊古义》等入此。

  3.文字音义之属

  凡研究《公羊传》文字音义之著作，例清李富孙《春秋公羊传异文释》、清杨国桢《春秋公羊传音训》等入此。

  4.专著之属

  凡研究《公羊传》有所发明、有所建树之著作，例汉董仲舒《春秋繁露》、清龚自珍《春秋决事比》等入此。

  (十三)春秋穀梁传类

  《穀梁传》乃"春秋三传"之一，也称《春秋穀梁传》或《穀梁春秋》，专门阐释《春秋》。战国时穀梁赤撰。凡《穀梁传》及其传注、研究之著作入此。

1.经文之属

指《穀梁传》只有经文(或称正文、白文)而无注疏者,例十三经经文本《春秋穀梁传》、清孙琮《穀梁传选》等入此。

2.传说之属

凡传注《穀梁传》之著作,例汉尹更始《春秋穀梁传章句》、清惠栋《穀梁古义》等入此。

3.文字音义之属

凡研究《穀梁传》文字音义之著作,例清李富孙《春秋穀梁传异文释》、清杨国桢《春秋穀梁传音训》等入此。

4.专著之属

凡研究《穀梁传》有所发明、有所建树之著作,例晋范宁《穀梁传例》、清侯康《穀梁礼证》等入此。

(十四)春秋总义类

凡综合研究"春秋三传"之著作入此。

1.类编之属

凡汇录两种以上春秋类之书为一书并各自保持独立形态者,称为春秋类之类编。例明张溥《春秋三书》、清程廷祚《春秋识小录初刻三书》、清张宪和《张氏公羊二种》等入此。

2.经文之属

指"春秋三传"只有经文(或称正文、白文)而无注疏者,例五经白文本《春秋白文》、明陈凤梧篆书《春秋》等入此。

3.传说之属

凡传注"春秋三传"之著作,例汉马融《春秋三传异同说》、清姚鼐《三传补注》等入此。

4.文字音义之属

凡研究"春秋三传"文字音义之著作,例唐陆德明《陆氏三传释文音义》、清陈来孝《春秋经文三传异同考》等入此。

5.专著之属

凡研究"春秋三传"之著作,例宋张大亨《春秋五礼例宗》、清汪中《春秋列国官名异同考》等入此。

(十五)孝经类

凡《孝经》及其传注、研究之著作入此。

1.类编之属

凡汇录两种以上有关孝经之书为一书并各自保持独立形态者,称为孝经类之类编。例明江元祚《孝经大全》、清王德瑛《今古文孝经汇刻》等入此。

2.经文之属

指《孝经》只有经文(或称正文、白文)而无注疏者,例九经正文本《孝经》、十三经经文本《孝经》等入此。

3.传说之属

凡传注《孝经》之著作,例战国时魏文侯《孝经传》、清任启运《孝经章句》等入此。

4.文字音义之属

凡研究《孝经》文字音义之著作,例唐陆德明《孝经今文音义》、清杨国桢《孝经音训》等入此。

5.专著之属

凡研究《孝经》有所发明、有所建树之著作,例明罗汝芳《孝经宗旨》、明杨起元《孝经引证》等入此。

(十六)四书类

四书指《大学》《中庸》《论语》和《孟子》。南宋理学家朱熹集注《论语》《孟子》,又从《礼记》中析出《大学》《中庸》两篇,并为之作章句,习称《四书章句集注》或《四书集注》,作为学习儒家经典的入门之书。元皇庆二年(1313)定考试课目,必须在四书内出题,发挥题意规定以朱熹的《四书集注》为根据,一直到明清相沿不改。凡四书及其传注、研究之著作入此。

1.类编之属

凡汇录两种以上四书类之书为一书并各自保持独立形态者,称为四书类之类编。例明胡广《四书大全》、清陆陇其《四书集注大全》等入此。

2.大学之属

凡《大学》及其传注、研究之著作入此。

(1)正文

指《大学》只有正文(或称经文、白文)而无注疏者,例篆文六经四书本《大学》及《大学古本》等入此。

（2）传说

凡传注《大学》之著作，例明胡广《大学章句大全》、清李塨《大学传注》等入此。

3.中庸之属

凡《中庸》及其传注、研究之著作入此。

（1）正文

指《中庸》只有正文（或称经文、白文）而无注疏者，例篆文六经四书本《中庸》及《中庸古本》等入此。

（2）传说

凡传注《中庸》之著作，例宋晁说之《中庸传》、清毛奇龄《中庸说》等入此。

4.论语之属

凡《论语》及其传注、研究之著作入此。

（1）正文

指《论语》只有正文（或称经文、白文）而无注疏者，例篆文六经四书本《论语》、十三经经文本《论语》等入此。

（2）传说

凡传注《论语》之著作，例汉孔安国《论语孔氏注》、清李塨《论语传注》等入此。

（3）文字音义

凡研究《论语》文字音义之著作，例唐陆德明《论语音义》、清冯登府《论语异文考证》等入此。

（4）专著

凡研究《论语》有所发明、有所建树之著作，例清成蓉镜《论语论仁释》、清宋翔凤《论语师法表》等入此。

（5）古齐鲁论

汉时有今文《齐论》《鲁论》及古文《古论》三家。传《鲁论》者夏侯胜、萧望之、韦贤及其子玄成。传《齐论》者王卿、庸生、王吉。鲁共王刘馀为扩建王宫，坏孔子宅，得《古论语》，孔安国为之训解而世不传。汉末，郑玄就《鲁论》篇章考之《齐论》《古论》作注，郑注本独传，《齐论》及《古论》渐亡。凡研究《古论》

《齐论》《鲁论》之著作,例清马国翰辑《古论语》《齐论语》,清钟文烝《鲁论语》等入此。

5.孟子之属

凡《孟子》及其传注、研究之著作入此。

(1)正文

指《孟子》只有正文(或称经义、白文)而无注疏者,例篆文六经四书本《孟子》、十三经经文本《孟子》等入此。

(2)传说

凡传注《孟子》之著作,例汉程曾《孟子程氏章句》、清戴震《孟子字义疏证》等入此。

(3)文字音义

凡研究《孟子》文字音义之著作,例宋孙奭《孟子音义》、清蒋仁荣《孟子音义考证》等入此。

(4)专著

凡研究《孟子》有所发明、有所建树之著作,例宋刘攽《孟子外书集证》、清阎若璩《孟子考》等入此。

6.总义之属

凡综合论述四书之著作,例清胡绍勋《四书拾义》,清喇沙里、陈汀敬《日讲四书解义》等入此。

(1)传说

凡传注四书之著作,例宋朱熹《四书章句集注》、清孙奇逢《四书近指》等入此。

(2)文字音义

凡研究四书文字音义之著作,例清王夫之《四书考异》、清李毓秀《四书字类释义》等入此。

(3)专著

凡研究四书有所发明、有所建树之著作,例明陈禹谟《四书人物概》、清阎若璩《四书释地》等入此。

(十七)群经总义类

凡阐述、研究群经之著作入此。

1.石经之属

凡辑考、研究石经之书,例清顾炎武《石经考》、清翁方纲《石经残字考》、清钱大昕《唐石经考异》、清冯登府《石经补考》等入此。

2.群经之属

凡阐释、研究群经之著述,例宋毛居正《六经正误》、元何异孙《十一经问对》、明蒋悌生《五经蠡测》、明朱朝英《七经略记》、清惠栋《九经古义》等入此。

3.文字音义之属

凡研究群经文字音义之著作,例唐陆德明《经典释文》、唐张参《五经文字》、唐唐玄度《九经字样》、宋孙奕《九经直音》、宋贾昌朝《群经音辨》等入此。(关于《群经音辨》各家书目类分不同,晁公武《郡斋读书志》及《宋史·艺文志》《四库全书总目》将之归入小学类,而陈振孙《直斋书录解题》则将之归入经解类。其实核其原书,目的还在解经,并非讲文字音韵,故将之归入群经总义类文字音义之属)

4.授受源流之属

凡研究群经授受源流关系之著作,例清赵继序《汉儒传经记》、清毕沅《传经表》等入此。

(十八)小学类

古代小学教授六艺,故礼、乐、射、御、书、数都称小学。到了汉代,以小学作为文字训诂之学的专称。《汉书·艺文志》所收的小学十家都是字书、训诂之类。隋唐以后,小学类的书籍又分为训诂学、文字学、音韵学三类。凡有关训诂学、文字学、音韵学之著作入此。

1.类编之属

凡汇录两种以上小学之书为一书并各自保持独立形态者,称为小学类之类编。例清张士俊《泽存堂五种》、清曹寅《楝亭五种》、清李祖望《小学类编九种》、清任大椿《小学钩沉》等入此。

2.文字之属

凡以文字为研究对象的著作入此。

(1)说文

凡《说文解字》及与《说文解字》有关之著作入此。

①注解

凡传注《说文解字》之书,例南唐徐锴《说文解字系传》、清段玉裁《说文解字注》、清桂馥《说文解字义证》等入此。

②音释

凡从音韵方面研究《说文解字》之书,例清江沅《说文解字音均表》、清严可均《说文声类》等入此。

③六书

凡从六书即象形、指事、会意、形声、转注、假借六方面研究《说文解字》之书,例元戴侗《六书故》、元周伯琦《六书正讹》、清江声《六书说》等入此。

④部目

凡从部首方面研究《说文解字》之书,例清蒋和《说文部首表》、清胡澍书《说文解字部目》等入此。

⑤总义

凡综合研究《说文解字》之书,例清王夫之《说文广义》、清钱大昕《说文答问》等入此。

（2）字书

凡以字形分类编制的字典,或研究字形之著作入此。

①通论

凡综合论述文字学之著作,例明胡文焕《字学备考》、清吕世宜《古今文字通释》等入此。

②古文

凡研究古文之著作,例周太史籀《史籀篇》等入此。

③字典

凡属于字典之书,例南朝梁顾野王《玉篇直音》、宋司马光《类篇》、辽释行均《龙龛手鉴》、清任大椿《字书》等入此。

④字体

凡研究字体之著作,例汉卫宏《古文官书》、唐颜元孙《干禄字书》、后周郭忠恕《佩觿》等入此。

3.音韵之属

凡以字音分类的字典和有关声韵之著作入此。

（1）韵书

凡音韵之著作,例三国魏李登《声类》、隋陆法言《切韵》、宋陈彭年《广韵》等入此。

(2)古今韵说

凡论述古今音韵之著作,例北齐颜之推《证俗音》、明陈第《屈宋古音义》、清顾炎武《诗本音》等入此。

(3)等韵

凡研究汉语发音原理、发音方法和音韵结构之著作,例宋司马光《切韵指掌图》、元刘鉴《切韵指南》、清江有诰《等韵丛说》等入此。

(4)注音

凡论述注音之著作,例清刘世恩《音韵记号》等入此。

(5)译语

凡翻译别国语言之著作,例明火源洁《华夷译语》、明薛俊《日本寄语》、清曹骧《英字入门》等入此。

4.训诂之属

凡以字义分类的词典以及关于研究字义之著作入此。

(1)群雅

凡属于诸雅之著作,例汉孔鲋《小尔雅》、汉刘熙《释名》、三国魏张揖《广雅》等入此。

(2)字诂

凡解释字(词)义之著作,例三国魏张揖《古今字诂》、唐颜师古《匡谬正俗》、宋娄机《班马字类》入此。

(3)方言

凡属于方言之著作,例汉扬雄《輶轩使者绝代语释别国方言》、清翟灏《通俗编》等入此。

(十九)谶纬类

纬书,是对经书而言的,汉朝人伪托孔子之名所作。有《易纬》《书纬》《诗纬》《礼纬》《乐纬》《春秋纬》《孝经纬》,对七经而言,称为七纬。这些书以儒家经义附会人事的吉凶祸福,预言未来的治乱兴衰,多为怪诞无稽之谈,与方士所传谶语合称谶纬。两汉间诸帝及王莽等好谶纬,自南朝宋大明中始禁图谶。隋炀帝时,尽焚与图谶相涉的书籍,违者至死。纬书至唐代除《易纬》外皆佚,其学遂绝,秘府所藏,亦多散亡。今所传者,为后人辑佚,皆非完本。

凡谶纬之书入此。

1.类编之属

凡汇录两种以上谶纬类书为一书者,称为谶纬类之类编。例明孙㲄《古微书》、清赵在翰《七纬》等入此。

2.河图之属

河图是谶纬书之一种。《易·系辞》上:"河出图,洛出书,圣人则知。"《隋书·经籍志》一著录《河图》二十卷,《河图龙文》一卷,谓其书出于西汉。

凡与河图有关之书,例清黄奭辑《河图》、清殷元正辑《河图帝系谱》、清乔松年辑《图纬绛象》等入此。

3.洛书之属

洛书是谶纬书之一种。汉儒谓《洛书》即《洪范》九筹。后来术士所用《洛书》,乃太乙行九宫法,出于《易纬·乾凿度》,为《汉书·艺文志》所谓太乙家。

凡与洛书有关之书,例清黄奭辑《洛书》、清王仁俊辑《洛书郑注》、清乔松年辑《洛书运录法》等入此。

4.谶之属

凡属于预言吉凶得失的文字图记,例明孙㲄辑《孔子河洛谶》、清乔松年辑《洛书录运期》等入此。

5.易纬之属

凡易纬之书,例汉郑玄注《易纬乾元序制记》《周易乾坤凿度》《易纬坤灵图》,明孙㲄辑《易通卦验》,清黄奭辑《易纬》,清乔松年辑《易稽览图》《易是类谋》等入此。

6.书纬之属

凡书纬之书,例明孙㲄辑《尚书璇玑钤》《刑德放》《帝命验》《运期授》《帝验期》《洪范纬》《尚书五行传》《尚书中候》,清黄奭辑《尚书纬》,清刘学宠辑《尚书考灵曜》等入此。

7.诗纬之属

凡诗纬之书,例明孙㲄辑《诗含神雾》《诗泛历书》《推度灾》,清黄奭辑《诗纬》等入此。

8.礼纬之属

凡礼纬之书,例明孙㲄辑《礼含文嘉》《礼稽命征》《礼斗威仪》,清黄奭辑《礼纬》等入此。

9.乐纬之属

凡乐纬之书，例明孙瑴辑《乐动声仪》《乐稽曜嘉》《乐叶图征》，清黄奭辑《乐纬》等入此。

10.春秋纬之属

凡春秋纬之书，例明孙瑴辑《春秋文耀钩》《春秋运斗枢》《春秋感精符》《元命苞》，清黄奭辑《春秋》，清刘学宠辑《春秋纬》，清乔松年辑《春秋演孔图》等入此。

11.孝经纬之属

凡孝经纬之书，例明孙瑴辑《孝经授神契》《孝经钩命诀》《孝经中契》《孝经左契》《孝经右契》，清黄奭辑《孝经》等入此。

12.论语纬之属

凡论语纬之书，例三国魏宋均注《论语谶》，明孙瑴辑《论语比考谶》《论语摘辅象》《论语摘衰圣》《论语阴嬉谶》等入此。

13.总义之属

凡综合论述谶纬之书，例明袁黄《河图洛书解》、清赵在翰《七纬叙录叙目》、清王崧《说纬》等入此。

二、史部

史部乃五部之一。凡纪传、编年、纪事本末、杂史、载记、史表、史抄、史评等诸体史书，人物传记、家乘地志、政书、职官、诏令奏议、时令、地理沿革、行政区划，乃至金石、目录诸方面之书，以及注解、研究上述诸书而形成的著作，皆隶于史部。

（一）丛编类

凡汇录两种以上史部之书为一书并各自保持独立形态者，称为史部丛编。例《十七史》《二十一史》《二十四史》等入此。

（二）纪传类

纪传是我国传统史书的一种体裁，以人物传记为中心叙述史事。纪是帝王本纪，列在全书前面，传是其他人物的列传，始于汉代司马迁所著的《史记》，踵其后者有《汉书》《后汉书》《三国志》《晋书》，一直到《清史稿》，都是纪传体史书，故皆隶于此类。纪传类史书又分为正史与别史两属。

1.正史之属(按:含通代与断代)

历代当朝或后朝官方认同或组织官修的史书为正史。凡正史及其注解、研究的著作,例汉司马迁《史记》、汉班固《汉书》、南朝宋范晔《后汉书》及集解、注释这些书的著作等入此。

2.别史之属(按:含通代与断代)

相对正史而言。别史一目始立于宋陈振孙《直斋书录解题》,用以类归上不至于正史、下不至于杂史的史书。例《东观汉纪》《东都事略》《大金国志》《契丹国志》《逸周书》《路史》《古史》《续后汉书》之类,皆足以相辅正史,而其名又不可与正史并列,故命之曰"别史"。

(三)编年类

凡依年编写史事者,其体裁称为编年体史书。凡编年体史书及其研究之著作入此。

1.通代之属

凡记载两代及两代以上史事的编年体史书及研究这类史书的著作,例宋司马光《资治通鉴》、宋史照《资治通鉴释文》、宋朱熹《资治通鉴纲目》、元王幼学《资治通鉴纲目集览》、明陈济《通鉴纲目集览正误》、清陈琮《历代帝王图》等入此。

2.断代之属

凡只记载一个历史上王朝或某一王朝中一两朝帝王史事的编年体史书及其研究之著作,例汉荀悦《汉纪》、唐温大雅《大唐创业起居注》、宋李焘《续资治通鉴长编》、宋陈均《皇朝编年备要》、宋徐梦莘《三朝北盟会编》、明陈建《皇明资治通纪》、清张坊《东周纪年》、清蒋良骥《东华录》等入此。

(四)纪事本末类

"纪事本末"是纪传体、编年体史书之外的又一种体裁。宋代袁枢喜读司马光《资治通鉴》,然苦其浩博,涉史时间跨度太大,加之编年体裁的逐年分割,一时难知某事之始末,乃独出新意,因司马光《资治通鉴》,区别门目,以类排纂,每事各详起讫,自为标题,每篇各编年月,自为首尾。始于三家分晋,终于周世宗之征淮南,包括数千年史事,经纬明晰,节目详具,前后始末,一览了然,遂别创一体,谓之纪事本末。

1. 类编之属

凡汇录两种以上纪事本末之书为一书并各自保持独立形态者,称为纪事本末类之类编。例清广雅书局《纪事本末汇刻》、清陈如升《历朝纪事本末》等入此。

2. 通代之属

凡通代纪事之纪事本末体史书及其研究之著作,例宋袁枢《通鉴纪事本末》、清马骕《绎史》、清高士奇《左传纪事本末》等入此。

3. 断代之属

凡断代纪事本末体史书及其研究之著作,例清谷应泰《明史纪事本末》、清勒德洪《平定三逆方略》等入此。

(五)杂史类

杂史之目,始于《隋书·经籍志》。意在兼包众体,宏括殊名。然既系史名,事殊小说,唯事系庙堂,语关军国,或具一事之始末,非一代之全编;或但述一时之见闻,只一家之私记,要在所记遗文旧事足以存掌故,资考证。

1. 类编之属

凡汇录两种以上杂史之书为一书并各自保持独立形态者,称为杂史类之类编。例宋确庵、耐庵《靖康稗史》,明李栻《历代小史》,清吴弥光《胜朝遗事》等入此。

2. 通代之属

凡记历代史事之杂史著作,例汉高诱注《战国策》、三国吴韦昭注《国语》等入此。

3. 断代之属

凡记一代史事之杂史著作,例汉赵晔《吴越春秋》、唐吴兢《贞观政要》、宋陶岳《五代史补》等入此。

4. 外纪之属

凡记载外国史事之杂史著作,例明倪谦《朝鲜纪事》、清钱古训《百夷传》、清李仙根《安南使事纪要》等入此。

(六)载记类

凡记载偏方割据政权史事之著作,例北魏崔鸿《十六国春秋》、宋陈彭年《江南别录》、宋杨尧弼《伪齐录》、宋张唐英《蜀梼杌》、明杨慎《滇载记》、清吴任臣《十国春秋》等入此。

（七）史表类

史表也称为表、表谱、表历，凡将历史人物、历史事件以列表的形式编辑成史书者入此。

1.类编之属

凡汇录两种以上史表之书而为一书并各自保持独立形态者，称为史表类之类编。例清段长基《二十四史三表》等入此。

2.通代之属

凡历代史表之著作，例元察罕《帝王纪年纂要》、明薛应旗《甲子会纪》、清万斯同《历代史表》等入此。

3.断代之属

凡断代史表之著作，例清钱大昭《后汉书补表》、清万斯同《三国纪年表》、清汪远孙《辽史纪年表》等入此。

（八）史抄类

凡抄撮史书之著作入此。

1.类编之属

凡汇录两种以上史抄之书为一书并各自保持独立形态者，称为史抄类之类编。例宋吕祖谦《东莱吕氏两汉精华》、明王涣《两晋南北奇谈》等入此。

2.通代之属

凡通代史抄之著作，例宋吕祖谦《十七史详节》、宋钱端礼《诸史提要》、清郑元庆《廿一史约编》等入此。

3.断代之属

凡断代史抄之著作，例清萧光远《汉书汇抄》、清杭世骏《汉书蒙拾》等入此。

（九）史评类

凡评论史书之著作，包括论述史书源流、体例和编纂方法者入此。

1.史学之属

凡史学之著作，例唐刘知幾《史通》、明郭孔延《史通评释》、清章学诚《文史通义》、清顾炎武《救文格论》、清李晚芳《读史管见》等入此。

2.史论之属

凡史论及其研究之著作，例宋孙甫《唐史论断》、宋吕夏卿《唐书直笔新例》、明陆深《史通会要》、清浦起龙《史通通释》等入此。

3.考订之属

凡考订史书之著作,例清王鸣盛《十七史商榷》、清赵翼《廿二史札记》、清钱大昕《廿二史考异》等入此。

4.咏史之属

凡咏史之著作,例唐胡曾《咏史诗》、唐周昙《经进周昙咏史诗》等入此。

(十)**传记类**

凡记载人物生平和主要事迹之著作入此。

1.总传之属

(1)历代

凡一书写历代多人传记或集历代多人传记资料为一书者,例宋乐史《广卓异记》、明王文翰《尚古类氏集》、明金忠《瑞世良英》、明《君臣图鉴》、明乔懋敬《古今廉鉴》、明黄汝亨《廉吏传》等入此。

(2)断代

凡一书写一代多人传记或集一代多人传记资料为一书者,例清王仁俊《春秋公子谱》、清张士保绘《云台二十八将图像》(汉代)、清刘源绘《凌烟阁功臣图像》(唐代)等入此。

(3)郡邑

凡一书写一郡多人传记或集一郡多人传记资料为一书者,例唐黄璞《闽川名士传》(福建)、清孙奇逢《畿辅人物考》(河北)、清张桂林《晋哲会归》(山西)等入此。

(4)家乘(家传、谱牒)

凡一书写一族多人传记或集一族多人传记资料而为一书者,例明庄元臣《庄氏族谱》、清黄宗羲《黄氏家录》、清柳树芳《分湖柳氏重修家谱》等入此。

(5)姓名

凡记载姓名、姓氏之著作,例唐林宝《元和姓纂》、清人辑佚《风俗通姓氏篇》、清陈廷炜《姓氏考略》等入此。

(6)人表

凡以列表形式记载人物生卒年等内容之著作,例汉班固《校正古今人表》、清梁玉绳《人表考》、清钱大昕《疑年录》等入此。

(7)君臣

凡专记君臣人物事迹之著作,例元苏天爵《元朝名臣事略》、明朱国桢《皇明开国忠臣传》、清朱轼《历代名臣传》等入此。

(8)儒林(按:或称学林)

凡儒家传记,例清孙奇逢《理学宗传》、清万斯同《儒林宗派》、清江藩《国朝汉学师承记》等入此。

(9)文苑

凡文学家传记,例元辛文房《唐才子传》、清钱谦益《列朝诗集小传》、清张维屏《国朝诗人征略》等入此。

(10)技艺(按:包括书画、印人、伶人及筹人等)

凡艺术家传记,例宋陈思《书小史》、元夏文彦《图绘宝鉴》、清周亮工《印人传》等入此。

(11)忠孝(按:或称孝友)

凡以忠孝为题材的人物传记之著作,例汉刘向《孝子传》、宋朱熹《二十四孝原编》、清刘青莲《古今孝子传》等入此。

(12)隐逸

凡专记隐士、逸民事迹之著作,例三国魏嵇康《高士传》、明黄姬水《贫士传》、清王仁俊《逸士传》等入此。

(13)列女

列女即诸妇女。凡专记妇女生平事迹之著作,例汉刘向《列女传》、清袁世传《母德录》等入此。

(14)释道仙

凡专记和尚、道士和神仙事迹之著作,例汉刘向《列仙传》、南朝梁释慧皎《高僧传》、宋陈葆光《三洞群仙录》等入此。

2.别传之属

相对总传而言。凡记载个人事迹之著作,例唐姚汝能《安禄山事迹》、宋岳珂《鄂国金佗稡编》、元胡琦《关王事迹》、明冯烶《至圣先师孔子刊定世家》、清阮元《净音道人传》等入此。

(1)年谱

按年月记载个人事迹之著作,例宋吴仁杰《陶靖节先生(晋)年谱》、清汪立名《白香山(居易)年谱》、清凌廷堪《元遗山先生(好问)年谱》等入此。

(2)事状

又称行状、行述、荣哀录。凡记述死者生平行事之著作,例清王定安《刘武慎公(长佑)行状》、清李概《李文恭公(星沅)行述》、清萧荣爵《曾忠襄公(国荃)荣哀录》等入此。

(3)墓志

又称墓志铭,指埋在墓中的志墓文,包括死者姓氏、籍贯、官爵及主要事迹等内容。世传墓志铭多为单张拓片。凡集录墓志铭拓片文献之著作,例罗振玉《芒洛冢墓遗文》等入此。

3.日记之属

凡属日记体裁之著作,例宋周必大《闲居录》、明袁中道《袁小修日记》、清陆陇其《三鱼堂日记》等入此。

4.杂传之属

凡与人物活动有关而他类不收之著作,例宋苏辙《宋黄门龙川略志》、清徐秉义《恭迎大驾记》等入此。

5.科举录之属

凡科举名录入此。

(1)总录

凡收录科举名录两科以上者,例清杨庆之《历代鼎甲录》、清陆懋修《苏州长元吴三邑科第谱》、清黄倩园《国朝两浙科名录》等入此。

(2)历科会试录

凡历科会试录,例清张云藻《道光乙未科会试同年齿录》等入此。

(3)恩科录

参加恩科会试而登第被收录者称为恩科录。凡恩科录,例清孙毓汶《光绪庚寅恩科会录录》等入此。

(4)历科乡试录

凡乡试录,例清万年茂《乾隆辛酉山东乡试录》、清戚蓼生《乾隆丁酉河南乡试录》等入此。

(5)诸贡录

凡诸贡录,指将岁贡、选贡、恩贡、纳贡、拔贡、优贡及例贡等诸贡生合编成书者,例《嘉庆辛酉科山西拔贡优贡同门齿录》等入此。

6.职官录之属

凡记载职官名录之著作入此。

（1）总录

凡总记一朝职官名录之著作，例《满汉爵秩全本》《满汉缙绅全书》《大清缙绅全书》等入此。

（2）历朝

凡分记各朝职官名录之著作，例《嘉靖以来首辅传》等入此。

（十一）政书类

凡有关"国政朝章、六官所职"（吏户礼兵刑工）之著作入此。

1.类编之属

凡汇录两种以上政书类书为一书并各自保持独立形态者，称为政书类之类编。例《三通》、清丁日昌《牧令全书》、清许乃普《宦海指南》等入此。

2.通制之属

凡记载典章制度之著作，例唐杜佑《通典》、宋郑樵《通志》、元马端临《文献通考》等入此。

3.仪制之属

（1）通礼

凡记载礼仪制度之著作，例汉叔孙通《汉礼器制度》、唐萧嵩《大唐开元礼》、清阿桂《八旬万寿盛典》等入此。

（2）杂礼

凡杂记礼俗内容之著作，例唐段成式《婚杂仪注》、宋朱熹《家礼杂仪》、清李元春《四礼辨俗》等入此。

（3）专志

①纪元

也称纪年、建元、年号、元号。凡研究纪元内容之著作，例清万斯同《历代纪元汇考》、清钟渊映《历代建元汇考》、清黄本骥《年号分韵录》等入此。

②谥法

凡研究谥法之著作，例宋苏洵《谥法》、明郭良翰《明谥记汇编》等入此。

③讳法

凡研究讳法之著作，例清刘锡信《历代讳名考》、清黄本骥《避讳录》、清周榘

《廿二史讳略》等入此。

④科举校规

凡研究科举制度之著作,例宋陈彭年《贡举叙略》、明董其昌《学科考略》、清李调元《淡墨录》等入此。

4.邦计之属

凡经世之著作入此。

(1)通纪

凡总论经世之著作,例汉班固《汉书食货志》、宋李维《邦计汇编》等入此。

(2)营田

凡研究田亩制度之著作,例清毛应观《井田计亩》、清黄辅辰《营田辑要》等入此。

(3)赋税

凡研究赋税制度之著作,例宋赵珣《熙宁酒课》、清李塨《田赋考辨》、清曹扶苍《均赋策》等入此。

(4)贸易

凡研究贸易制度之著作,例清彭宁求《历代关市征税记》、清仇继恒《陕境汉江流域贸易稽核表》等入此。

(5)俸饷

凡记录官员薪俸内容之书,例清内阁典籍厅《内阁典籍厅关支康熙廿八年秋冬二季俸米黄册》、清吏部稽俸厅《吏部进道光廿三年春夏二季在京文职汉官领过俸米及职名黄册》等入此。

(6)漕运

凡研究漕运制度之著作,例明危素《元海运志》、明席书《漕船志》、清曹溶《明漕运志》等入此。

(7)盐法

凡研究盐法之著作,例明丘濬《盐法考略》、明叶永盛《浙鹾纪事》等入此。

(8)钱币

凡研究钱币之著作,例元费著《钱币谱》、明丘濬《钱法纂要》等入此。

(9)户政

凡记载户籍内容之著作,例佚名《开元残牒》、佚名《先天大顺等户籍四种》

等入此。

（10）荒政

凡赈济救荒之著作，例宋董煟《救荒活民书》、元欧阳玄《拯荒事略》、明屠隆《荒政考》等入此。

（11）衡制

凡研究度量衡之著作，例宋程迥《三器图义》、佚名《中西度量权衡表》等入此。

5.邦交之属

凡记述外交关系及条约之书，例清谢家福《国初成案》、清薛福成《出使公牍》、清吴大澂《吉林勘界记》等入此。

6.军政之属

凡研究军事制度之著作入此。

（1）兵制

凡研究兵制之著作，例宋陈傅良《历代兵制》、清谭吉璁《历代武举考》、清温睿临《本朝八旗军志》等入此。

（2）马政

凡论述马政之著作，例明归有光《马政志》、清蔡方炳《历代马政志》等入此。

（3）保甲

凡论述保甲之著作，例明王守仁《阳明先生保甲法》、清徐栋《保甲书辑要》等入此。

（4）团练

凡论述团练之著作，例清华日来《蒲江县练团规约》、清刘光蕡《团练私议》等入此。

7.律令之属

凡法律之著作入此。

（1）刑制

凡刑法及其研究之著作，例宋刘筠《刑法叙略》、清郝懿行《补宋书刑法志》等入此。

（2）律例

凡法律及其研究之著作，例唐长孙无忌《故唐律疏义》、明敕编《大明律附例》、清三泰《大清律例》等入此。

(3) 治狱

凡与监狱有关之著作,例五代和凝《疑狱集》、宋桂万荣《棠阴比事》、清濮文暹《提牢琐记》等入此。

(4) 判牍

凡属判决书,例清蒯德模《吴中判牍》、清董沛《汝东判语》等入此。

(5) 法验

凡属法医之著作,例宋宋慈《洗冤集录》、元王与《无冤录》、清吴家桂《洗冤外编》等入此。

8. 考工之属

凡与手工技术有关之著作入此。

(1) 营造

凡属土木技术类之著作,例宋李诫《木经》及《营造法式》、明吕坤《修城》等入此。

(2) 杂志

凡其他营造技术之著作,例佚名《元代画塑记》、明李昭祥《龙江船厂志》、清王韬《滇南铜政考》等入此。

9. 掌故琐记之属

凡杂记政事得失或各种名物制度之著作,例汉伏无忌《伏侯古今注》、汉蔡邕《独断》、宋叶梦得《石林燕语》等入此。

10. 公牍档册之属

凡属行政文献,例明袁黄《宝坻政书》、清曾国藩《曾文正公批牍》、清张之洞《张文襄公电牍》等入此。

(十二) 职官类

凡属文武百官类之著作入此。

1. 官制之属

凡与设官制度有关之著作入此。

(1) 通志

凡记载历代设官制度之著作,例宋杨亿《历代铨政要略》、明王光鲁《古今官制沿革图》、明郑晓《百官述》、清乾隆敕编《历代职官表》、清王宝仁《古官制考》

等入此。

（2）专志

凡记载专项设官制度之著作，例唐李隆基撰、李林甫等注《大唐六典》，唐李肇《翰林志》，宋程俱《麟台故事》，元王士点、商企翁《秘书监志》，明王世贞《锦衣志》，清劳经原《唐折冲府考》，清梁国治《国子监志》等入此。

2.官箴之属

凡述为官必须坚持的准则和道德标准之书，例宋李元弼《作邑自箴》，宋吕本中《官箴》，宋朱熹《朱文公政训》，宋胡太初《书廉绪论》，元张养浩《牧民忠告》《经进风宪忠告》《庙堂忠告》，明杨昱《牧鉴》，清王之臣《宰桃谱》，清陈弘谋《从政遗规》等入此。

（十三）诏令奏议类

凡属帝王诏旨和大臣章奏之著作入此。

1.诏令之属

凡汇录帝王诏令类之著作，例宋林虙、楼昉《两汉诏令》，宋宋敏求《唐大诏令集》，明吕本等《明朝宝训》，明倪元璐《代言选》，清世宗《世宗宪皇帝朱批谕旨》等入此。

2.奏议之属

凡汇录大臣奏章类之著作，例唐陆贽《唐陆宣公奏议》、宋赵汝愚《国朝诸臣奏议》、明杨士奇《历代名臣奏议》、明黄训《皇明名臣经济录》、清朱枟《国朝奏疏》等入此。

（十四）时令类

重民事者先授时，故尧典首授时，舜初受命亦先齐七政。只是授时来自测候，而测候本于数算，天文历算随之而生，另有类归，故时令之书少传。今所能见者，或记四时变化，或记岁时习俗，例汉崔寔《四民月令》、南朝梁萧统《锦带书》、宋李元靓《岁时广记》、明李泰《四时气候集解》等入此。

（十五）地理类

地理类是古籍分类中的老类目。《七志》"图谱志"中有"纪地域及图书"；《七录》"记传录"中有"土地部"；至《隋书·经籍志》，正式于史部设置了"地理类"，直到今天仍为各家古籍书目所沿用，但其下所设类表几乎没有完全相同者。

1. 类编之属

凡汇录两种以上地理之书为一书并各自保持独立形态者,称为地理类之类编。例清王谟《重订汉唐地理书抄》、清王锡祺《小方壶斋舆地丛抄》、清王蕴香《域外丛书》等入此。

2. 总志之属(全国总志)

凡记述全国地理概况之著作入此。

(1) 通代

凡记述历代地理概况之著作,例清李兆洛《历代地理志韵编》、清孙国仁《各史地理同名录》等入此。

(2) 断代

凡记述一个朝代地理概况之著作,例唐李吉甫《元和郡县志》、宋乐史《太平寰宇记》、宋王存等《元丰九域志》、宋欧阳忞《舆地广记》、宋祝穆《新编方舆胜览》、元《类编古今事林群书》、明李贤《大明一统志》、清蒋廷锡《大清一统志》等入此。

3. 方志之属

凡记述省、府、州、市、县、镇、乡、村等地方志入此。

(1) 通志(各省总志)

凡总述一个省地理概况之著作,例清李卫《畿辅通志》(河北省)、清石麟《山西通志》等入此。

(2) 郡县志(府州县志)

凡分述府、市、县、镇、乡、村等地方志,例清刘源《锦州府志》、清冯昌奕《辽远州志》、清贾弘文《铁岭县志》等入此。

4. 专志之属

凡专记各个地区名胜古迹之著作入此。

(1) 古迹

凡专记各个地区古迹之著作,例明李源《汴京遗迹志》、清毕沅《关中胜迹图志》、清杭世骏《浙江山川古迹记》等入此。

(2) 宫殿

凡专记宫殿之著作,例佚名《三辅黄图》、元王士点《禁扁》、清黄凯钧《圆明园记》等入此。

(3)寺观

凡专记各个地区佛寺道观之著作,佛寺例北魏杨衒之《洛阳伽蓝记》、唐段成式《寺塔记》、明吴之鲸《武林梵刹志》,道观例宋邓牧《洞霄图志》、清仲蘅《武林元妙观志》等入此。

(4)祠庙

凡有关同族人共同祭祀祖先的庙堂之著作,例清丁午《扬清祠志》、清唐垣九《广福庙志》等入此。

(5)陵墓

凡记述陵园墓地之著作,例明王在晋《历代山陵考》、清姚燮《虎邱吊真娘墓文》等入此。

(6)园林(按:或称园亭)

凡记述园林及亭台楼榭等相关著作,例宋周密《吴兴园林记》、清李元庚《山阳河下园亭记》、清张金圻《如是观园记》等入此。

(7)书院

凡记述各地书院之著作,例清李来章《连山书院志》、清张之洞《四川省城尊经书院记》等入此。

5.杂志之属

凡记述各地某方面内容或杂记地理情况之书,例明刘侗《帝京景物略》、明蒋一葵《长安客话》、清朱一新《京师坊巷志》等入此。

6.水利之属

凡记述兴利除害的治水著作,例元潘昂霄《河源志》,明李国祥《河工诸议》,明潘季驯《河防一览》,明张国维、蔡懋德《吴中水利全书》,清纪昀、陆锡熊等《钦定河源纪略》,清张鹏翮《治河全书》,清朱云锦《黄河说》等入此。

7.山川之属

(1)山志

凡记山之著作,例清姚鼐《五岳考》、清蒋溥《钦定盘山志》、清阮葵生《长白山记》等入此。

(2)水志

凡记水之著作,例北魏郦道元《水经注》、清傅泽洪《行水金鉴》等入此。

(3)合志

凡总记山、水两部分内容之著作,例明杨慎《云南山川志》、清顾炎武《昌平山水记》等入此。

8.游记之属

凡游记之著作入此。

(1)纪胜

凡以记述所见名胜为主之著作,例元陶宗仪《游志续编》、明黄以升《蟫窠集游名胜记》、清高士奇《游盘山记》等入此。

(2)纪行

凡以记述自己行程为主之著作,例宋范成大《石湖居士骖鸾录》、元耶律楚材《西游录》、元李志常《长春真人西游记》、明湛若水《重游南岳纪行》、明徐宏祖《徐霞客游记》、清郎廷槐《宦蜀纪程》、清王士睿《进藏纪程》等入此。

9.外纪之属

凡记外国地理之著作,例宋徐兢《宣和奉使高丽图经》、元黎崱《安南志略》、明陈侃《使琉球录》、明黄省曾《西洋朝贡典录》、清魏源《五大洲释》等入此。

10.防务之属

凡言防务之著作入此。

(1)海防

凡专记海防之著作,例明郑若曾《筹海图编》、清姜宸英《海防总论》等入此。

(2)江防

凡记江防之著作,例明郑若曾《江防图考》、清姜宸英《江防总论》等入此。

(3)陆防

凡记陆防之著作,例清黄焜《边防三事》、清郑观应《防边危言》等入此。

11.舆图之属

凡地图入此。

(1)坤舆(世界地图)

凡世界地图、各洲地图,例明末意大利人利玛窦绘《坤舆万国全图》、清初比利时人南怀仁绘《坤舆全图》、清魏源《海国图志》等入此。

(2)全国(全国地图)

凡全国地图,例明罗洪先《广舆图》、清黄证孙《大清万年一统全图》等入此。

（3）郡县

凡郡县地图，例清程庆祖《皇朝府厅州县全图》等入此。

（4）山图

凡属山图，例明卜世《五岳真形图》等入此。

（5）水图

凡属水图，例清杨守敬《水经注图》、清陈沣《汉书地理志水道图说》等入此。

（6）道里

凡记里程距离图，例清赵束《长江沿边十省计里图》等入此。

（7）军用

凡属军用地图，例清魏阆《沿海防卫指掌图》等入此。

（8）园林

凡属园林名胜地图，例清冯世基《长江名胜图》等入此。

（9）建筑宫殿

凡属建筑宫殿图，例清佚名《紫禁全图》等入此。

（10）陵寝

凡属陵园图，例清马绥权《十三陵图》等入此。

（十六）金石类

凡总记金石之著作入此。

1.类编之属

凡汇录两种以上金石之书为一书并各自保持独立形态者，称为金石类之类编。例清朱记荣《行素草堂金石丛书》、清葛元煦《学古斋金石丛书》等入此。

2.总志之属

凡总论金石之著作入此。

（1）目录

凡属金石目录之著作，例宋欧阳修《集古录》、宋赵明诚《金石录》、宋郑樵《金石略》、清钱大昕《潜研堂金石文字目录》等入此。

（2）图像

凡属金石图像之著作，例清陈经《求古精舍金石图初集》等入此。

（3）文字

凡著录金石文字之著作，例明杨慎《金石文字》、清顾炎武《求古录》、清吴荣光《筠清馆金石文字》等入此。

（4）通考

凡考证金石文字之著作，例清许容《石鼓文钞》，清翁方纲《石鼓考》《孔子庙堂碑考》，清吴大澂《权衡度量实验考》等入此。

（5）题跋

凡属金石题跋之著作，例清朱彝尊《金石文字跋尾》、清沈涛《十经斋金石文跋尾》等入此。

（6）杂著

凡杂论金石之著作，例清陈介祺《陈簠斋丈笔记》、清王懿荣《天壤阁杂记》等入此。

3.金之属

凡专记金属器物之著作入此。

（1）目录

凡专记金属器物目录之著作，例清阮元《积石斋藏器目》、清张廷济《清仪阁器目》等入此。

（2）图像

凡属金属器物图像之著作，例宋吕大临《考古图》、宋王黼《至大重修宣和博古图》等入此。

（3）文字

凡著录金属器物文字之著作，例宋薛尚功《历代钟鼎彝器款识法帖》、清阮元《积古斋钟鼎彝器款识》等入此。

（4）通考

凡考证金属器物文字之著作，例清徐同柏、陈介祺《周毛公厝鼎铭释文》，清陈介祺《簠斋金文考释》等入此。

（5）题跋

凡属金属器物题跋之著作，例宋张抡《绍兴内府古器评》、清陈庆镛《籀经堂钟鼎文释题跋尾》等入此。

（6）杂著

凡杂论金属器物之著作，例清冒襄《宣炉歌注》、清许瀚《攀古小庐杂著》等入此。

4.钱币之属

凡专论钱币之著作入此。

（1）图像

凡属钱币图像之著作，例宋洪遵《泉志》、清谢堃《钱式图》、清吴文炳《泉币图说》等入此。

（2）文字

凡著录钱币文字之著作，例题宋董逌《钱谱》、清夏荃《退庵钱谱》、清黄易《泉文》等入此。

（3）杂著

凡杂述钱币之著作，例清刘喜海《嘉荫簃论泉截句》、清戴熙《古泉丛话》等入此。

5.玺印之属

凡属玺印，即周秦古印及封泥之著作，例明罗王常《秦汉印统》、明甘旸《集古印谱》、明来行学《宣和集古印史》、明张学礼《考古正文印薮》、清吴观均《稽古斋古印谱》、清汪启淑《汉铜印丛》、清吴式芬《封泥考》、清吴大澂《愙斋所藏封泥目》等入此。

6.石之属

凡专论石刻之著作入此。

（1）目录

凡著录石刻目录，例宋欧阳棐《集古录目》、清孙星衍《寰宇访碑录》等入此。

（2）图像

凡属石刻图像之著作，例清瞿中溶《汉武梁祠堂石刻画像考》、清张弨《昭陵六骏赞辩》等入此。

（3）文字

凡著录石刻文字之著作，例宋洪适《隶释》、元陶宗仪《古刻丛抄》、清翁方纲《瘗鹤铭考》等入此。

（4）通考

凡考证石刻文字之著作，例宋曾宏父《石刻铺叙》、清万经《汉魏碑考》等入此。

（5）题跋

凡石刻题跋之著作，例宋陈思《宝刻丛编》、清何焯《义门题跋》等入此。

（6）义例

凡属石刻举例之著作，例明王行《墓铭举例》、清刘宝楠《汉石例》等入此。

（7）字书

凡供查检石刻文字之著作，例清张弨《汉隶字原校本》、清梁廷枏《碑文摘奇》等入此。

（8）杂著

凡杂述石刻之著作，例清翁方纲《苏斋唐碑选》、清陈介祺《访碑拓碑笔札》等入此。

7. 玉之属

凡专论古玉之著作，例元朱德润《古玉图考》、清姜绍书《琼琚谱》、清吴大澂《论古杂识》、清徐寿基《玩古》等入此。

8. 甲骨之属

凡有关甲骨文之著作，例清刘鹗《铁云藏龟》、清孙诒让《契文举例》等入此。

9. 陶之属

凡研究陶器之著作，例清朱枫《秦汉瓦图记》、清陆心源《千甓亭古砖图释》、清吕佺孙《百砖考》等入此。

（十七）目录类

凡属目录类之著作入此。

1. 类编之属

凡汇录两种以上目录之书为一书并各自保持独立形态者，称为目录类之类编。例清朱彝尊《金凤亭长书目五种》、清《书目汇编》、清陈光照《汇刻书目初编》、清江标《江刻书目三种》等入此。

2. 通论之属

凡综合论述目录学之著作入此。

（1）义例

凡综述目录旨意及叙例之著作，例宋欧阳修《崇文总目叙释》、明胡应麟《经籍会通》、清江标《钦定四库全书总目提要四部类叙》等入此。

(2)考订

凡考订辨伪之著作,例明胡应麟《四部正讹》、清姚际恒《古今伪书考》等入此。

(3)掌故琐记

凡谈书林掌故之著作,例清钱大昕《竹汀先生日记抄》、清李文藻《琉璃厂书肆记》等入此。

(4)藏书约

凡谈藏书规章之著作,例明祁承㸁《澹生堂藏书约》、清孙从添《藏书记要》等入此。

3.总录之属

凡综合著录之书目入此。

(1)史志

凡属历代艺文志,例汉班固《汉书艺文志》、唐魏徵等《隋书经籍志》、清张廷玉等《明史艺文志》、清钱大昕《补元史艺文志》等入此。

(2)官修

凡官方组织编修的书目,例宋王尧臣《崇文总目》、元胡师安《元西湖书院重整书目》、明杨士奇《文渊阁书目》、清乾隆敕撰《天禄琳琅书目》等入此。

(3)私撰

凡私人编修的书目,例南朝梁阮孝绪《七录》、宋尤袤《遂初堂书目》、清徐传学《传是楼书目》、清莫友芝《影山草堂书目》、清朱澂《结一庐书目》等入此。

(4)地方

以某地为范围编制的书目称为地方书目,例清周在浚《访求中州先贤诗文集目》、清周广业《两浙地志录》、清吴骞《海宁经籍备考》、清管庭芬《海昌经籍志略》、清孙衣言《永嘉书目》、清吴庆涛《襄阳艺文略》等入此。

(5)氏族

凡编修家族著述书目称为氏族书目,例清袁宝璜《袁氏艺文志》等入此。

(6)汇刻

凡汇刻、治学之书目,例清张之洞《书目答问》等入此。

(7)征访

凡征集、待访之书目,例清黄虞稷《征刻唐宋秘本书目》等入此。

（8）禁毁

凡朝廷禁毁之书目，例清乾隆四十七年（1782）敕撰《销毁书目》《抽毁书目》，清乾隆五十三年（1788）敕撰《禁书总目》，清《违碍书籍目录》等入此。

（9）提要

凡撮取书籍简要内容、品评书籍价值高下之著作，例宋晁公武《郡斋读书志》、宋陈振孙《直斋书录解题》、清乾隆四十七年（1782）敕撰《四库全书总目》等入此。

（10）题跋

凡鉴别书籍版本真伪优劣之著作，例明毛晋《隐湖题跋》、清乾隆四十年（1775）敕撰《钦定天禄琳琅书目》、清黄丕烈《百宋一廛书录》、清顾广圻《百宋一廛赋》等入此。

4.专录之属

凡属专题书目，例清全祖望《读易别录》、清凌奂《医学薪传》、清朱彝尊《全唐诗未备书目》等入此。

三、子部

五部类目之一。《四库全书总目》子部总序云："自六经以外立说者，皆子书也。"其实凡有一能、一技、一艺之长并形诸文字且成书者，皆隶于此。凡收录诸子百家和相关学科之古籍及其传注、研究之著作入此。

（一）丛编类

凡汇录两种以上子部之书为一书并各自保持独立形态者，称为子部丛编。例明刻《纂图互注五子》、明许宗鲁《六子书》、明刻《十子》、明周子义《子汇》、明谢汝韶《二十家子书》、明冯梦祯《先秦诸子合编》、清崇文书局《子书百家》等入此。

（二）总论类

凡综合论述诸子百家之著作，例明朱君复《诸子尠淑》、清吕调阳《诸子释地》等入此。

（三）儒家儒学类

1.类编之属

凡汇录两种以上儒家儒学之书为一书并各自保持独立形态者，称为儒家儒学类之类编。例宋汪晫辑《曾思二子全书》、宋朱熹等辑《二程全书》、明何良俊辑《刘氏二书》、清冯云鹓《圣门十六子书》等入此。

2.儒家儒学之属

《汉书·艺文志·儒家类》小序云："儒家者流，盖出于司徒之官，助人君顺阴阳明教化者也。游文于六经之中，留意于仁义之际，祖述尧舜，宪章文武，宗师仲尼，以重其言，于道最为高。"《四库全书总目》子部总序则云："儒家本六艺之支流，虽其间依草附木，不能免门户之私，而数大儒明道立言，炳然具在，要可与经、史旁参。"足见儒家儒学在中国封建社会的地位。凡儒家经典及历来传注、研究、阐释儒家学说之著述，例《荀子》、唐杨倞《纂图互注荀子》等入此。

(1)经济

凡属儒家经国济世之著作，例旧题汉陆贾《新语》、汉贾谊《新书》、汉桓宽《盐铁论》、汉刘向《新序》、宋真德秀《大学衍义》、清黄宗羲《明夷待访录》等入此。

(2)性理

凡宋明性命理气之学，即所谓宋明理学，例宋刘敞《公是先生弟子记》、宋周敦颐《太极图说》、宋程颢、程颐《河南程氏遗书》、宋朱熹《近思录》、明胡广《性理大全书》等入此。

(3)鉴戒

凡属帝王君臣行为规范之著作，例唐太宗《帝范》、宋范祖禹《帝学》、清世宗《庭训格言》等入此。

(4)家训

凡属家族行为规范之著作，例北齐颜之推《颜氏家训》、宋司马光《家范》、元郑泳《义门郑氏家仪》、明方孝孺《宗仪》、清孙奇逢《孝友堂家训》等入此。

(5)女范

凡属妇女行为规范之著作，例汉班昭《女诫》、明赵南星《女儿经注》、清陈弘谋《教女遗规》等入此。

(6)蒙学

凡属启蒙之著作，例宋吕本中《童蒙训》、宋朱熹《小学》、元舒天民《六艺纲目》、明焦竑《养正图解》、清王相《三字经训诂》等入此。

（7）劝学

凡属鼓励勤于学习之著作，例晋虞溥《厉学》、宋朱熹《朱子白鹿洞规条》、清张伯行《学规类编》等入此。

（8）俗训

凡属乡规、乡约之著作，例宋范仲淹《义庄规矩》、宋吕大忠《吕氏乡约》、明刘宗周《人谱》等入此。

（四）道家类

《汉书·艺文志·道家类》小序云："道家者流，盖出于史官，历记成败存亡祸福古今之道，然后知秉要执本，清虚以自守，卑弱以自持，此君人南面之术也。合于尧之克攘，《易》之嗛嗛"。故司马谈《论六家之要指》云："道家使人精神专一，动合无形，赡足万物……与时迁移，应物变化，立俗施事，无所不宜。指约而易操，事少而功多。"可是至《四库全书总目》，居然将道家并入道教，完全无视道家在先秦固有的哲学地位，今予以恢复。凡道家经典及其传注、阐释、研究之著作入此。

1.类编之属

凡汇录两种以上道家之书为一书并各自保持独立形态者，称为道家类之类编。例宋林希逸《三子口义》，明刊《老庄合刻》《三子合刊》等入此。

2.老子之属

凡有关老子及其传注、研究之著作，例题汉河上公章句《老子道德经》、题汉严遵《道德指归论》、宋苏辙《颖滨先生道德解》、宋葛长庚《道德宝章》、明徐学谟《老子解》等入此。

3.庄子之属

凡有关庄子及其传注、研究之著作，例晋郭象注《南华真经》、宋吕惠卿《壬辰重改证吕太尉经进庄子全解》、明朱得之《庄子通义》、明沈一贯《庄子通》等入此。

4.其他道家之属

唐玄宗天宝元年(742)诏号《庄子》为《南华真经》，《列子》为《冲虚至德真经》，《文子》为《通玄真经》，《亢仓子》为《洞灵真经》。因知唐代视《列子》《文子》《亢仓子》同《老子》《庄子》一样，同为道家之作。宋陈振孙《直斋书录解题》"道家类"不仅将这些书归入道家，同时将《鬻子》《关尹子》《鹖冠子》等先秦著作,也类归在道家。今以"其他道家之属"总括于此。

(五)墨家类

墨家乃古九流十家之一,是儒家的反对派,提倡"取实予名""兼爱非攻"。《韩非子·显学篇》谓:"今之显学,儒、墨也。"清黄虞稷《千顷堂书目》将墨家并入"杂家",是没有道理的。今仍单列一类,以收墨家经典及其注释、研究之著作,例《墨子》、清张惠言《墨子经说解》、清邓云昭《墨子刊误》、清孙诒让《墨子间诂》等入此。

(六)阴阳名纵横家类

先秦诸子中,除儒、道、墨、法、兵、农各家之外,尚有阴阳家、名家、纵横家等,阴阳家到《隋书·经籍志》已并入"五行类",名家、纵横家至《四库全书总目》则并入"杂家"。其实"杂家"也是先秦九流十家之一,与名家、纵横家并不完全相同。今设"阴阳名纵横家类",用以统摄《邓析子》《尹文子》《公孙龙子》《鬼谷子》《苏子》等书。

(七)兵家类

凡有关军事之著作入此。

1.类编之属

凡汇录两种以上兵家之书为一书并各自保持独立形态者,称为兵家类之类编。例清影宋抄本《五经七书》、明刘寅《武经七书直解》、明崇祯刻本《韬略世法》、明程宗猷《耕余剩技》、清《水陆攻守战略秘书》、清聚奎主人《兵书七种》等入此。

2.兵法之属

凡有关兵法著作及其传注、研究之著述,例《六韬》、春秋时孙武《孙子》、三国魏武帝《兵书接要》、题三国蜀诸葛亮《诸葛武侯心书》、唐《李卫公望江南》、宋曾公亮《武经总要》、明阎禹锡《司马法集解》、明茅元仪《武备志》、明戚继光《纪效新书》、清魏禧《兵法》等入此。

3.操练之属

凡有关操练之著作,例明戚继光《重订批点类辑练兵诸书》、明郭光复《守扬练兵辑要》、明赵士祯《神器谱》、清李善兰《火器真诀》、清冯国士《操练洋枪浅言》等入此。

4.武术技巧之属

凡有关武术技巧之著作,例三国魏缪袭《尤射》、唐王琚《射经》、明程冲斗

《单刀法选》、明程宗猷《射史》等入此。

5. 兵器之属

凡属兵器之著作,例清丁星南《演炮图说辑要》、清程荣春《战车练炮图说辑要》等入此。

(八) **法家类**

法家乃古九流十家之一。凡法家经典及其注释、研究之著作入此。

1. 类编之属

凡汇录两种以上法家之书为一书并各自保持独立形态者,称为法家类之类编。例明赵用贤《合刻管子韩非子》及《管韩合纂》等入此。

2. 法家之属

凡法家著作及其著述、研究之著作,例唐房玄龄注《管子》、明梅士享《诠叙管子成书》、清洪颐煊《管子义疏》、清严万里《商君书新校正》、清朱锡庚《韩非子校正》等入此。

(九) **农家农学类**(综合论农之书入此)

农家乃古九流十家之一。重农贵粟,其道至大,其义至深,凡论农、桑、树艺、土壤耕作、田家五行、救荒便民之著作入此。

1. 类编之属

凡汇录两种以上农书为一书并各自保持独立形态者,称为农家农学类之类编。例明《田园经济》、清《农学五种》等入此。

2. 农学之属

凡综论之农书,例汉氾胜之《氾胜之书》、北魏贾思勰《齐民要术》、宋陈旉《农书》、元司农司《农桑辑要》、元鲁明善《农桑衣食撮要》、元王桢《农书》、元俞宗本《种树书》、明施大经《农书》、明徐光启《农政全书》、清马国翰辑《神农书》、清续知不足斋丛书本《计倪子》、清茆泮林辑《计然万物录》等入此。

3. 田家五行之属

凡言时序、历记、农谚、相雨、农候杂占等田家五行之书,例题汉东方朔《探春历记》、汉崔寔《农家谚》、唐黄子发《相雨书》、元陆泳《田家志佚文》、明周履靖《天文占验》、明胡文焕《占候成书》、清鄂尔泰等《钦定授时通考》、清吴鹄《卜岁恒言》等入此。

4.耕作之属

凡言耕作之书,例明马一龙《陈眉公订正农说》、清赵梦龄《区种五种》、清曹溶《倦圃莳植记》、清张标《农丹》、清胡煦《农田要务稿》、清黄辅辰《营田辑要内篇》、清江召《种田杂说》、清王龄松《选种辑要》等入此。

5.农具之属

凡言农具之书,例唐陆龟蒙《耒耜经》、明王徵《重刊代耕架图说》、清陈玉璂《农具记》、清陈忠倚《水机图说》等入此。

6.作物之属

凡言作物之书,例明黄省曾《理生玉镜稻品》、清李彦章《江南催耕课稻编》、清陈世元《金薯传习录》、清陆耀《甘薯录》、清朱祖荣《通属种棉述略》、清江志伊《种竹法》等入此。

7.蚕桑之属

（1）综论

凡综论蚕桑之书,例元司农司《蚕政辑要》、元俞宗本《蚕桑说》、清谢用庥《蚕桑撮要》、清沈秉成《蚕桑辑要》、清卫杰《蚕桑萃编》、清王世熙《蚕桑图说》等入此。

（2）养蚕

凡专言养蚕之书,例汉刘安《蚕经》、宋秦观《蚕书》、明黄省曾《蚕经》、清蒋爷《粤东饲八蚕法》、清韩理堂《东省养蚕成法》、清潘首廉《养蚕要术》、清宋敏《蚕业白话》等入此。

（3）种桑

凡专言种桑之书,例清李聿求《桑志》、清叶世倬《树桑百益》、清潘守廉《栽桑问答》、清方濬颐《淮南课桑备要》等入此。

8.园艺之属

凡言园艺之书,例元俞宗本《种果疏》、明王世懋《学圃杂疏》、明巢鸣盛《老圃良言》、清褚华《水蜜桃谱》、清林嗣环《荔枝话》、清陈葆善《艺菊琐言》、清岳梁《养兰说》等入此。

9.灾害防治之属

凡言灾害防治之书,例清陈芳生《捕蝗考》、清钱炘和《捕蝗图说》、清魏廷珍《伐蛟说》、清徐绍基《广种柏树兴利除害条陈》等入此。

10.养牧之属

凡言养牧之书,例明杨时乔《新刻马书》、明黄省曾《相马经》、清童华《骆驼经》、清郝懿行《蜂衙小记》、清马国翰辑《养鱼经》、清黄百家《哺记》等入此。

11.兽医之属

凡言牲畜医治之书,例唐李石等《司牧安骥集》,题青峰子《活兽慈舟》,明喻仁、喻杰《元亨疗马集》《牛经大全》《牛马驼经》《图像水黄牛经合并大全》及《牛经方论》《猪经大全》等入此。

(十)医家类

凡属医家类之著作入此。

1.类编之属

凡汇录两种以上医家之书为一书并各自保持独立形态者,称为医家类之类编。例金李杲《东垣十书》、明王肯堂汇《医统正脉全书》、明《医药集览》、清徐大椿《徐灵胎医略六书》、清陈念祖《陈修园公余医录四种》、清周学海《周氏医学丛书》等入此。

2.医经之属

凡医经及研究阐释医经之著述入此。

(1)内经

凡属《内经》及研究阐释《内经》之著述,例唐王冰注、宋林亿等校正《黄帝内经素问》,宋刘温舒《新刊素问入式运气论奥》,元刊《黄帝内经灵枢》,明吴昆《黄帝内经素问注》,明吴勉学《黄帝素问灵枢经》,清黄元御《素问悬解》等入此。

(2)难经

凡属《难经》及研究阐释《难经》之著述,例明张世贤《图注八十一难经》《新刊太医院校正图注指南八十一难经》,明张介宾《类经类注》,明张俊英《钟奇氏附录人镜经》,清周学海《增辑难经本义》等入此。

3.医理之属

凡属医理类之著作入此。

(1)阴阳五行

凡属阴阳五行类之著作,例清金理《医原图说》等入此。

(2)脏象骨度

凡属脏象骨度类之著作,例明文徵明《遵生图要》、佚名《脏腑证治图说人镜经》等入此。

（3）病源病机

凡属病源病机类之著作，例隋巢元方《巢氏诸病源候论》等入此。

（4）综合

凡综合研究医理之著作，例宋吴褆《宋徽宗圣济经》、清杨维仁《医学阶梯》、清黄元御《四圣心源》等入此。

4.伤寒金匮之属

凡属伤寒金匮类之著作入此。

（1）伤寒论

凡属伤寒论之著作，例宋许叔微《张仲景注解伤寒百证歌》《新编张仲景注解伤寒发微论》、宋李柽《伤寒要旨》、金成无己《注解伤寒论》、元刘完素《新刊刘河间伤寒直格》、明方有执《伤寒论条辨》、清尤怡《张仲景伤寒论贯珠集》等入此。

（2）金匮论

凡属金匮要略类之著作，例清徐彬《张仲景金匮要略论注》、清周扬俊《金匮玉函经二注》等入此。

5.诊法之属

凡属诊法类之著作入此。

（1）脉经脉诀

凡属脉经脉诀类之著作，例晋王叔和《新刊王氏脉经》《新刊太医院校正图注王叔和脉诀》、五代杜光庭《广成先生玉函经》、宋刘开《方脉举要》、元戴起宗《脉诀刊误集解》、元朱震亨《丹溪手镜》、明程大中《太素脉诀》、明李时珍《奇经八脉考》、清余之儁《脉理会参》、清林起龙《脉诀汇编说统》等入此。

（2）其他诊法

凡属其他诊法类之著作，例清梁玉瑜《舌鉴辩正》等入此。

6.针灸之属

凡属针灸类之著作入此。

（1）经络腧穴

凡属经络腧穴类之著作，例明翟良《经络汇编》、清王崇一辑《针法穴道记》等入此。

（2）针法灸法

凡属针法灸法类之著作，例宋王惟一《新刊补注铜人腧穴针灸图经》、宋王执中《针灸资生经》、佚名《凌汉章家传青囊妙诀书》等入此。

（3）通论

凡属通论之著作，例晋皇甫谧《针灸甲乙经》、题西方子《新编西方子明堂灸经》、元刊《新刊铜人针灸经》等入此。

7.推拿按摩外治之属

凡属推拿按摩外治类之著作，例明周于蕃《秘传推拿妙诀》、清吴尚先《理瀹骈文摘要》等入此。

8.本草之属

凡属本草类之著作入此。

（1）历代本草

凡属本草类之著作，例《神农本草》、宋唐慎微《经史证类备急本草》、宋陈衍《宝庆本草》、题宋琅琊默庵《履巉岩本草》、明陈嘉谟《本草蒙筌》、明李时珍《本草纲目》、明缪希雍《续神农本经序例》、清徐大椿《神农本草经百种录》、清郭汝聪集《本草三家合注》等入此。

（2）本草药性

凡属本草药性类之著作，例金李杲《珍珠囊指掌补遗药性赋》、明李中梓《雷公炮制药性解》、清罗必炜《太医院增补青囊药性赋直解》等入此。

（3）食疗本草

凡属食疗本草类之著作，例明应麐《蒲水斋食治广要》、清章穆《调疾饮食辨》等入此。

（4）本草杂著

凡属本草杂著类之著作，例清吴其濬《植物名实图考》等入此。

9.方论之属

凡属方剂类之著作入此。

（1）历代方书

凡属历代方书类之著作，例晋葛洪《葛仙翁肘后备急方》、唐孙思邈《重刊孙真人备急千金要方》、唐王焘《外台秘要》等入此。

（2）单方验方

凡属单方验方类之著作，例清陶承熹《惠直堂经验方》、清姚希周《济世经验良方》、清李文炳汇《仙拈集》等入此。

（3）成方药目

凡属成方药目类之著作，例粤东颐和堂太和轩药局《颐和堂丸散膏丹》、保和堂《广东保和堂药品目录》、佚名《选抄杂要秘方备览》等入此。

（4）总论

凡属总论类之著作，例金张从正《儒门事亲》、元王好古《医垒元戎》、明徐彦纯《玉机微义》等入此。

10.温病之属

凡属温病类之著作入此。

（1）瘟疫

凡属瘟疫类之著作，例清喻昌《春温》、清叶桂《种福堂公选温热论医案》、清吴瑭《温病条辨》等入此。

（2）痧症

凡属痧症类之著作，例清郭志邃《痧胀玉衡书》、清王凯《晰微补化全书》、清释普净《痧症指微》等入此。

（3）疟痢

凡属疟痢类之著作，例明卢之颐《芷园素社痎疟论疏痎疟疏方》、清吴道源《痢证汇参》等入此。

（4）其他瘟疫病症

凡属其他瘟疫病症类之著作，例清王士雄《霍乱论》、清姚训恭《霍乱新论》、清郁闻尧《订正再版鼠疫良方汇编》等入此。

11.内科之属

凡属内科之著作入此。

（1）通论

凡属通论类之著作，例明李中梓《病机沙篆》、清刘默《证治百问》等入此。

（2）风痨臌膈

凡属风痨臌膈类之著作，例明龚居中《痰火点雪》、明汪绮石《理虚元鉴》、元葛可久《十药神书注解》等入此。

（3）虚劳

凡属虚劳类之著作，例明龚居中《红炉点雪》、明释住想《慎柔五书》等入此。

（4）虫蛊

凡属虫蛊类之著作，例明李时珍《攘蛊奇书》等入此。

（5）其他

凡属其他类之著作，例清华岳《急救腹痛暴卒病解》、清燃犀道人《驱蛊燃犀录》等入此。

12.外科之属

凡属外科之著作入此。

（1）外科方

凡属外科方剂之著作，例清过铸《增订治疗汇要》等入此。

（2）通论

凡属通论类之著作，例南朝宋刘涓子《刘涓子鬼遗方》、宋窦汉卿辑《疮疡经验全书》、明陈实功《重订外科正宗》等入此。

13.五官科之属

凡属五官科之著作入此。

（1）眼科

凡属眼科类之著作，例唐孙思邈《银海精微》、明傅仁宇《傅氏眼科审视瑶函》、清黄庭镜《校刊目经大成》等入此。

（2）耳鼻喉科

凡属耳鼻喉科类之著作，例清张宗良《喉科指掌》、清郑宏纲《重楼玉钥》等入此。

（3）附：祝由

凡属祝由类之著作，例《轩辕黄帝祝由科》《祝由科天医十三科》及《符病全书》等入此。

14.妇产科之属

凡属妇产科类之著作入此。

（1）广嗣

凡属广嗣类之著作，例清俞桥《新刻广嗣要语》等入此。

（2）产科

凡属产科类之著作，例唐昝殷《经效产宝》、宋朱瑞章《卫生家宝产科备要》、清亟斋居士《达生编》等入此。

（3）通论

凡属通论类之著作，例宋陈自明《妇人良方》、明万全《万氏女科》等入此。

15.儿科之属

凡属儿科类之著作入此。

（1）痘疹

凡属痘疹类之著作，例明万全《痘疹世医心法》、明聂尚恒《痘疹活幼心法》、清邵竹虚《痘疹全书》等入此。

（2）惊风

凡属惊风类之著作，例清刘德馨《惊风辨证必读书》等入此。

（3）通论

凡属通论类之著作，例宋钱乙《钱氏小儿药证直诀》、元曾世荣《活幼心书》、明鲁伯嗣《婴童百问》等入此。

16.养生之属

凡属养生类之著作，例清曹若水《万寿仙书》、佚名《新镌卫生真诀》等入此。

17.医案之属

凡属医案之著作，例明江瓘《名医类案》、清喻昌《寓意草》、清蒋宝素《问斋医案》等入此。

18.医话医论之属

凡属医话医论类之著作，例明赵献可《医无闾子医贯》、清徐大椿《医学源流论》等入此。

19.杂著之属

凡属杂著类之著作，例宋张杲《医说》、明楼英《医学纲目》、清李熙和《医经允中》等入此。

（十一）杂家类

杂家乃古九流十家之一。《汉书·艺文志·杂家类》小序云："杂家者流，……兼儒、墨，合名、法，知国体之有此，见王治之无不贯。"《隋书·经籍志·杂家类》小序亦云："杂者，兼儒、墨之道，通众家之意，以见王者之化，无所不冠者也。"然至《四库全书总目》则偷换杂家固有概念，谓"杂之义广，无所不包"，将杂家变成了"杂类"。

1. 杂学之属

《四库全书总目》谓"立说者谓之杂学",例《鹖子》《子华子》《慎子》《鬼谷子》及战国吕不韦《吕氏春秋》、汉刘安《淮南子》等入此。

2. 杂说之属

《四库全书总目》谓"议论而兼叙述者谓之杂说",又谓"杂说之源,出于《论衡》。其说或抒己意,或订俗讹,或述近闻,或综古义。后人沿波,笔记作焉。大抵随意录载,不限卷帙之多寡,不分次第之先后,兴之所至,即可成编"。例汉班固《白虎通义》,汉蔡邕《独断》,题晋崔豹《中华古今注》,唐李匡乂《资暇集》,宋黄伯思《东观余论》,宋吴曾《能改斋漫录》,宋程大昌《考古编》《演繁露》,宋高似孙《纬略》等入此。

(十二)杂著类

本类用以类归《四库全书总目》"杂家类"下"杂学"以外的杂考、杂品、杂纂、杂编。

1. 杂考之属

《四库全书总目》谓"辨证者谓之杂考",例元黄潜《日损斋笔记》,明杨慎《丹铅总录》《谭苑醍醐》,明方以智《通雅》,清顾炎武《日知录》,清蒋维钧编《义门读书记》等入此。

2. 杂品之属

《四库全书总目》谓"旁究物理、胪陈纤琐者谓之杂品",例宋赵希鹄《洞天清录》、宋周密《云烟过眼录》、明张应文《清秘藏》、明文震亨《长物志》、清姜绍书《韵石斋笔谈》、清刘体仁《七松堂识小录》等入此。

3. 杂纂之属

《四库全书总目》谓"类辑旧文、涂兼众轨者谓之杂纂",例唐马总《意林》、唐刘赓《稽瑞录》、题唐冯贽《云仙杂记》、宋陶穀《清异录》、宋曾慥《类说》、宋江少虞《事实类苑》、元许名奎《劝忍百针》、清姚之骃《元明事类钞》、清沈无咎《骚屑》、清史梦兰《香崖杂抄》、清管庭芬《芷湘笔乘》等入此。

4. 杂记杂编之属

(1) 杂记

清孙希旦《礼记集解》卷三十九云"以其所记者杂,故曰杂记",例南朝宋刘义庆《世说新语》、唐刘肃《大唐新语》、唐范摅《云溪友议》、五代王定保《唐摭言》、五代王仁裕《开元天宝遗事》、宋孙光宪《北梦琐言》、宋司马光《涑水记闻》、宋苏辙《龙川略志》、元刘祁《归潜志》、元蒋正子《山房随笔》、明叶盛《水东日记》、明王鏊《震泽纪闻》、清陈撰《玉几山房听雨录》等入此。

(2)杂编

《四库全书总目》谓"合刻诸书、不名一体者谓之杂编",例明陆深《俨山外集》、明胡应麟《少室山房笔丛》、明顾起经辑《小十三经》、明欧阳清《五子书》、清冯班《钝吟杂录》、清鲍祖祥《鲍红叶丛书》等入此。

(十三)小说家类

小说家乃古十家之一。《汉书·艺文志·小说家类》小序云:"小说家者流,盖出于稗官。街谈巷语、道听涂说者之所造也。孔子曰:'虽小道,必有可观者焉,致远恐泥,是以君子弗为也。'然亦弗灭也。"即可供人君知风俗,晓民怨,以便过则正之,失则改之。其特点是"似子"而"近史"。凡小说家经典及其传注、研究之著作入此。

1.杂事之属

凡属小说家类之杂事碎语等著作,例宋王明清《投辖录》、宋莫君陈《月河所闻集》、宋陈世崇《随隐漫录》、明季本《汝南遗事》、明冯梦龙《古今谭概》、清双保《铁若笔谈》等入此。

2.异闻之属

凡小说家类之异闻奇事等著作,例题汉东方朔《海内十洲记》、题汉班固《汉武故事》、题晋张华《博物志》、晋葛洪《西京杂记》、晋郭璞《穆天子传》、唐牛僧孺《幽怪录》、唐段成式《酉阳杂俎》、唐高彦休《阙史》、后蜀何光远《重雕足本鉴诫录》、宋李昉等《太平广记》、宋张师正《括异志》、明《五色线集》等入此。

3.琐语之属

凡小说家类之琐语风谣等著作,例明詹景凤《古今寓言》、明杨慎《古今谚》、题明李贽《破愁新话》、明尤镗《梁溪杂事摘抄》、明梅鼎祚《青泥莲花记》、清徐凤采《广陵香影录》等入此。

4.谐谑之属

凡小说家类之诙调细语、滑稽笑话之著作,例三国魏邯郸淳《笑林》、宋苏轼《调谑编》、宋周文纪《开颜集》、佚名《滑稽小传》、旧本题张致和《笑苑千金》等入此。

(十四)天文历算类

凡天文、历法、算书之著作入此。

1.类编之属

凡汇录两种以上天文历算之书为一书并各自保持独立形态者,称为天文历算类之类编。例明《天文汇抄》,明徐光启《西洋新法历书》,明王锡阐《晓庵遗书四种》,清允禄、允祉《御制律历渊源》,清陈希龄《陈氏天文算学丛书》,清汪曰桢《推策小识》,清刘衡《六九轩算书》,清陈启运《陈氏六书》,清华衡芳《金匮华氏行素轩算学丛书》等入此。

2.天文之属

凡记述天文之著作,例汉赵君卿注、北周甄鸾重述、唐李淳风等注释《周髀算经》,汉张衡《浑天仪》,三国吴王蕃《浑天象说》等入此。

3.历法之属

凡记述古今历法之著作,例明朱载堉《圣寿万年历》,明袁黄《历法新书》,清王锡阐《大统历法启蒙》《历表》,清庄亨阳《历法问答》等入此。

4.算书之属

凡记述古今算书之著作,例晋刘徽《九章算经》,宋杨辉《详解九章算法》,元李冶《测圆海镜》,明顾应祥《测圆海镜分类释述》,西洋欧几里得撰、利玛窦译、明徐光启笔录《几何原本》,清梅文鼎《几何补编》等入此。

(十五)术数类

凡运用阴阳五行生克制化的数理,来推断人事吉凶之著作入此。

1.类编之属

凡汇录两种以上术数之书为一书并各自保持独立形态者,称为术数类之类编。例明江之栋《选择丛书集要》、明甘霖《五种秘窍全书》、明《天文秘苑占》、明《阳宅大全》、明《宅葬书》、明彭好古《地理七书》、明李思聪《堪舆》十一种、明刊本《梦海故事大全》、清魏青江《阳宅大成》及《阴阳五要奇书》等入此。

2.数学之属

数学,又称数法。凡论述气数之著作,例北周魏元嵩《元包经》、宋张行成《元包数总义》、宋仁宗《洪范政鉴》、明仁宗《天元玉历祥异赋》等入此。

3.占候之属

占候就是占星术,有所谓占天象、占物异者。凡占视日月星云之变,以推知吉凶祸福之著作，例汉甘公、石申《通占大象历星经》、北周庾季才《灵台秘苑》、唐瞿昙悉达《唐开元占经》、唐李淳风《乙巳占》等入此。

4.命书相书之属

凡以人之出生时辰、形象、气色为依据，用以推测未来命运之著作，例题鬼谷子《李虚中命书》、汉许负《相法》、晋郭璞《玉照定真经》、五代王朴《太清神鉴》、清王仁俊辑《相经》、清宋瑾《古观人法》等入此。

5.相宅相墓之属

又称堪舆。凡以相视活人住宅（阳宅）与死人葬地（阴宅）方位、形势、建造日期为据，用以推算宅墓吉凶祸福之著作，例佚名《黄帝宅经》、汉青乌子《青乌先生葬经》、明蒋平阶《阳宅指南》、清吴元音《葬经笺注》、佚名《堪舆正经》等入此。

6.占卜之属

又称易占六壬之属。凡用一定的物品（古用龟壳，后用铜钱、骨牌等）并依托易义，随物取数，随数取卦，卦有爻词，以推论吉凶祸福之著作，例汉京房《京氏易占》、汉焦延寿《易林》、宋程迥《周易古占法》、宋祝泌《六壬大占》、清纪大奎《六壬类聚》等入此。

7.阴阳五行之属

阴阳家乃古时九流十家之一。其学包括阴阳四时、八位、十二度、廿四时等度数之学和五德终始的五行之说。《隋书·经籍志》将其并入"五行类"。到《四库全书》时则并入了"术数类"。

凡运用阴阳五行相生相克之理以推论吉凶之著作，例战国时邹衍《邹子》、汉司马迁《太史公素王妙论》、隋萧吉《五行大义》、清允禄《钦定协纪辨方书》等入此。

8.杂术之属

凡以诊脉、相字、占梦等方法为手段，用以推断人之吉凶、祸福、贵贱之著作，例佚名《太素脉法》、佚名《神机相字法》、明童轩《纪梦要览》、明张凤翼《梦占类考》、明陈士元《梦占逸旨》《梦林玄解》等入此。

（十六）艺术类

凡属艺术类之著作入此。

1.类编之属

凡汇录两种以上艺术之书为一书并各自保持独立形态者，称为艺术类之类编。例明黄瑜《书学汇编》四种、明陈汝元《书学大成》六种、明詹景凤《画苑补益》十四种等入此。

2.书画之属

凡言书画之专门著作入此。

（1）书法

凡有关书品、书谱、书目、书跋等著述，例南朝梁庾肩吾《书品》、唐孙过庭《书谱》、唐张彦远《法书要录》、题唐韦续《墨薮》、宋朱长文《墨池边》、宋米芾《米元章书史》、宋《宣和书谱》、宋董逌《广川书跋》、宋高宗赵构《翰墨志》、宋桑世昌《兰亭考》、宋陈思《书苑菁华》、元苏霖《书法钩玄》、明陶宗仪《书史会要》、清杨宾《铁函斋书跋》、清王澍《竹云题跋》、清惠兆壬《集帖目》等入此。

（2）绘画

凡有关画品、画谱、画目、画跋等著述，例唐裴孝源《贞观公私画史》、唐张彦远《历代名画记》、唐朱景玄《唐朝名录》、宋刘道淳《五代名画补遗》、宋郭若虚《图画见闻志》、宋米芾《米海岳画史》、宋《宣和画谱》、宋董逌《广川画跋》、宋邓椿《画继》、元夏文彦《图绘宝鉴》、明王世贞《王氏画苑》、清唐岱《绘事发微》、清厉鹗《南宋院画录》等入此。

（3）书画

凡书兼言书画之著作，例《元破临安所得宋书画目》，明王绂《书画传习录》，明朱存理《珊瑚木难》《铁网珊瑚书品》《铁网珊瑚画品》，明张丑《清河书画舫》，明王砢玉《珊瑚网法书题跋名画题跋》，明郁逢庆《书画题跋记》，清吴其贞《书画记》，清朱之赤《朱卧庵藏书画目》等入此。

3.画谱之属

凡供习画所绘之范本，例宋宋伯仁《梅花喜神谱》，明高松《画谱》《竹谱》，明顾炳《历代名公画谱》，明吴发祥《萝轩变古笺谱》，明胡正言《十竹斋画谱》《十竹斋笺谱》，明陈洪绶《水浒叶子》，清萧云从《太平山水图画》，清任熊《列仙酒牌》等入此。

4.篆刻之属

凡言篆刻、印谱、印识、印人等著作，例元吾丘衍《学古编》、明沈延铨《正韵篆字校》、明徐官《古今印史》、明文彭《文三桥先生印谱》、明程大宪《程氏印谱》、明甘旸《甘氏印集》、明徐上达《印法参同》、清汪启淑《飞鸿堂印谱》、清陈克恕《篆刻针度》、清周亮工《印人传》等入此。

5.乐谱之属

凡言乐器、乐谱、琴法、指法等音乐著作,例题汉蔡邕《琴操》、宋朱长文《琴史》、明朱权《臞仙神奇秘谱》、明谢琳《太古遗音》、明张鲲《风宣玄品》、明蒋克谦《琴书大全》、清程允基《诚一堂琴》、清俞宗《阳关三叠》等入此。

6.棋弈之属

凡言棋弈之著作,例宋张拟《玄玄棋经》、宋徐铉《围棋义例》、宋司马光《古局象棋图》、宋李逸民《忘忧清乐集》、明王世贞《弈问》、清郑晋德《三友棋谱》等入此。

7.游艺之属

凡写游玩技艺之书,例唐调露子《角力记》、宋李清照《打马图》、明浣尘主人《宣和牌谱》、明冯梦龙《马吊经》、明刻本《牙牌酒令》、明杨淙《新刊合璧春窗联偶巧对》、明程道生《射艺新书》、明王汇征《壶谱》、清李瑶《投壶谱》、清翁曾源《集唐联语大观》、清戴穗孙《诗钟》、清王筠《清诒堂灯谜》、清抄本《蹴鞠谱》、清抄本《迷藏一哂》等入此。

(十七)谱录类

《四库全书总目·谱录类》小序称:"《隋志·谱系》本陈族姓,而末载《竹谱》《钱图》;《唐志·农家》本言种植,而杂列《钱谱》《相鹤经》《相马经》《鸷击录》《相贝经》;《文献通考》亦以《香谱》入农家:是皆明知其不安,而限于无类可归,又复穷而不变,故支离颠舛,遂至于斯。惟尤袤《遂初堂书目》创立'谱录'一门,于是别类殊名,咸归统摄,此亦变而能通矣。今用其例,以收诸杂书之无可系属者。"四库馆臣的见识不错,但用"以收诸杂书之无可系属者"之说,则是对尤袤原意的曲解。今检阅《四库》"谱录类"所收之书,则是既不按书之内容,亦不按书之体例,而是将书名中凡带"谱"和"录"字者,不分青红皂白,统归于谱录,这就违背了自古图书分类的基本原则。且观现存诸目"谱录类"所收之书,几乎都有类可归,"谱录类"完全可以不设,但考虑到二百多年来编目者、目录利用者都很熟悉并习惯于此类,一旦撤销,可能给目录使用者造成混乱,故仍予保留。

1.类编之属

凡汇录两种以上谱录之书为一书并各自保持独立形态者,称为谱录类之类编。例明汪士贤《山居杂志》十三种、明张丑《张氏藏书》十二种、明朱佑槟《清媚合谱》等入此。

2.器物之属

凡言器物之书,例宋郑文宝《历代帝王传国玺谱》、宋苏易简《文房四谱》、宋高似孙《砚笺》、宋李孝美《墨谱》、宋杜绾《云林石谱》、明杨思本《笔史》、明周嘉胄《香乘》、清张燕昌《藏经纸说》、清吴骞《阳羡明陶录》、清陆绍曾《古今名扇录》等入此。

3.饮食之属

凡言饮食之著作,例唐杨晔《膳夫经手录》、宋陈达叟《蔬食谱》、宋朱翼中《酒经》、宋林洪《山家清供》、宋王灼《颐堂先生糖霜谱》、元忽思慧《饮膳正要》、元倪瓒《云林堂饮食制度》、明俞政编《茶书》二十七种、明高叔嗣《煎茶七类》、明袁宏道《觞政》、明高濂《汤品》等入此。

4.花草树木之属

凡言花草树木之书,例宋周师厚《洛阳花木记》、宋赵时庚《金章兰谱》、宋陈思《海棠谱》、元李衎《竹谱详录》、明屠本畯《闽中荔支通谱》、明陆廷灿《艺菊志》、清钱泳《凤仙花谱》、清诸匡鼎《橘谱》、清唐秉钧《人参考》等入此。

5.鸟兽虫鱼之属

凡言鸟兽虫鱼之书,例宋高似孙《蟹略》、明袁达《禽虫述》、明穆希文《蟫史集》、明王穉登《虎苑》、明蒋德璟《蒋氏藿经》、明沈弘正《虫天志》、明杨慎《异鱼图赞》、清句曲山农《金鱼图谱》、清陈元登《海错图赞》、清抄本《鸟谱》、清金文锦《四生谱》、清王初桐《猫乘》、意大利利类思《狮子说》等入此。

(十八)宗教类

1.道教之属

前已将先秦道家与后世道教分别开来,并在子部设立"道家类",将老、庄、文、关类归在一起,同时恢复了"墨家类"。又立"名家类",用以统摄尹文子、鹖冠子、公孙龙子;立"纵横家类",用以类归鬼谷子、苏子等书。因此在"宗教类"《老子》《庄子》《文子》《关尹子》等道家经典及其注释、研究等著作,不能再重复出现。

(1)道藏

凡属《道藏》《续道藏》及其研究、注释类之著作,例明正统《道藏》、明张国祥等《续道藏》等入此。

(2) 类编

凡汇录两种以上道书为一书并各自保持独立形态者，称为道教类之类编。例佚名《金丹正理大全》十一种、明张循占《澄晖阁道书》、明抄本《真仙上乘》、清刘体恕《文帝全书内外函》、题清纯阳子《吕祖全书宗正》等入此。

(3) 经文

凡属经文之著作，例佚名《高上玉皇本行集经》、清觉真子《玉皇心印妙经真解》、清姚复庄《玉枢经钥》等入此。

(4) 戒律

凡属戒律之著作，例清世祖福临《御注太上感应篇》、清黄正元《阴骘文图说》、清沈维基《文昌帝君觉世鸿文图说》等入此。

(5) 威仪

凡属威仪之著作，例佚名《太上灵宝朝天谢罪大忏》《太上全真晚坛功课经》等入此。

(6) 方法

凡属方法之著作，例唐司马承祯《天隐子》、宋张伯端《悟真篇正集》及佚名《吕祖太乙金华宗旨》等入此。

(7) 众术

凡属众术之著作，例元陈致虚《参同契分节解》、清袁仁林《古文周易参同契注》等入此。

(8) 表章赞颂

凡属表章赞颂之著作，例清卢湛《关圣帝君圣迹图志全集》、佚名《王祖天尊宝经诰》及《文帝警世宝诰》等入此。

(9) 劝诫

凡属劝诫之著作，例清刘山英《信心应验录》、佚名《救生船》及《文昌帝君救劫论》等入此。

(10) 修炼

凡属修炼之著作，例清云氅道人《修行快捷方式》、佚名《玄门秘诀》等入此。

(11) 符箓

凡属符箓之著作，例明周思得《上清灵宝济度大成金书十集》、清郑止源《萌头集》等入此。

(12)杂著

凡属杂著之道书,例晋葛洪《抱朴子内外篇》、宋张君房《云笈七签》、元论志焕《盘山栖云王真人语录》等入此。

2.佛教之属

凡属佛教类之著作入此。

编者按:馆藏佛经量大类繁,类分佛经时可参考吕澂编《新编汉文大藏经目录》等工具书。

(1)大藏经

凡释家大藏及大藏零种均类归在各自所属大藏之内,例宋开宝四年(971)刻大观二年(1108)印《妙法莲华经》、开宝五年(972)刻《大般若波罗蜜多经》、开宝六年(973)刻《大方等大集经》、开宝七年(974)刻《杂阿含经》等,均归入《开宝藏》;辽统和二十一年(1003)燕京刻《称赞大乘功德经》,辽燕京刻《大方广佛华严经》《大法炬陀罗尼经》《中阿含经》《佛说大乘圣无量决定光明王如来陀罗尼经》等,均归入《辽藏》。其他依此类推。

(2)汇编

凡汇写汇刻多种佛经为一书又冠有总书名者,称为汇编。例明宣德九年(1434)南京聚宝门来宝楼姜家刻本《金陵藏经》,明成化十三年(1477)刻本《合刻诸经》,明崇祯刻本《云栖法汇》,明抄本《观音密集玄文》,清康熙三十七年(1698)秦晋贤、黄廷林写本《佛经标指四种》等入此。

(3)经藏

凡属经藏类之著作入此。

①宝积部

凡属宝积部之著作,例三国吴释支谦《佛说阿弥陀经》、唐释菩提流志《大宝积经》、宋释法护《佛说大乘菩萨藏正法经》等入此。

②般若部

凡属般若部之著作,例晋无罗叉、竺叔兰《放光般若波罗蜜经》,后秦释鸠摩罗什《摩诃般若波罗密经》,唐释玄奘《大般若波罗蜜多经》等入此。

③华严部

凡属华严部之著作,例北凉释昙无谶《悲华经》、唐释实叉难陀《大方广佛华严经》、唐释般若《大方广佛华严经行愿品忏法》等入此。

④涅槃部

凡属涅槃部之著作,例晋释竺法护《佛升忉利天为母说法经》、北凉释昙无谶《大般涅槃经》《金光明经》等入此。

⑤阿含部

凡属阿含部之著作,例《佛说四谛七经》、晋昙摩难提《增壹阿含经》、晋释竺法护《琉璃王经》、南朝宋释求那跋陀罗《杂阿含经》、宋释天息灾《法集要颂经》等入此。

(4) 律藏

凡属律藏类之著作,例晋释佛陀跋陀《摩诃僧祇律》、北凉释昙无谶译、清释智旭笺《菩萨戒本经笺要》、南朝宋释僧伽跋摩《萨婆多部毗尼摩得勒伽》、唐释义净《根本说一切有部毗奈耶杂事》、清抄本《律藏广集一切善恶业报因缘经》等入此。

(5) 论藏

凡属论藏类之著作入此。

①释经论部

凡属释经论部之著作,例北魏菩提流支《弥勒菩萨所问经论》、隋释达摩岌多《金刚般若波罗密经论》等入此。

②宗经论部

凡属宗经论部之著作,例后秦释鸠摩罗什《中论》《十二门论》、宋释惟净《大乘中观释论》等入此。

(6) 密藏

凡属密藏类之著作入此。

①金刚顶部

凡属金刚顶部之著作,例唐释金刚智《金刚顶瑜伽中略出念诵经》《佛说一切如来金刚寿命陀罗尼经》、辽释慈贤《妙吉祥平等瑜伽秘密观身成佛仪轨》、元释智慧《圣妙吉祥真实名经》等入此。

②杂咒部

凡属杂咒部之著作,例佚名《七佛所说神咒经》、唐释玄奘《药师琉璃光如来本愿功德经》、唐释不空《佛母大孔雀明王经》、唐释弥陀山《无垢净光大陀罗尼经》等入此。

③杂经

凡属杂经类之著作,例佚名《敦煌石室经卷残字》、佚名《唐人写经残卷》等入此。

(7)撰述

凡属撰述类之著作入此。

①章疏部

凡属章疏部之著作,例隋释慧远《佛说无量寿经义疏》、唐释吉藏《胜鬘经宝窟》、唐释法藏《入楞伽心玄义》等入此。

a.律疏

凡属律疏类之著作,例明释弘赞《四分戒本例释》、明释智旭《重治毗尼事义集要》、清释德基《毗尼关要》等入此。

b.论疏

凡属论疏类之著作,例北魏释昙鸾《无量寿经优婆提舍愿生偈注》、隋释吉藏《三论玄义》等入此。

c.密教经轨疏

凡属密教经轨疏类之著作,例宋释善月《佛说仁王护国般若波罗密经疏神宝记》、宋释子璿《首楞严经疏》、宋释戒环《大佛顶如来密因修证了义诸菩萨万行首楞严经要解》等入此。

d.义章

凡属义章类之著作,例唐释法藏《华严一乘教义分齐章》、清王福臣《高王观世音经注解》等入此。

②论著部

凡属论著部之著作入此。

a.天台宗

凡属天台宗类之著作,例后秦释僧肇《肇论》、宋释净源《肇论中吴集解》等入此。

b.贤首宗

凡属贤首宗类之著作,例唐释智俨《华严一乘十玄门》,唐释宗密《原人论》《注华严法界观门》等入此。

c.律宗

凡属律宗类之著作,例唐释道宣《量处轻重仪》、佚名《放生仪轨》等入此。

d.禅宗

凡属禅宗类之著作,例唐释慧海《顿悟入道要门论》、唐释宗密《禅源诸诠集都序》、明释传灯《永嘉禅宗集注》等入此。

e.净土宗

凡属净土宗类之著作,例清释戒显《禅门锻炼说》、佚名《禅门日诵》、佚名《禅门佛事》等入此。

③纂集部

凡属纂集部之著作,例南朝梁释僧祐《弘明集》,唐释道宣《广弘明集》《二教论》,唐释道世《法苑珠林》等入此。

④史传部

凡属史传部之著作,例南朝梁释慧皎《高僧传》、宋释志磐《佛祖统纪》、元释觉岸《释氏稽古略》等入此。

⑤音义部

凡属音义部之著作,例唐释玄应《一切经音义》、宋释法云《翻译名义集》、清释超海《重订教乘法数》等入此。

⑥目录部

凡属目录部之著作,例南朝梁僧祐《出三藏记集》、唐释靖迈《古今译经图纪》、明陈实《大藏一览集》等入此。

⑦杂撰部

凡属杂撰部之著作,例唐释法琳《辩正论》、宋释德洪《林间录》、佚名《演说四相》等入此。

⑧其他(按:包括语录等)

凡属其他(包括语录等)佛经之著作,例唐于頔《庞居士语录》、唐裴休《筠州黄檗山断际禅师传心法要》、唐黄檗《黄檗禅师语录》等入此。

(8)疑伪

凡属疑伪类之著作,例宋释戒环《大佛顶如来密因修证了义诸菩萨万行首楞严经》、佚名《佛说高王观世音经》等入此。

3.民间宗教之属

凡属民间流传的非正统宗教类之著作入此。

(1)一般民间宗教

凡属民间流传的宗教类之著作,例清凌毓瑞《关圣帝君觉世真经集证》、佚名《灶君真经》《天地三界十方万灵施食科仪》《天后圣母幽明普度真经》《太上无上孔子三圣功课经》等入此。

(2)宝卷

凡属明末清初产生、流传的具有宗教性质之宝卷著作,例明罗清《苦功悟道经》《叹事无为经》《破邪显正钥匙经》《正信除疑无修正自在经》《巍巍不动泰山深根结果经》等入此。

4.基督教之属(按:按照版本时间排序)

凡属基督教之著作入此。

5.伊斯兰教之属(按:按照版本时间排序)

凡属伊斯兰教之著作入此。

6.其他宗教之属(按:按照版本时间排序)

凡不属以上宗教之著作入此。

四、集部

《汉书·艺文志》有"诗赋略",至南朝梁阮孝绪《七录》则已设有"文集录",其下又开设"楚辞部""别集部""总集部""杂文部",集部规制已显露端倪。至《隋书·经籍志》,"集部"之名始出,下设"楚辞""别集""总集",基本沿袭《七录》。直到今天,除后世新的文学体裁出现并蔚为大观而类目有所增加外,基本格局没有太大的变化。

(一)楚辞类

褒屈原、宋玉、贾谊诸赋而定名楚辞者,乃西汉刘向。《七录》《隋书·经籍志》别为"楚辞"一类,其后历代相因而无太大变化,盖缘汉魏以下赋体迁变,无全集皆作此体者。他集不与楚辞相类,楚辞亦不与他集相类,又因其较后世别集出现较早,故在"别集"之前单列"楚辞"一目。楚辞原作留传下来的虽不多,但历代研究、阐释楚辞的著述却赓续不断,例《楚骚》《楚辞》、汉王逸《楚辞章句》、宋朱熹《楚辞集注》、宋钱杲之《离骚集传》、宋吴人杰《离骚草木疏》、明汪瑗《楚辞集解》、清王夫之《楚辞通释》、清萧云从《离骚图》、清邱仰文《楚辞韵解》、清蒋骥《山带阁注楚辞》等,都是这方面的阐释之作,都要归入此类,需要将这些作品依阐释者时代及生卒年部居之。

（二）别集类

《隋书·经籍志》谓:"别集之名,盖汉东京之所创也。"而正式见于书目者则始于阮孝绪《七录》之"别集部"。阮是南朝梁人,其《七录》开设"别集部",盖缘自他编纂《七录》之前,已有张融自编的《玉海集》,江淹则区分部帙,使其集有《前集》《后集》之分,梁武帝则有《诗赋集》《文集》《别集》,梁元帝则有《集》和《小集》,谢朓则有《集》和《逸集》,王筠则一官一集,沈约则有《正集》和《别选集》,凡此种种,不一而足,表明到了南北朝时期,个人诗、文集已屡见不鲜。因书设类,乃目录编制的基本原则,所以到《隋书·经籍志》在集部正式设立了"别集类"。而早期别集传于后世者绝少,故将之分为"汉魏六朝别集""唐五代别集""宋别集""金别集""元别集""明别集""清别集",凡七个时段,也可以称为七属。各个时段的别集,均按别集撰著者生卒早晚或成书前后部居之。

1.汉魏六朝别集

凡汉魏六朝别集,例汉贾谊《贾长沙集》、汉蔡邕《蔡中郎集》、三国魏曹植《曹子建集》、晋陶潜《陶靖节集》、南朝梁江淹《江文通集》等入此。

2.唐五代别集

凡唐五代别集,例唐虞世南《虞世南集》、唐卢照邻《卢照邻集》、唐骆宾王《骆宾王集》、南唐李建勋《李丞相诗集》等入此。

3.宋别集

凡宋别集,例宋徐铉《骑省集》、宋王安石《临川集》、宋苏轼《东坡集》等入此。

4.金别集

凡金别集,例金赵秉文《闲闲老人滏水文集》、金元好问《遗山集》等入此。

5.元别集

凡元别集,例元耶律楚材《湛然居士集》、元赵孟頫《松雪斋集》、元郭豫亨《梅花字字香》等入此。

6.明别集

凡明别集,例明宋濂《宋学士全集》、明归有光《震川文集》、明毛晋《野外诗》

等入此。

7. 清别集

凡清别集,例清钱谦益《牧斋初学集》、清黄遵宪《人境庐诗草》等入此。

(三) 总集类

《隋书·经籍志》谓:"总集者,以建安之后辞赋转繁,众家之集日以滋广,晋代挚虞苦览者之劳倦,于是采摘孔翠,芟剪繁芜,自诗赋下各为条贯,合而编之,谓为《流别》。是后文集总钞,作者继轨,属辞之士以为覃奥而取则焉。"因知总集之产生,乃因别集日繁,无以总览,故有挚虞起而"采摘孔翠,芟剪繁芜",合而编辑《文章流别》,以为中国总集之首。其后作者继轨,成为属辞之士编辑总集的准则。

1. 类编之属

凡汇录两部以上个人别集为一书并各自保持独立形态者,称为总集类之类编。例明张溥《汉魏六朝百三名家集》、明朱警《唐百家诗》、明俞宪《盛明百家诗》、清魏宪《皇清百名家诗》等入此。

2. 通代之属

凡通代总集,例南朝梁萧统《文选》、唐李善《文选注》、宋尤袤《文选注考异》,南朝陈徐陵《玉台新咏》、清纪容舒《玉台新咏考异》,宋郭茂倩《乐府诗集》等入此。

3. 断代之属

凡断代总集,例宋陈鉴《西汉文鉴》、宋吕祖谦《宋文鉴》、元苏天爵《元文类》、清康熙四十二年(1703)敕撰《全唐诗》等入此。

4. 郡邑之属

凡属地方总集,例明程敏政《新安文献志》、明周复俊《全蜀艺文志》等入此。

5. 氏族之属

凡属氏族总集,例唐褚藏言辑《窦氏联珠集》、清尤桐《锡山尤氏文存》等入此。

6. 酬唱之属

凡属酬唱总集,例晋王羲之等《兰亭集》、宋邵浩辑《坡门酬唱》、清黄丕烈《虎丘唱和诗集》等入此。

7.题咏之属

凡属题咏总集,例宋吴渭《月泉吟社》、清圣祖《御制避暑山庄图咏》等入此。

8.尺牍之属

凡属尺牍总集,例明陈继儒《寸札粹编》、清周亮工《赖古堂尺牍新抄》等入此。

9.谣谚之属

凡属谣谚总集,例明杨慎《古今风谣》、清马国翰《农谚》等入此。

10.课艺之属

课艺,又名制义、制艺。因是制举应试文章,即八股文,故名。凡属课艺类之总集,例清李光地《名文前选》、清方苞《钦定四书文》等入此。

11.域外之属

凡涉及国外内容之总集入此。

(四)诗文评类

凡属诗文评类之著作入此。

1.类编之属

凡汇录两种以上诗文评类之书为一书并各自保持独立形态者,称为诗文评类之类编。例明杨成编《诗话》、明黄省曾编《名家诗法》、清朱琰编《学诗津逮》、清何文焕《历代诗话》、清王启原《谈艺珠丛》等入此。

2.诗评之属

凡属诗评类之著作,例南朝梁钟嵘《诗品》、宋陈师道《后山居士诗话》、宋尤袤《全唐诗话》、宋严羽《沧浪诗话》、清纪昀《玉谿生诗说》等入此。

3.文评之属

凡属文评类之总集,例南朝梁刘勰《文心雕龙》、南朝梁任昉《文章缘起》、宋方颐孙《太学新编黼藻文章百段锦》、元李淦《性学李先生古今文章精义》、明唐之淳《文断》、明徐耒《重校刻艺林古今文法碎玉集》、明汪廷讷《文坛列俎》、清黄叔琳《文心雕龙辑注》等入此。

(五)词类

凡属词之著作入此。

1.类编之属

凡汇录两部以上词类之书为一书并各自保持独立形态者,称为词类之类编。

例明朱之蕃《词坛合璧》、明吴讷《百家词》、明毛晋《词苑英华》、清彭元瑞《汲古阁未刻词》、清查培继《词学全书》等入此。

2.别集之属

凡属个人词别集,例明谭尔进辑南唐李璟、李煜《南唐二主词》,南唐冯延巳《阳春集》,宋柳永《柳屯田乐章》,宋欧阳修《醉翁琴曲外篇》《六一词》,宋苏轼《东坡乐府》,宋辛弃疾《稼轩长短句》,宋姜夔《白石道人歌曲》等入此。

3.总集之属

凡属多人词之选集,例后蜀赵崇祚《花间集》,宋黄升《唐宋诸贤绝妙词选》《中兴以来绝妙词选》,金元好问《中州乐府》,明顾从敬编次《草堂诗余》,明窦彦斌辑《新镌出像词林白雪》,清王昶《明词综》《国朝词综》等入此。

4.词话之属

凡属词评之著作,例宋王灼《碧鸡漫志》、宋张炎《词源》、明王世贞《词评》、清毛奇龄《西河词话》等入此。

5.词谱之属

凡属词谱之著作,例明张綖《诗余图谱》、清王奕清《钦定词谱》、清万树《词律》等入此。

6.词韵之属

凡属词韵之著作,例宋佚名《词林韵释》、清戈载《词林正韵》等入此。

(六)曲类

凡属戏曲类之著作入此。

1.诸宫调之属

凡属诸宫调类之著作,例金刻诸宫调《刘知远》、明刻《古本董解元西厢记》等入此。

2.杂剧之属

(1)汇编

凡汇编两部以上杂剧之书为一书并各自保持独立形态者,称为杂剧之汇编。例元刻《古今杂剧》、明臧懋循《元曲选》、明陈氏继志斋刻本《元明杂剧》、明沈泰《盛明杂剧》、明李开先《改定元贤传奇》、明孟称舜《新镌古今名剧酹江集》等入此。

(2)杂剧

凡属杂剧类之著作,例元王德信《西厢记》、明《新订徐文长先生批点音释北西厢》、明《李卓吾先生批评北西厢记》、明刻本《三先生合评元本北西厢》、明陈继儒《西厢记释义字音》、明王九思《杜子美沽酒游春记》、明徐渭《歌代啸杂剧》、明梅鼎祚《昆仑奴》、明叶宪祖《四艳记》、明陈汝元《红莲记》、明凌濛初《北红拂》等入此。

3.传奇之属

凡属南戏传奇类之著作入此。

(1)汇编

凡汇编两种以上南戏传奇之书为一书并各自保持独立形态者,称为传奇之汇编。例明金陵富春堂刻本《绣刻演剧》、明书林萧腾鸿刻本《六合同春》、明末刻本《墨憨斋新曲十种》、明毛晋《六十种曲》、明末刻本《玉夏斋传奇》等入此。

(2)传奇

凡属传奇类著作,例元高明《新刊元本蔡伯喈琵琶记》,元施惠《新刊重订出相附释标注拜月亭记》,元高明撰、清毛宗岗评《绘风亭评第七才子书琵琶记》,明朱权《古本荆钗记》,明陆采《新刊合并陆天池西厢记》,明高濂《玉簪记》,明张凤翼撰、汤显祖评《重校红拂记》,明汤显祖《牡丹亭还魂记》,清袁于令《珊瑚鞭》《西楼记传奇》等入此。

4.散曲之属

(1)汇编

凡汇录两种以上散曲之书为一书并各自保持独立形态者,称为散曲之汇编。例明刻本《二太史乐府联璧》、明汪是环翠堂刻本《四词宗合刻》、清刻本《乐府小令》等入此。

(2)散曲

凡属散曲类之著作,例元杨朝英《朝野新声太平乐府》《乐府新声阳春白雪》,元张可久《张小山小令》,元乔吉《乔梦符小令》,元马致远《东篱乐府》,明冯惟敏《海浮山堂词稿》,清杨恩寿《坦园词余》等入此。

5.俗曲之属

(1)汇编

凡汇录两种以上俗曲之书为一书并各自保持独立形态者,称为俗曲之汇编。例明成化北京永顺堂刻本《明成化说唱词话》等入此。

(2)俗曲

凡属俗曲之著作,例明刻本《新编四季五更驻云飞》、清贾凫西《历代史略鼓儿词》、清颜鼎受《初阳山人渔鼓曲》、清华广生《白雪遗音》等入此。

6.曲选之属

凡属曲选类之著作,例明正德刻本《盛世新声》、明张禄《词林摘艳》、明郭勋《雍熙乐府》、明徐渭《选古今南北剧》、题梯月主人《吴歈萃雅》等入此。

7.弹词之属

凡属弹词类之著作,例清魏荔彤《续廿二史弹词》、清邱心如《笔生花》、清钱涛《百花弹词》等入此。

8.宝卷之属

凡属清代中期以后产生流传的、以历史故事为题材的、具有俗文学性质之宝卷著作,例《十五贯宝卷》《花名宝卷》《献荷花宝卷》《盗银镯宝卷》等入此。

9.曲韵曲谱曲律之属

凡属曲韵、曲谱、曲律类之著作入此。

曲韵,例元周德清《中原音韵》、明朱权《太和正音谱》等。

曲谱,例明朱权《北曲谱》、明徐渭《十三调南曲音节谱》等。

曲律,例明魏良辅《曲律》等。

10.曲评曲话曲目之属

凡属曲评、曲话、曲目类之著作入此。

曲评,例明吕天成《曲品》、明何良俊《四友斋曲说》、清张大复《梅花草堂曲谈》等。

曲话,例清李调元《雨村曲话》、清梁廷枏《曲话》等。

曲目,例清汪汲《院本名目》等。

(七)小说类

将文学作品的小说著作从子部小说家类剥离,在集部另设小说类,是1959年所出《北京图书馆善本书目》的首创。小说家的作品,虽属街谈巷议、异闻琐语,但它们可以广见闻,资考证,学术性文章可以引用;小说类作品,则是完全虚构的文学艺术之作,虽仍能寓劝诫、冶情操,但绝无广见闻、资考证之资质。所以1959年出版《北京图书馆善本书目》时,赵万里先生等国家图书馆老一辈古籍编目者便毅然将文学性质的小说著作移置到集部。到20世纪90年代编辑出版

《中国古籍善本书目》时,则又将文学作品的小说回归到子部小说家类,于是遭到一些人的批评。今仍遵从赵万里等前人的目录学思想,在集部单设小说类。

1.类编之属

凡汇录两部以上小说之书为一书并各自保持独立形态者,称为小说类之类编。明沈廷松《皇明百家小说》一百零九种、清辑《宋人百家小说》一百四十种等入此。

2.话本之属

凡属话本小说(讲故事),例宋佚名《宣和遗事》、佚名《新刊全相秦并六国平话》、元佚名《三国志平话》等入此。

3.文言之属

凡属文言小说(文言),例题唐韩偓《迷楼记》、唐柳宗元《河东先生龙城录》、五代王仁裕《开元天宝遗事》、明瞿佑《剪灯新话》、清蒲松龄《聊斋志异》等入此。

4.短篇之属

凡属短篇小说(白话),例明凌濛初《拍案惊奇》、清李渔《觉世名言》等入此。

5.长篇之属

凡属长篇小说,例题元施耐庵《水浒传》、元罗贯中《三国演义》、明兰陵笑笑生《金瓶梅》、清曹雪芹《红楼梦》等入此。

五、类丛部

"类丛部"是过去任何目录著作都没有过的部目。自张之洞《书目答问》在经、史、子、集四部以外另设"丛书"之部,步其后尘者便是《中国古籍善本书目》。所谓"丛书",指汇录经、史、子、集两部以上诸书为一书并冠有总书名,而所收之书又各自保持独立形态者。因而丛书的特点便是即经即史即子即集,又非经非史非子非集。如此性质之书已非子部特点,长期类归在子部是不恰当的。类书虽与丛书不完全相同,但正如《四库全书总目·类书类》小序所言:"类事之书,兼收四部,而非经非史非子非集,四部之内乃无类可归。《皇览》始于魏文,晋荀勖《中经簿》分隶何门,今无所考。《隋志》载入子部,当有所受之,历代相承,莫之或易。明胡应麟作《笔丛》,始议改入集部,然无所取义,徒事纷更。"其实明胡应麟《少室山房笔丛·九流绪论》谓:"今世传大类书,如《太平御览》《册府元龟》,皆千卷,可谓富矣……按类书,郑《志》另录,《通考》仍列子家,盖不欲四部之外别立门户也。然类书有数种,如《初学》《艺文》,兼载诗词,则近于集;《御览》《元龟》,事实咸备,则邻于史;《通典》《通志》,声韵礼仪之属,又一二间涉于经,专以属之子部,恐亦未安。余欲别录二藏及赝古书及类书为一部,附四大部之末,尚俟博雅者商焉。"因知胡应麟对类书性质的看法是深刻的,指出过去将其归于子部是不恰当的。只是他要将类书与伪书、释道二藏类归在一起,这是胡氏的胡思乱想。但他所指出类书即经即史即子即集又非经非史非子非集的特质,是极有价值的。今取其义,正其名,目之曰"类丛部"。

(一)类书类

类书包括通类(内容涉及两个部目以上)和专类(内容只涉及一个部目)两个部分。

凡类书之著作入此。

1.通类之属

凡内容兼纳四部,属综合性之类书,例唐虞世南《北堂书钞》、唐徐坚《初学记》、明解缙《永乐大典》、清陈梦雷《古今图书集成》等入此。

2.专类之属

凡内容专属一部,属专题性之著作,例南朝梁孝元皇帝《古今同姓名录》、唐欧阳询等《艺文类聚》、宋孙逢吉《职官分纪》、明凌迪知《万姓统谱》、清康熙四十三年(1704)敕撰《佩文韵府》等入此。

(二)丛书类

丛书指根据一定目的和使用对象,选择两种以上整部书合编成一套,在一个总书名下出版。按照收书的内容,分为综合性丛书、专科性丛书及专题性丛书三种。按照丛书的性质,分为类编、丛编及汇编三种。

类编丛书,指在一个类目中,所收之书包括两种以上者。

丛编丛书,指在一个部目中,所收之书包括两种以上且跨两个类目以上者。

汇编丛书,指在经史子集四个部目中,所收之书包括两种以上且跨两个部目以上者。本部所收,即是汇编丛书。包括杂纂、辑佚、郡邑、家集及自著五大部分。

1.杂纂之属

凡编录两个部目以上之丛书,例宋俞鼎孙、俞经《儒学警悟》、宋左圭《百川学海》、元陶宗仪《说郛》、明范钦《范氏奇书》、清乾隆纂修《四库全书》等入此。

2.辑佚之属

凡辑录两个部目以上佚亡之丛书,例清洪颐煊《经典集林》、清王谟《汉魏遗书抄》、清马国翰《玉函山房辑佚书》等入此。

3.郡邑之属(按:或称地方类)

凡编录两个部目以上地方文献之丛书,例清王灏《畿辅丛书》、清盛宣怀《常州先哲遗书》、清丁丙《武林掌故丛编》、清赵尚辅《湖北丛书》等入此。

4.家集之属(按:或称氏族类)

凡编录两个部目以上家族文献之丛书,例清方昌翰《桐城方氏七代遗书》、清王尚辰《合肥王氏家集》等入此。

5.自著之属(按:或称独撰类)

凡编录两个部目以上个人著作之丛书,例宋周邵雍《邵子全书》、金元好问《元遗山先生全集》、明王守仁《王文成公全书》等入此。

(作者单位:李致忠,国家图书馆;李国庆,天津图书馆)

略探马来西亚华裔纸质文献保护

余 辉 [马来西亚]郑美玉

一、缘起

(一)公民权维护

马来西亚华人占全国总人口约 23%①,是马来西亚三大民族之一。据历史记载,早在郑和下西洋的明成祖时期,马来半岛已有华裔移民。目前的华裔公民,主要繁衍自鸦片战争后的"苦力开拓潮"。在殖民帝国眼中,中国人不仅是廉价的劳动力,而且是"不持武器而又勤恳的民族"②,有较高的劳动技艺,是采矿、种植、修筑公共设施中不可缺少的人力资源。

从 19 世纪的"落叶归根"至 20 世纪 50 年代马来西亚独立后的"落地生根",华裔移民对马来西亚这片土地有了不一样的选择。然而随着国家经济的成长,华裔的公民权却不断受到打压。1969 年 5 月 13 日,吉隆坡发生种族流血冲突——"513 事件",这是马来西亚立国以来的第一场内乱。此后的十几年,马来西亚进入戒严时期,开国立宪时提倡的"多元共处"成为遥远的神话。

马来西亚国家经济在 20 世纪八九十年代突飞猛进,使该国成为"亚洲四小虎"之一。种族关系虽无 70 年代紧张,但离和谐相处仍有距离。华裔国民在马来西亚的代名词常与"捍卫""抗争"画上等号。

---

① 数据摘自马来西亚统计部官方网站(https://www.dosm.gov.my)。
② 英国史学家维克托·珀塞尔(Victor Purcell,1896—1965)对马来亚华裔苦力的评语。

"捍卫"的第一道防线在"母语教育",第二道防线则是先贤开垦马来半岛时留下的各种史迹和文献典籍。史迹见证历史,文献典籍述说历史。"证明你不是外来者!"这是马来西亚民族间互相挑衅时常丢出的恶语。"外来者"与"开垦者",两者在前期性质是相同的,但随着时间与劳力的付出,实际内涵却有极大的差别。

近年,多位历史学家利用文献档案补充甚至修正了马来西亚历史,文献档案的维护日益显得重要,如历史学者徐威雄借一封"1882年吉隆坡华人商家集体陈情书"与"吉隆坡两份华人宣誓书",作为吉隆坡开辟者争议课题的重要历史证据[①]。

(二)挽救三宝山

"挽救三宝山运动"是马来西亚华裔文化史上的大事,是华裔文物保护的起源。三宝山位于马六甲市的东南部,又名"中国山",面积43公顷,高308米。山上共有12500多座坟墓,现存最早立碑者为明万历甲寅年(四十二年,1614)的"汶来氏"墓。三宝山是中国以外的最大坟山,是华裔移民数百年来落地生根、辛勤开垦的见证。三宝山归青云亭管辖,17世纪初,青云亭第二任"甲必丹"[②]李为经(1614—1688)向荷兰殖民当局买下此山,捐献为华人葬地。

1983年10月,马六甲州首席部长致函青云亭产业管理委员会,表达征地发展之必要。消息传开,华社和马六甲州政府展开了长达三年的产业司法战。华社反对的理由,引用《当代马华文存》里的一句话,就是"三宝山一旦铲平,将使许多珍贵史料和史迹消失,特别是最近300年来,有关华人在本国从事开荒建设的奋斗史,将失去重要的一环"。

三宝山作为历史古迹,本应受到妥善保护,但因其地理位置优越,早在英殖民政府管辖的海峡殖民地时期,就已先后发生四次征地风波。在一系列捍卫与抗争的过程中,马来西亚的文物保护意识有了显著的增强,保护的主体已逐渐从大型的历史遗迹(寺庙、会馆、宗祠、家庙、行会、社区、坟墓等)衍生至纸质文献档案,即本文所关注的主体。

---

① "林连玉基金"网站(http://llgcultural.com)2014年9月9日网页报道。
② "甲必丹(captain)"源自葡萄牙文,原为早期欧洲殖民者派在殖民地的首领,16至20世纪前期葡、荷、英殖民者在东南亚任命的亚洲人首领也称"甲必丹"。

二、现状

保护意识与研究价值的提升,迫使学者不得不关注纸质文献的修复技术。根据笔者目前的调研,马来西亚拥有纸质文献修复能力的单位并不多,且明显划分为西式纸质文献修复与中式纸质文献修复两类。其中,又因历史关系以西式纸质文献修复为大宗,中式纸质文献修复由于数量有限,未能引起太大的关注。

在马来西亚,有专业部门从事西式纸质文献修复的单位包括国家档案局、国家图书馆、伊斯兰艺术博物馆与槟城乔治市世遗机构等;近几年开始关注中式纸质文献修复的则有马来西亚华社研究中心、林连玉纪念馆、马六甲青云亭等。

从以上名单可清楚看到,拥有中式古籍并关注中式纸质文献修复的皆是华裔的民营非营利组织,故在资金、资源与技艺匮乏的情况下,所取得的进展非常缓慢。

(一)马来西亚华社研究中心

马来西亚华社研究中心的诞生源于1983年在槟城召开的大马华人文化大会。参会者协议成立"全国华团文化工作委员会",并以设立一所资料研究中心为重点工作。在十五个华人社团的努力下,"华社资料研究中心"在1985年元月宣告成立,并于同年9月15日举行开幕礼。1996年,为反映其对研究之优先重视,华社资料研究中心的中文名称改为"马来西亚华社研究中心"(下简称"华研"),正式转型为民间研究机构。

华研转型的契机建立在第一阶段任务——"资料收集"成熟的基础上,自1985年成立迄今,华研创办的集贤图书馆孜孜于收集与保存华裔史料,这对华社、对马来西亚政府乃至全球学术而言,都起着重要作用。

参阅近年集贤图书馆竺静珍馆长发表的《马来西亚华社研究中心集贤图书馆电子化馆藏》一文,得知其将集贤图书馆定位为"一间从马来西亚华人的视角来搜集资料的研究性图书馆","自2011年起,增添了档案馆和文物馆的功能"。该文指出:目前集贤图书馆的馆藏就功能而言,分为一般性馆藏与特别馆藏两大类;就类别而言,则分政治、宗教、经济、教育、社会、文化、文学、史地和传记九大类,目前总馆藏约为十万册。

集贤图书馆目前极力整理、修复与研究的是特别馆藏,该馆特藏资料库有十二个,分别为:特刊(马来西亚乡团会馆与学校)、珍本书、马来西亚中小学历年教科书、杨贵谊与陈妙华伉俪赠书(字典翻译类)、马华文学资料库、马天英个人文献、马新二战历史资料、马来西亚中文报纸特藏、马来西亚新闻(中、英、马)简报、南洋大学资料库、马共及左翼政党资料库、新马历史照片与影音档案。

为便于世界各地的研究者提取这些罕见的史料,并保护好这些已渐成孤本的文献,集贤图书馆在开展馆藏数字化工作之余,亦对古籍进行简易清洁与局部修复,如补破与拆订改线装的工作。

在华研推动修复工作的功臣是竺静珍馆长,竺馆长原籍中国台湾,本科毕业于台湾大学图书资讯管理系。婚后她与丈夫先后定居于马六甲与吉隆坡,曾在报馆档案部任职多年,拥有深厚的档案维护理念与功底。

(二)林连玉纪念馆

马来西亚华校教师会总会(下简称"教总")前主席林连玉先生被誉为马来西亚华社的"族魂",于20世纪50年代领导全国华人争取华文教育权益与公民权。他主张国家独立,民族平等,非巫人要效忠马来西亚,巫人要抱着共存共荣的思想,各族共同建设国家。

1985年12月18日,林连玉先生因哮喘不治而溘然长逝。为了纪念他及发扬他的精神,贯彻他的理想,以教总为首的十五个华人社团设立了"林连玉基金委员会"。随着林连玉基金委员会的改革与扩张,"林连玉纪念馆"于2014年正式开馆。

林连玉纪念馆不仅仅是一个展示和参观的地方,它还非常注重研究与文物保护。虽然条件有限,但林连玉基金委员会自2014年起每年皆通过文保计划预算,供购买材料、用具和设备,也特意送馆员赴中国台湾参加图书文献修复短期学习班。

为推广文物保护意识与探讨本地修复技艺的可行性,尽管缺少良好的师资条件与资源,林连玉纪念馆仍于2015年至2017年间,先后5次连同华研与尊孔独立中学,陆续联办"图书文献保护及修复工作坊"初阶班(3梯次)及进阶班(2梯次),参与者来自全国数十个单位,人数达110人。这大胆、积极的作风,是林连玉先生"横挥铁腕批龙甲,怒奋空拳搏虎头。海外孤雏孤苦甚,欲凭只掌挽狂流"的大无畏精神的生动写照。

(三)马六甲青云亭

青云亭坐落于马六甲市区的庙堂街,是新马地区历史最悠久的华人古庙。

根据历史学者考察，该亭乃"甲必丹"郑芳扬于 1673 年创建，已历经三百余年岁月。据现有石碑记载，自 1704 年至 1999 年间，青云亭前后共经历十一次重修与扩建，保留至今的文物包括牌匾、石碑、木碑、楹联、铜钟、大梁、石雕、木雕、八卦灯、旗杆石础、石窗棂和木制烛台（曾衍盛，2011）。

作为马来西亚华族历史之重要节点，青云亭古文物具有极其重要的研究价值，但目前学者只能透过石碑等摆设在外的文物进行推研，对于青云亭秘藏的大量纸质史料记录，仍未能窥其全貌。

至 20 世纪 80 年代，对青云亭文献最早投入关注的有饶宗颐（1917—2018）的《星马华文碑刻系年》，以及美籍华人学者陈铁凡与德国汉学家傅吾康（Wolfgang Franke, 1912—2007）合编的《马来西亚华文铭刻萃编》三卷。三人皆非新马本土学者，专著亦只涉及金石铭刻的采集。1984 年，本地史学家郑良树（1940—2016）先后发表系列青云亭研究文章，包括《马六甲华人甲必丹补义》《亭主时代的青云亭及华族社会》《青云亭条规簿》等。

青云亭条规簿的收藏者并非青云亭，却是青云亭纸质文物中最早为学者研究者。除郑良树《青云亭条规簿》一文外，另有广州中山大学袁丁教授于 1984 年先于郑良树发表的《马六甲青云亭研究——马来亚华人社会史研究之一》。这两篇文章分别仔细分析条规簿原文，推算出青云亭全年开支、条规簿成书年份（1862—1914）、管理结构、十六则条规的意义与祭祀活动等，是继 17 世纪弗罗吉日记以来对 19 世纪末青云亭情况研究的另一里程碑。

然而，随着"三宝山事件"与郑良树一文公开后引发的纠纷，青云亭管理者决议封锁文献库，不愿向任何学者公开其原始文献。于是研究中断二十余年，至 2007 年马来亚大学文学硕士曾衍盛再次以其特有机缘冲开文献库大门，其毕业论文《青云亭个案研究》前后引用了十四种青云亭原始文献，不只为后续研究者重新打开青云亭文献库大门，更成为启动"青云亭文献修复"的钥匙。

青云亭藏有珍贵文献百余本，内容包括三百多年来的会议记录、寺庙账本、丧葬登记簿、婚姻注册本与祭祀记录等。2015 年，青云亭决定成立文物馆，首次将其秘藏多年的史料记录自仓房中整理出库，并委托华研对研究价值最高的十余册进行抢救性修复。

(四) 学府藏书

以上三家非营利组织虽最为关心中式纸质文献修复，但其所拥有的古籍并非中国传统定义上的线装古籍。就笔者目前调查，新马两地拥有中文线装古籍最多的单位是新加坡国立大学中文图书馆，现有逾58万册中文图书，其中约14万册为线装古籍[①]。

其次是位于吉隆坡的马来亚大学。马来亚大学的前身是1905年成立的爱德华七世王学院和1929年成立的莱佛士学院。1949年10月8日，两所学院合并成为马来亚大学。1956年在新加坡和吉隆坡分别设立了两所分院。60年代，由于新加坡、马来西亚两国分离，原吉隆坡的分院改为马来亚国立大学，新加坡分院则为新加坡国立大学。马来亚大学图书馆藏书约100万册，包括中文图书7万册，其中中文古籍700种，含善本古籍259种[②]。

第三家应是槟城孔圣庙中华学校，拥有全套五千多册的光绪朝石印版《古今图书集成》与一千余册的各类教学用线装古籍，包括在槟城本地以活字刊印的校刊。槟城素有"东方花园"美誉，位于马来西亚北部，是一座拥有深厚历史文化底蕴的城市。槟城年平均气温26.9℃，年降水量2434毫米，1786年被辟为自由港，为印度至中国航线上的停泊港，后发展成海峡殖民区首府和商业中心。

马来西亚的华文教育滥觞于槟城的五福书院（1819）与孔圣庙中华学校（1904）。孔圣庙中华学校的创立是洋务运动在海外的移植，也是新式教育的起点。1904年11月18日，清光绪皇帝御笔亲书"声教南暨"匾额一方，并赐《古今图书集成》一部五千多册。同年12月，孔圣庙中华学校向清廷钦命商部备案，为海外华侨第一所新式中学。1906年9月10日，又获清廷赠赐"中华两等小学校校印"一枚。

从1904年至今，一百多年过去了，光绪皇帝御赐的五千多册《古今图书集成》仍完好地保存于孔圣庙中华学校。据笔者目验，此石印版纸为高级白绵纸，纸精墨妙，虽为石印，却不见油迹，可见刊印技术之高超。尤其是纸页至今仍洁白透亮，字迹清晰，甚少有老化、虫蛀与霉菌问题。由此可证，马来西亚稳定的温湿度给予线装古籍一个非常理想的保存环境。当然，这得特别注明百余年来这

[①] 新加坡国立大学中文图书馆馆藏珍本目录（http://libportal.nus.edu.sg/frontend/ms/chinese-library-ch/online-book-displays/rare-books）。

[②] 马来亚大学与中国台湾"国家图书馆"于2015年7月13日签署合作备忘录。在合作备忘录架构下于马来亚大学东亚图书馆设立"台湾汉学资源中心"，台湾委派研究生为马来亚大学东亚图书馆整理古籍，完成古籍书目建设。

套书几乎并没存放在有空调的环境中。

这三间学府因教育史的渊源而拥有大量线装古籍,但目前并无进一步的保护意识与技术,只能在最低程度上维持古籍的现状,让它们不至于无辜消失于书库中。

三、思考与建议

(一)存在的问题

世界各国普遍重视预防性保护,防治结合,以防为主。但在各馆调查时发现,马来西亚华裔文献的馆藏条件并未得到有效监控。

马来西亚位于赤道附近,属于热带雨林气候和热带季风气候,无明显的四季之分,一年之中的温差变化极小,各月平均温度26℃~27℃,全年雨量充沛(见表1)。

表1　马来西亚全年平均气温与降水量①

	1月	2月	3月	4月	5月	6月	7月	8月	9月	10月	11月	12月
日均最高气温(℃)	30	31	32	32	32	32	31	31	31	31	31	30
日均最低气温(℃)	23	23	23	23	24	23	23	23	23	23	23	23
平均降水总量(mm)	191	158	172	208	210	183	189	216	250	301	314	293
平均降水天数(天)	10	9	11	13	13	11	12	13	15	17	18	15

如前文所述,马来西亚华裔纸质文献的保护主要依靠民间组织和大、中学府,常年经费不足,其库房均未配置符合标准的恒温恒湿控制设备,也难以维持空调设备不间断运作。在我们的实测案例中,其温湿度条件在气温20℃~30℃,相对湿度45%~80%的范围内波动,与国际标准ISO 11799所要求的14℃~18℃/35%~50%(流通书架)、2℃~18℃/30%~45%(推荐保存条件)相比存在明显的差距。较高温度将加速纸张中纤维素等组织的热降解,较高的温度和相对湿度也可能导致生物病害的发生。

更大的问题在于空调间歇使用所导致的温湿度波动。就表2所示,明显看出上班日的温湿度波动皆比假日来得剧烈。因书库区与办公区没有独立分割,故随着上班时间冷气的启动,相对湿度会由自然状况下的70%降低至45%,之后还可能向上波动至80%。上班后相对湿度的下降,实质是由于空调冷气较为干燥,在调温初期大量空调冷气降低了房间相对湿度。之后随着温度的下降,空气

---

① 数字摘自马来西亚气象局网站(http://www.met.gov.my)。

中的水汽含量来不及变化而导致相对湿度上升。这样剧烈的波动与 ISO 11799 所要求的日较差小于 3% 是完全相违的。剧烈变化的相对湿度可能导致污染性物质随着水汽在文献纤维组织间的梯度扩散而渗透扩散,水汽本身会参与纸张中纤维素水解的化学反应,在相对湿度较高时也存在产生局部冷凝和发生霉害的危险。

(二)讨论与建议

依据马来西亚档案库房管理标准,温度应维持在 21℃ ~ 24℃,相对湿度则为 50% ~ 65%。较国际标准相对宽松的条件,亦有其合理性。一方面近年来国际上有探索环境友好的馆藏预防性保护策略的趋势,考虑到马来西亚实际的气候环境和社会经济条件,因地制宜的保护有其必要性;另一方面据上海博物馆吴来明等近年提出的观点,稳定和洁净是馆藏预防性保护的最重要关键,从表 2 实测数据看,馆藏文物保存环境在假日反而比在开空调的工作日更稳定,是相对更佳的保存条件。

表 2　林连玉纪念馆文物储藏库房温湿度监测数据(2017 年 1 月)

		最大值	最小值	相差
1 月 21 日上班日	温度	27.0	20.8	6.2
	相对湿度	79.9	45.0	34.9
1 月 22 日假日	温度	29.3	27.0	2.3
	相对湿度	71.3	68.7	2.6

基于以上实测数据和与相关标准的比对,我们提出三点建议供探讨:

1.在各方面条件允许的情况下,应努力促成符合相关标准的特藏库房的建设,对马来西亚华裔纸质文献中最珍贵和最危急的部分实施重点保护。

2.对空调的使用应有更多考量,制定合理的使用规范,例如积极思考如何让书库区与办公区有明显区隔,在书库区设置连续工作的独立空调或采取其他措施以保障书库的稳定合理的温湿度条件。

3.为华裔纸质文献营造更为稳定的微藏环境,提议将珍贵古籍盛装于无酸书盒内。

表 3 列举了 2017 年 8 月 2 日至 24 日间,模拟古籍置放于室内与分别收藏在布套(该批文献被发现时的包装)和无酸书盒中的温湿度变化数据。从表中数据

可知,两种装具都对缓冲环境的变化具有一定的效果,相比之下书盒因其较布袋更为密封,而效果更佳。这一点在缓冲相对湿度的波动时表现得更为明显。

表3 不同装具对藏品的缓冲保护作用(对抗环境温湿度变化)

		最大值	最小值	相差
温度(℃)	室内	30.9	20.2	10.7
	布套	29.4	23.3	6.1
	书盒	28.9	23.2	5.7
相对湿度(%)	室内	80.5	42.5	38.0
	布套	67.0	38.2	28.8
	书盒	65.0	51.5	13.5

四、结语

比起建筑遗迹,看似脆弱的书籍,生命力却更强。建筑文明易遭战火及人为摧毁,古籍文献却能存活下来,世代相传。综观全世界的博物馆,展览品中几乎都包含纸质文物。纸质品或许不是馆中最重要、最华丽的展示品,但往往记载了更为重要的信息,是后人了解历史的重要载体。因此,对纸质文物展开深入的保护与修复研究,刻不容缓。

马来西亚的多元民族文化是开国立宪最大特征,然而无可否认这也是马来西亚进步缓慢的主因。或许,马来西亚的各大民族还需一百年的时间来认识与学习尊重彼此的文化。在这磨合的过程中,如何不失去本色,如何保存文化根源,纸质文物的维护与修复绝对扮演着非常重要的角色。

随着中国近年提出"一带一路"倡议,马中两国在经济贸易上有了飞跃式的进展,期望不久的将来两国民间文化交流能进一步加强,尤其是对华裔历史与文物开展深入的学术研究和保护合作项目,使得华裔开拓者留下的宝贵财富能在马来西亚得到有效的继承和发展。

(作者单位:余辉,复旦大学中华古籍保护研究院;郑美玉,复旦大学中华古籍保护研究院2016级硕士研究生)

参考文献：
专著
[1]饶宗颐.星马华文碑刻系年[M]//饶宗颐二十世纪学术文集.台北：新文丰出版公司,1981：835.
[2]陈铁凡,傅吾康.马来西亚华文铭刻萃编(三卷)[M].吉隆坡：马来亚大学出版社,1982/1985/1987.
[3]郑良树.马来西亚华社文史论集[M].新山：南方学院,1999.
[4]陈亚才.留根与遗恨——文化古迹与华人义山[M].吉隆坡：大将事业社,2000.
[5]曾衍盛.青云亭个案研究[M].马六甲：青云亭,2011.
[6]黄文斌.马六甲三宝山古墓与公冢田野考察[M].吉隆坡：华社研究中心,2017.

论文与期刊
[7]袁丁.马六甲青云亭研究——马来亚华人社会史研究之一[J].中山大学研究生学刊(社会科学版),1984(特刊号)：75.
[8]孔远志.马来西亚三保山与华人[J].华侨华人历史研究,1990：35-40.
[9]张铭.海洋亚洲与海外华人(1405—2005)——第三届海外华人研究与文献收藏机构国际会议综述[J].华侨华人历史研究,2005(4)：73-75.
[10]王琛发.开基佛刹青云亭：马来西亚汉传佛教的最初渊源[J].闽台文化交流,2010(4)：77-83.
[11]黄海德.青云亭《六十甲子灵签》的宗教内涵及其社会意义[J].世界宗教文化,2013(1)：40-44.
[12]竺静珍.马来西亚华社研究中心集贤图书馆电子化馆藏[C]//清华大学图书馆,香港大学图书馆,美国中国研究图书馆员学会,等.2016年数字出版与数字图书馆融合发展国际研讨会论文集,2016：3.

征稿启事

《古籍保护研究》集刊的编辑出版，旨在推行"中华古籍保护计划"，为古籍保护工作者搭建一个交流古籍保护工作与业务研究成果的平台，广泛宣传古籍保护工作重要意义，总结先进工作经验，及时发表古籍保护研究成果，推进并指导古籍保护工作向纵深发展。

本刊由国家古籍保护中心主办，于2015年底正式创办出版，定为每半年一辑，一年出版二辑，每辑分别在6月和12月出版。兹特向古籍保护工作者正式约稿，并将有关要求公布如下，敬希贤达赐文或推荐佳作。

一、征稿范围及栏目设置

凡与"中华古籍保护计划"业务有关、属于古籍保护新研究成果者，均在征集之列。每辑根据来稿内容和数量，设定相关栏目，计有卷首语、综述与前瞻、普查与编目、版本与鉴定、保藏与修复、再生与传播、人才与培养、交流与合作、书评等栏目。

二、基本要求

1.本刊要求稿件须为原创文章，论点明确，层次清楚，结构严谨，文风朴实。

2.篇幅一般为5000~10000字，有关古籍保护方面的重要工作和重要研究成果及特邀稿件不受此限。

3.论文层级一般为三级，采用"一、（一）、1"的形式。文章结构为：文章标题（请附英文标题）、作者姓名、摘要（100~300字）、关键词（3~5个）、正文、作者介绍。作者介绍包括姓名、工作单位、职称或职务、联系地址、邮政编码、电子邮箱及电话等信息。

4. 来稿请用简化字，避免简繁字转换时引起的舛误。

5. 正文用五号宋体，单倍行距；文章标题用三号宋体加粗，居左；作者姓名用小四号仿宋，居左；小标题用小四号宋体加粗；参考文献与注释用小五号宋体。

6. 论文中首次涉及的帝王年号，应在括号内标注公元年份。如：光绪五年（1879）。首次涉及重要的外国人名，应在括号内标注西文原名及其生卒年。如：保罗·伯希和（Paul Pelliot，1878—1945）。

三、参考文献与注释

（一）参考文献

参考文献列于文后，著录格式请遵照《信息与文献 参考文献著录规则》（GB/T 7714—2015）的要求，如：

[1]张志清.在图书馆设立典籍博物馆的思考[J].中国图书馆学报，2012，38（06）：4-13.

[2]郑樵.通志二十略：上[M].王树民，点校.北京：中华书局，2009：667.

[3]王晓平.日本古写本中的省字与讹字研究[G]//王晓平.国际中国文学研究丛刊：第6集 写本学研究专号.上海：上海古籍出版社，2018：46-72.

[4]王夫之.宋论[M].刻本.金陵：湘乡曾国荃，1865（清同治四年）.

（二）注释

注释采用页下注的形式，当页连续编号，均用圈码（①②③……）表示。

四、投稿事宜

请将电子稿件发至 gjbhyj2018@163.com，邮件主题注明"《古籍保护研究》投稿"字样。编辑部将于60日内给出处理意见，严禁一稿多投。来稿一经刊用，即按本刊标准支付稿酬，出版后另寄赠样书一册。

五、联系方式

邮箱：gjbhyj2018@163.com

《古籍保护研究》编辑部

2018年12月21日